# 计算、智能与传播

（第一辑）

徐　翔　主编

同济大学出版社
TONGJI UNIVERSITY PRESS

**图书在版编目(CIP)数据**

计算、智能与传播. 第一辑 / 徐翔主编. —上海：同济大学出版社，2020.12
ISBN 978-7-5608-9642-7

Ⅰ. ①计… Ⅱ. ①徐… Ⅲ. ①数据处理—应用—传播学 Ⅳ. ①G206-39

中国版本图书馆 CIP 数据核字(2020)第 260128 号

**计算、智能与传播(第一辑)**

**徐　翔　主编**

**责任编辑** 丁会欣　张　睿　**责任校对** 徐春莲　**封面设计** 陈益平

出版发行　同济大学出版社　www.tongjipress.com.cn
(地址:上海市四平路 1239 号　邮编:200092　电话:021-65985622)
经　　销　全国各地新华书店
排　　版　南京文脉图文设计制作有限公司
印　　刷　上海安枫印务有限公司
开　　本　787 mm×1092 mm　1/16
印　　张　13.75
字　　数　275 000
版　　次　2020 年 12 月第 1 版　2020 年 12 月第 1 次印刷
书　　号　ISBN 978-7-5608-9642-7

定　　价　58.00 元

# 编委会

# 目录

## ■ 计算传播、智能传播与技术应用



## ■ 计算、智能与传播理论视域

# 计算传播学与新型媒介社会

# 从头部用户到顶部用户

## ——基于微博使用的典范意见层级作用*

徐　翔　刘佳琪**

**摘要**：微博高影响力的“头部用户”是媒介研究和实践中被关注的中心之一，而高使用度的“顶部用户”的内容影响和作用则在“头部用户”的背景下显得聚焦不足。随着用户对于社交网络的使用程度不断加深，用户自身及其所生产、表达的内容，是否以及如何具有朝着某种特定方向、“范本”的演变路径和态势，而非发散多样的演化，亦是值得翔实探讨的传播问题。本研究以新浪微博用户样本（$N=7\,825$）及其每人3 000条帖子为对象，基于计算传播学的研究路径，将用户根据微博的媒介使用度的高低进行分层；在此基础上，分别将使用度从低到高的各层用户与最高使用度的“用户层级”进行比较和计算用户内容相似度。结果显示，一方面，在微博用户的媒介接触和浸泡、媒介使用活性、使用效果等使用度指标下，用户内容都表现出越来越趋似于顶部用户、远离底部用户内容的线性变化。这种顶部用户不同于通常意义上的高影响力“头部用户”，而是更为广义的高使用度用户群落，因此有必要拓展和丰富对微博意见生态中“头部用户”的认识。另一方面，顶部具有同构性，用户随着对微博的使用度加深而逐渐加强其内容对某种使用度“顶部用户层级”的趋近，同时也在趋向其他使用度指标的顶部用户内容，在这些媒介使用中共同构成典范意见阶层及其典范圈层。“典范意见阶层”不只是描述一种静态用户群体或网络社会层级，更重要的是表征微博传播中的一种确定性的变化和方向。

**关键词**：社交媒体；典范意见阶层；意见领袖；计算传播学

---

* 基金项目：国家自然科学基金项目（71804126）的阶段成果，主持人徐翔。

** 徐翔，同济大学艺术与传媒学院教授；刘佳琪，同济大学艺术与传媒学院本科生。

# 一、引言:问题的提出

某种程度上而言,新媒体的出现重塑了当下的时代,其中的社交媒体更是在给我们每个人的日常生活带来便利的同时,参与影响且构建着我们每个人的生活方式及自我认知。技术起家的社交媒体诞生后,凭借高效的传输速率、极低的准入门槛、免费的信息阅读权利和相对自由的舆论环境,让传统媒体“一家独大”的局面一去不返,使得“人人都有麦克风”的去中心化言论始终能够出现在我们的眼前,但是关于不同用户的能力与权利的划分问题始终是学界研究和讨论的重点。

在主动性和交互性上,新型社交媒体表现出强大的主体性活力,社交媒体“用户”与传统媒体中的“受众”概念已经呈现出明显的差异和分化。而针对传统媒体中的多级传播与意见领袖论,朱志勇认为,随着新媒体的普及,往往社会“精英”才有的话语权,正在被众多“草根公众”所拥有。受众在表达意愿的同时,他们的身份也在发生转变,即由普通“受众”开始向具有社会意识的“公众”角色转变。他们不仅将自身的隐私、个人的观点鲜明地暴露在新媒体上,还行使着监督他人、评议社会的权利;他们紧跟时代脉搏,成为舆论领袖,他们的话语权得到了前所未有的提升。这些“草根公众”也许并不是位高权重的政治领域的精英,也非社会上的知名人士,而是各行各业的普通人,他们用自己的一举一动、一言一行,牵动着社会舆论。[1] 众多的研究将当下的社交媒体现状总结为个性化、开放化的舆论场,认为尽管新媒体受众存在着众多如把关缺失、理性缺失、信息过饱等需要规范的表征,但是对于舆论内容呈现出多样化、个性化的趋势,以及对于用户的主体权利及其粘连的拟态意见圈层扩大持积极正面的态度。

另一方面,面对看似大众化的传媒社会,黄晓朦曾指出,在社交媒体时代受众群体被深深地嵌在了由社交媒体所构建的拟态环境中。平台为受众营造了自由的舆论氛围,让受众拥有了高质量的审美体验,最大限度满足了受众的使用期待。但受众在平台上所拥有的这些权利和自由并非是毫无束缚的。[2] 正如上文提到的

[1] 朱志勇:《论新媒体环境下受众规范与媒体发展》,《学术交流》2014 年第 6 期,第 200—204 页。
[2] 黄晓朦:《社交媒体时代,受众话语权的得与失》,《科技风》2019 年第 10 期,第 223 页,第 226 页。

"草根公众",他们用自己的言行成为了新媒体时代下的舆论领袖,但是这样的大V人数依旧占少数,只是可能覆盖的圈层更广阔,但并不能就此推断每一个人都在当下掌握了媒介的话语权。新型的"草根公众"也许只是在社交媒介中多个领域内异化的"意见领袖",他们构建着自我符号,也在自我的圈层内影响着粉丝、好友的意见,构建意见气候。正如赖特·米尔斯在《权力精英》中提到,"大众社会的概念暗示了一种权力精英的概念"。用户本身在现代化的社交媒体中,似乎也被一只"看不见的手"影响。随着用户使用程度的不断加深,用户那些典范意见的距离似乎更近,用户本身也似乎在向着那些具有影响力和吸引力的目标靠近,在这个过程当中由于顶部"精英"的稀缺性,势必造成整体用户趋于同构。

因此,在如今社交媒体已经与传统媒体并驾齐驱,甚至超越传统媒体,成为媒介传播发展主流这一趋势下,讨论社交媒体当中的意见气候及其背后在新时代异化的特点,并且将用户本身作为传播的重要部分纳入讨论的范畴是大数据时代下讨论媒介的重要部分。我们需要时刻审视,在看似媒体赋权大众的社交媒体网络中,网络意见气候是否依旧由少部分的内容或人物所影响,以及这样的影响下,随着用户使用程度的加深,是否会导致用户的相应变化?

基于此,本研究的核心问题为:随着对社交媒体的使用程度不断加深,社交媒体的使用者是否伴随着其附着的内容和意见的变化,而具有向着最高使用度的用户"内容趋近"或"内容趋同"的趋势?如果是,这种顶部化的趋势和程度如何?这样的过程究竟对意见气候有着怎样的影响?同时,在当下社交媒体中顶部阶层又是如何构成、相互影响的,它与传统的所谓头部用户又有何差异?

## 二、已有研究回顾与综述

大众文化在发展的过程当中的确存在精英文化的隐喻部分。每一个个体在当下的数字化社交媒体当中都被视作一个节点,而在庞大的文化工业中,每一个节点与周围建立着一对一、一对多的多样连接。信息在这样的网络当中被生产、传播、丰富。尽管这是一个人人皆可发声的时代,但在影响力等各种指标下,声音能否传递出去、传递的是否是自己原本的声音,都是值得我们探究的内容。每一个个体在文化体系与社交体系当中所处的地位在深层次上依旧存在不对等,那些真正掌握发声力量的“精英”们已经熟练掌握、运用这套体系，并且在体系背后制造着无数看似大众且为每一个节点乐于扩散的内容。但其实，每一个节点在这当中也并非是静态的被传者，他们在接受信息的过程中也在不自知地向着“精英”的方式、内容等靠近，走向一个构建出来的顶层模式。但是，具体受众在现代传媒机制下如何被影响，又是如何变化，这就需要跳脱出理论限制，在节点中进一步生发，利用现代传播学的数据技术进行可视化的量化分析。

在线社交网络是允许人们进行创造、交流内容并进行社交互动的网络空间，其最大特点是人自身成为信息网络的节点。在线社交网络的空间中既有与线下社交网络重叠交融的部分，也有冲破地理空间和现实时间的限制重新构建的部分。[1] 当下，在线社交网络已经让每一个用户不仅仅具有显著的“自媒体”属性，也已经拥有了自主创造内容等平民化的权利，并且每一个用户及其附着的内容都成为一种可量化的物质存在。

每一个用户在社交媒体当中，已经包含着外部和内部两个层次。一方面，在外部中，用户通过昵称、头像、签名等个人资料符号构成自我的外表，通过时下的照片、短视频等形式分享构建自我的举止。在用户的外部呈现中不难看到，如果说个人的资料符号构建的是相对静止的自我标签，一条条更新的动态则在动态地展示着自我的变化和具体的多样性。另一方面，与外部相对应，内部则是“受众的受众”所看不见的部分，包括内容的制作过程、人设的树立以及真实的自我等。在技术让呈现变得更加便利，甚至成为一种生活习惯时，用户在社交媒体当中的自我定位变得更加复杂，并且用户在构建自我的过程中受到哪些因素的影响和制约，需要进一步探讨和研究。

熊澄宇与张铮在对新媒体社交网络的分析中，将在线社交的社会属性中的物质层次、精神层次、行为层次进行层层分析。在线社交所构建的以人为中心的节点、关系、用户群和社区都是可量化的物质形态。在社交网络的发展过程中，个人的社会身份、生活兴趣、购物爱好、审美取向、价值判断、政治观点等精神层面的属性直接影响到他/她作为一个网络节点在关系、群和社区中的位置与发展方向。[2] 所谓社交即是人的一种行为，网络社交同样是如此，尤其是在当下“低头族”“网络亚文化”盛行的时代，用户在使用社交媒体中的使用与介入，必然在物质、精神层面

[1] Brockmann D, Hufnagel L and Geisel T: “The Scaling Laws of Human Travel”, *Nature*, 2006, 439(7975), pp.462-465.

[2] 熊澄宇、张铮：《在线社交网络的社会属性》，《新闻大学》2012 年第 3 期，第 1—6 页。

受到媒介的影响下逐渐深入，进而不断转化为行为。

网络用户行为数据的集中涌现，为人类行为的定量分析提供了依据。从Barabási对人类行为时间分布特征和Brockmann等对人类行为空间分布特征的探索开始[1-2]，人类行为的复杂性和行为的多样性逐渐展现在人们的面前。陈远等人根据社会网络中结构位置、中心度位置和边缘位置对虚拟社区、博客和QQ群中的意见领袖角色进行识别，与网络中的意见领袖进行比较，在节点的点度中心度、中间中心度、接近中心度下分别取样实证，得出用户节点在一定范围内的信息传播的贡献量与节点的中心化程度成正相关的结论。[3] 在规模化的传播技术下，每一个用户享受着平等的媒介权利，但是受到的影响可能依旧主要来自网络媒介中各个领域里的意见领袖。而"去中心化"的社交媒体的内容更迭迅速、传播内容广泛，中心化的节点拥有的影响力更是不容小觑。加拿大社会学家欧文·戈夫曼提出的"拟剧理论"是应用于社会交际的一个重要理论。戈夫曼认为，人们在相互影响中，不自觉地、分阶段地互相"展示"着自己，由此形成他人对自己的印象。因此，每个人都像在舞台上一样，扮演着自己的社会角色。人们在接触那些中心化的内容的过程中构建着社交媒体网络，也可能正在被那些中心化的节点所构建着。在这样一个构建的过程中，Jianshu Weng等人根据用户之间的主题兴趣相似度发现推特中用户和他/她的直接粉丝之间存在着同质现象，用户间主题兴趣越相似，信息越容易在两个用户间扩散。[4] 朱庆华、袁园、孙霄凌以新浪微博为研究对象，随机选取500个微博达人样本，筛选出他们关注的其中32个明星微博，通过共链分析，结合社会网络分析方法和聚类分析，充分显示了微博社区社会关系中存在的一些规律：从整体上看，虽然微博用户数极为庞大，但是从随机抽样的结果看，却具

[1] Barabási and Albert-László："The Origin of Bursts and Heavy Tails in Human Dynamics", *Nature*, 2005, 435(7039), pp.207.

[2] Brockmann D, Hufnagel L and Geisel T："2006, The Scaling Laws of Human Travel", *Nature*, 2006, 439(7975), pp.462-465.

[3] 陈远、李韫慧、张敏：《基于节点度测度SNS用户信息传播贡献的实证研究——以腾讯微博为例》，《情报杂志》2014年第10期，第159—164页。

[4] Weng J, Lim E, Jing J and He Q："TwitterRank: Finding Topic-Sensitive Influential Twitterers", *Proceedings of the Third International Conference on Web Search and Web Data Mining ACM*, 2010, Retrieved from: https://www.researchgate.net/publication/221520147_Twitterrank_Finding_Topic-Sensitive_Influential_Twitterers.

有很大的中心集中趋势。大多数微博用户存在着某些共同的微博使用目的和关注习惯。[1] 可以说，这样一个构建的过程当中，那些中心化的节点在传播信息时具有极强的传播效果，同时对其他的信息接收者亦具有极大的吸引力，吸引着用户朝着某个领域或方向树立着标准化的形象，作为一种隐形的意见领袖，那些被追捧的中心节点们可能使得大量用户同质化程度不断加深。

这些研究都对社交媒体的演变或用户的演变进行了局部的微观研究，并且也结合了社会网络分析和节点进行数据研究，可以说已经从多个角度大致论证了当下的社交媒体中依旧存在着权利不对等的特征。社会学领域的研究认为，社会网络里每一个个体与其周围的存在都息息相关，以至一部分人能够影响甚至控制其他人，社会学家将其称为“权力”。权力的大小影响了他们对资源的控制程度以及对信息传播起到的作用，在新媒体的时代可以说依旧存在这样异化的拟态环境，分化着新的阶层。这样的分层传播对于信息的流动有着重要影响，对于用户本身也依然存在影响。但是在宏观上，整体的社交用户究竟如何被那些中心化的内容所影响，以及我们应该如何去理解那些中心化的节点，都是有待深挖的内容。

因此，本研究期望在以下方面进行努力：一是当下的典范意见阶层究竟有何特点，如何构成；二是明确用户在社交网络下是否存在被那些中心节点影响而趋向后者的现象；三是探讨如果二成立，我们将如何理解当下社交媒体中的典范意见阶层，以及这样的趋向效应是否与用户使用程度的深浅有线性的相关关系。我们初步将这些掌握着更中心化“权力”的节点用户称作“顶部用户”，这种随着社交媒体的使用程度加深趋同化的用户与内容称作“顶部化”，其中的变量与相互作用的复杂进程需要进一步在实证中进行更具体的考察和分析。

## 三、研究设计与研究方案

### （一）研究设计与假设

基于上文提到在回顾既往研究后发现的问题，本研究主要面向社交媒体中的

---

[1] 朱庆华、袁园、孙霄凌：《微博用户关注兴趣的社会网络分析》，《数据分析与知识发现》2012 年第 2 期，第 68—75 页。

高使用度的“顶部”阶层以及围绕顶部所产生的一系列各方面的顶部化进程。高影响力的大咖、流量明星、大V、意见领袖等“头部用户”是学界和实践所关注的焦点，然而，高使用度的那些用户所具有和产生的同样重要的影响力和作用力，则相对容易遭到忽视。顶部用户对于其他用户的作用力的背后动因，也是源自用户间的相互作用，其中的强势部分具有强大的吸引力或影响力，换言之，在社交媒体场中拥有更强大的“权力”。而这些具有典范代表性的用户节点构成的阶层在整个社交媒体当中所占的比重和影响可能是巨大且难以察觉的，因此对这种演变过程背后的动因研究也是有必要的。

研究中的重点与落脚点是社交媒体中的用户，包含用户自身的属性、用户在社交媒体环境中携带或创造的内容，以及不同用户之间的关系。在整个同质化的过程中，用户并不是单向度地简单趋同，而是在多个维度中复杂地朝着某个范本进行趋近，因此将它称作“顶部化”。

本研究选取作为中国乃至全球范围内具有代表性和典型性的社交媒体之一的新浪微博为研究对象。作为中国互联网的代表性社交平台，新浪微博发展至今，活跃用户数量超4亿，用户覆盖范围广。基于用户关系的信息分享、传播、获取机制，实时更新、形式多样的海量内容，简单便捷的交互模式，使得用户能够实现基于信息传播的多种网络实践活动。其用户规模庞大，在媒介场域和公共领域中具有重大的影响力和用户黏性，参与主体也具有广泛性和多元性，准入门槛低，草根和明星、大咖、意见领袖等共同构筑活跃的信息流通空间，能够较为全面地展现社交媒体场中典范意见阶层与其他阶层之间的相互作用关系。

基于此，本研究根据前文分析得到的用户节点在内容层面、个人层面上的趋同，以及他们共同趋向的用户、内容阶层进行综合分析，针对新浪微博的顶部用户现象和作用，提出的假设如下：

H1.用户对新浪微博使用度层级越高，则全体用户和该使用度层级的用户，内容的平均相似度越高；两者具有显著的线性正相关。

H2.用户对新浪微博使用度层级越高，该层级用户与新浪微博中的使用度最顶层用户的内容相似程度会随之越高；两者具有显著的线性正相关。

H3.结合前两个子假设，用户对新浪微博使用度层级越高，则该层级内部的用户彼此在内容上的相似度也越高；各指标下的顶层用户互相之间亦存在着同构性的高相似度。

### （二）“顶部化”相关概念的界定与阐释

1. 关于顶部的界定

当作范本的顶部用户不同于通常意义上的高影响力“头部用户”，而是高使用度意见群落，从而有必要拓展和丰富对于微博意见生态中“头部用户”的认识。本研究所称的顶部化是在单纯的头部化过程中有拓展地形成多方面的顶部。因此，本研究针对内容和用户两个层面在微博的不同指标下进行分层，进行分别比较后再综合分析。

2. 关于用户使用程度的操作界定

本研究中所指的使用程度，主要是指用户对于社交媒体的卷入、投入和产生的实际效果等。它包含分别递进的层面，最先的媒介接触和媒介卷入→媒介使用的活性→媒介使用的实际效果和使用影响。结合微博的具体特点，我们将微博中可量化的使用指标进行转化，作为相关参考概念的代表。①注册时长：用户对微博的接受、跟进的历史情况和卷入程度。注册时长越长，代表用户使用微博的时间越久。同时这也表示该用户与微博平台发生接触、交互、作用的可能性以及受到该媒体空间的塑造作用的时间和程度也可能越深。②经验值：用户在这个媒介空间中有充分的使用频率、活跃性以及实际使用行为。本研究用微博平台自身的官方经验值进行衡量，微博用户根据其发布微博、关注数量增加、粉丝数量增加等行为，会产生微博自带的经验值。③在微博用户具有实际使用行为的基础上，还需要考量用户的使用效果。本研究采取用户最为直观可见的指标之一“粉丝数”进行衡量，该指标也体现着用户的影响力，微博空间中对多数用户而言，高度的卷入、对于其他用户有吸引力的内容、有效的社交网络行为、活跃的投入等使用因素都与其可能获得的影响力和粉丝数之间存在着关联。

此外，由于量化指标的获取需要具有可操作性，是实际能获取而且成本也在可控范围的，因此选择了便于获取的粉丝数、微博等级等官方数据，而未采取其他更复杂或需要经过问卷和二次计算等方式才能得到的指标。同时，采取的这些指标也具有较好的经验直观性与非黑箱化的易理解性。

### （三）样本数据的选择与获取

1. 数据抓取与分布

首先，运用开源网页文本抓取工具“八爪鱼”，以及自行用 Python 和 selenium 编写的动态网页抓取程序，抓取了 10 037 个用户及其发布的 34 892 987 条微博帖子以及这些用户的个体指标，包括用户的注册时长、微博平台官方经验值、微博等级、关注其他账号数量、粉丝数量等原始数据。样本用户来自对新浪微博首页每天热门微博的累积抓取，共计 6 万余条帖子中提取了其中 10 037 个作为发布者的用户。这些帖子广泛涉及经济、社会、文化、体育等 47 个门类，发布者也广泛涉及各个层面，粉丝数、活跃度从低层的草根到高端的“中 V”“大 V”，具有良好的覆盖面和代表性。数据抓取完毕的时间是 2018 年 11 月，经过一年的对于大规模数据的清洗、分析和反复论证，得到研究结果。研究中采用 Python 编程语言，对抓取到的内容、数据进行文本清洗、预处理，以及后续的大量计算。这些数据全部存入 SQL SERVER 数据库，便于后续的提取与分析。用 Python 编程语言对文本进行简体汉化、标点符号清洗、分词等处理。

由于这 10 037 个用户每人抓取到的帖子数量不一致，因此统一对每个用户随机选取 3 000 条帖子，用户其他多余的帖子在分析中不予保留，帖子样本不足 3 000 条的用户也不予保留。最后剩下的发微博数大于或等于 3 000 的用户数量为 7 825 个。7 825 个用户样本对微博的使用程度并不是均匀分布的，他们按照使用习惯存在卷入社交网络的高低程度之分。本研究重点是对微博用户的分层研究，将样本按照不同指标分成 50 个层级，从而在不同的层级指标下分析其卷入社交媒体的程度与信息窄化程度之间是否存在关联。按照指标值的大小序号，分为同等用户数量的 50 个层级，该分层工作同样在 Python 中完成，每个层级的默认用户数为 int(7 825/50)；部分指标不足以分 50 层则保留原等级数量。

这种对于用户的分层分析，对用户群规避不同指标的量纲的不统一、差异过大等问题，同时也增强了社交网络用户在更大尺度上的整体效应和结构，寻求社会学意义上的更为宏观或稳定的结果，避免个体的过大随机噪声和扰动。

2. 基于经典的 Word2Vec 词嵌入对于语句相似性的度量

本研究对用户和内容、用户和用户的同质化的计算，将每条帖子转为一个句向量，然后计算不同向量之间的余弦相似度，从而计算内容或用户之间的相似度。这在文本数据挖掘和计算传播学中，也逐渐成为常用的方法。

由于任意两条长短不一的帖子，其涉及的内容、词语个数差别很大，本研究将其转为统一长度的300维的向量。两条帖子的相似度可以精确地用常用的“余弦相似度”进行计算，用户之间的相似度计算也同理。

对于帖子内容的向量化，采取Word2Vec进行转换。该模块使用Google开源的方法，使用gensim模块由本课题组编写代码进行Word2Vec模型的设置与训练。之所以未采用其他通过人工神经网络等最新方法而进行的向量化转换，是因为这种方法在学界和业界都经过了大量和长期的实践，具有高度的稳定性与可用性。不必为了追求过高精确率而牺牲得到高度认可的稳定性，同时这种方法的实施成本较低，无需大规模的GPU服务器群组等高性能、高成本计算设备。研究中，对帖子所表示出的语句向量，计算方法为：首先，对所有帖子进行分词后，对每一个词，得到其Word2Vec的词向量；然后对这些词向量进行平均池化，转为句向量。

计算文本相似度以形成语义划分的方法已经得到比较充分的应用。有学者考察词形相似度和语序相似度[1]，也有学者同时考虑了相同词串的数目及长度和对应的权值信息来进行相似度衡量。[2]还有基于句法分析特征的相似度计算方法[3]，从结构相似度出发，提出基于词性及词性依存关系的计算方法。但这类方法仅从表面信息计算文本相似度，缺乏语义信息的考量。

词向量通过无监督训练方式将文本数据转化为低维实数向量，将语义、语法信息经过语言模型训练，投射到若干维的向量空间中，以此完成文本的结构化处理。有学者研究表明，其结果不受文本的特征稀疏和知识库更新速度的制约，让相关或者相似的词语在距离上更接近[4]。因此，利用词向量不仅可以计算词语之间的语

---

[1] 吕学强、任飞亮、黄志丹、姚天顺：《句子相似模型和最相似句子查找算法》，《东北大学学报》2003年第6期，第531—534页。

[2] 王荣波、池哲儒、常宝宝、柏晓静：《基于词串粒度及权值的汉语句子相似度衡量》，《计算机工程》2005年第13期，第42—144页。

[3] 蓝雁玲、陈建超：《基于词性及词性依存的句子结构相似度计算》，《计算机工程》2011年第10期，第47—49页。

[4] Liu M, Lang B, Gu Z and Zeeshan A: “Measuring Similarity of Academic Articles with Semantic Profile and Joint Word Embedding”, *Tsinghua Science and Technology*, 2017, 22(6), pp.619-632.

义相似度，而且能够提高文本间语义相似度计算的准确性。

Word2Vec是Mikolov等人在2013年提出的浅层神经网络语言模型[1-2]，包括计算word vector的CBOW模型和skip-gram模型。CBOW模型通过上下文情境预测当前值，skip-gram模型通过当前值预测上下文。Word2Vec不仅可以在百万数量级的词典和上亿的数据集上进行高效训练，还可以有效解决文本形式化表达的高维稀疏性和忽略潜在语义的问题，因此成为比较常用的文本相似度的计算方法。本研究考虑到数据规模，将每条帖子作为向量子单元，以Word2Vec的词向量进行等权平均计算形成句向量，参数设定300维空间，迭代效果较好。

研究显示，对句子采取Word2Vec词向量，简单等权平均而转换得到的句子向量，具有良好的效果，甚至超过其他较多采取复杂神经网络的表示方法。因此，利用词向量不仅可以计算词语之间的语义相似度，而且能够提高文本间语义相似度计算的准确率。深度架构的语义建模方式，包括递归神经网络（RNN）[3-4]、卷积神经网络（CNN）等[5-6]。但是最近一些研究表明，与使用递归或卷积的更为复杂的模型相比，在某些自然语言处理（NLP）应用中，基于简单词嵌入的架构表现出可比甚至更好的性能[7-8]。而复杂神经网络的合成功能无论是时间成本还是硬件设施都较为昂贵。尽管在这些模型中避免了复杂的合成功能，但在单词嵌入层的顶部还是使用了附加模块（例如注意层）。有实证研究表明，这些复合功能的优势高度

[1] Mikolov T, Sutskever I, et al.: "Distributed Representations of Words and Phrases and Their Compositionality", *Advances in neural information processing systems*, 2013.

[2] Mikolov T, Chen K, et al.: "Efficient Estimation of Word Representations in Vector Space", *arXiv Preprint*, arXiv: 2013, 1301. 3781.

[3] Tai K, Socher R and CD M: "Improved Semantic Representations from Tree-Structured Long Short-Term Memory Networks", *Proceedings of the 53rd Annual Meeting of the Association for Computational Linguistics and the 7th International Joint Conference on Natural Language Processing*, 2015, pp.1556-1566.

[4] Sutskever I, Vinyals O and Le Q: "Sequence to Sequence Learning with Neural Networks", *Proceeding of NIPS 27. Montreal*, 2014, pp.3104-3112.

[5] Kalchbrenner N, Grefenstette E and Blunsom, P: "A Convolutional Neural Network for Modelling Sentences", *arXiv Preprint*, arXiv:1404.2188, 2014.

[6] Kim Y: "Convolutional Neural Networks for Sentence Classification", *arXiv Preprint*, arXiv: 1408. 5882, 2014.

[7] Parikh A, Ankur P, et al.: "A Decomposable Attention Model for Natural Language Inference", *Proceedings of the 2016 Conference on Empirical Methods in Natural Language Processing ACL*, 2016, Retrieved from: https://www.aclweb.org/anthology/D16-1244.pdf.

[8] Vaswani A, Shazeer N, et al.: "Attention Is All You Need", *arXiv Preprint*, arXiv: 1706.03762, 2017.

依赖特定任务[1-2]。结果可能导致人们忽略了简单单词嵌入的卓越性能。

Shen D 等[3]的研究更是直接将简单词向量模型(SWEM)与现有的递归和卷积网络进行了比较。具体来说,他们考虑了 17 个数据集在三个不同的 NLP 任务中的表现,即文档分类、自然语言序列匹配、(短)句子分类和标记。结果表明,在大多数情况下,SWEM 表现出可比甚至更高的性能。还有研究表明[4],在一些任务中,词向量的低维结果如 10 维和 1 000 维的结果相当,即在一些任务上小维度的词向量效果已经足够优化。因此,通过简单平均得到的词向量在 NLP 问题的解决中具备较好的实用价值。

基于 Word2Vec,对向量化的数组进行相似度计算,空间向量的计算常用余弦距离表示不同坐标位置之间的关联,余弦距离越大,词向量在语义空间中的内容相似度越高,则该帖子所属用户和其他用户的相似度越高。相比距离度量,余弦相似度更加注重两个向量在方向上的差异,这种有向度量方式更加适合在低维语义空间中衡量不同向量的距离。

由于每一个层级的向量化表达都是一个矩阵,因此通过"类平均法"计算两组用户之间的相似度。计算出两个矩阵各行各列的余弦距离矩阵,再取平均值后得到两个矩阵的平均相似程度。由此,我们得到不同用户指标下的每个层级与自身平均相似度、与最高层级相似度、与总体用户相似度,以及与随机抽取的帖子样本的相似度。而这种相似程度越高,越能够说明用户发布帖子与其他帖子的"同质化"水平。

## 四、实验论证与说明

根据前文的假设以及相关概念的明晰与界定,围绕 H1、H2、H3 三个不同的侧

---

[1] Iyyer M, Manjunatha V, et al.: "Deep Unordered Composition Rivals Syntactic Methods for Text Classification", *Proceedings of the 53rd Annual Meeting of the Association for Computational Linguistics and the 7th International Joint Conference on Natural Language Processing*, 2015, pp. 1681-1691.

[2] Mitchell J, and Lapata M: "Composition in Distributional Models of Semantics", Cognitive science, 2010, 34(8), pp.1388-1429.

[3] Shen D, Wang G, et al.: "Baseline Needs More Love: On Simple Word-Embedding-Based Models and Associated Pooling Mechanisms", *Proceedings of the 2018 Conference on Empirical Methods in Natural Language Processing ACL*, 2018, Retrieved from: https://arxiv.org/pdf/1805.09843.pdf.

[4] Lai S, Liu K, et al.: "How to Generate A Good Word Embedding", *IEEE Intelligent Systems*, , 2016, 31(6), pp.5-14.

重点进行分析，同时在每一个子假设下根据不同的指标和参考维度进行多元化的分析，最后再统一分析得到关于顶部化的综合结论。

### (一) 用户使用层级与用户内容顶部化的相关性

本部分对于 H1 内容进行检验和实证，通过各指标划分 50 层，然后每种指标里，逐层与全体用户计算相似度，观察这些全体样本是不是越来越趋于各指标下的顶部用户。

将上述指标进行统计学的相关性检验后得到，用户的卷入度、活跃度及影响力的层级与整体内容的相似程度关联显著，都在 0.9 以上，甚至粉丝数指标当中关联度达到了 0.98 以上(表 1)。

表 1　全体用户与不同层级用户的相似度

| 用户微博使用情况 | | 用户卷入度 | 用户活跃程度 | 用户影响力水平 |
|---|---|---|---|---|
| 子指标 | | 注册时长(天) | 微博经验值 | 粉丝数量 |
| 皮尔逊相关性分析 | 皮尔逊相关系数 | 0.931 | 0.906 | 0.981 |
| | 皮尔逊相关系数显著性 | 0.000 | 0.000 | 0.000 |
| 斯皮尔曼相关性分析 | 斯皮尔曼相关系数 | 0.951 | 0.947 | 0.986 |
| | 斯皮尔曼相关系数显著性 | 0.000 | 0.000 | 0.000 |

将三个指标下随着用户使用层级上升而变化的相似度绘制成如图 1—图 3。

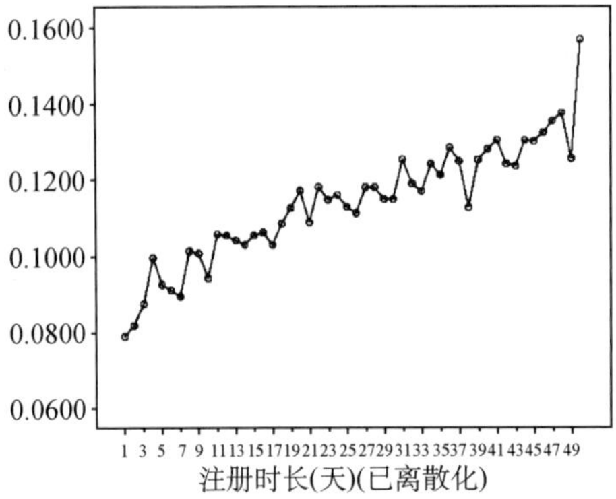


图 1　注册时长指标下随着用户使用层级上升而变化的相似度

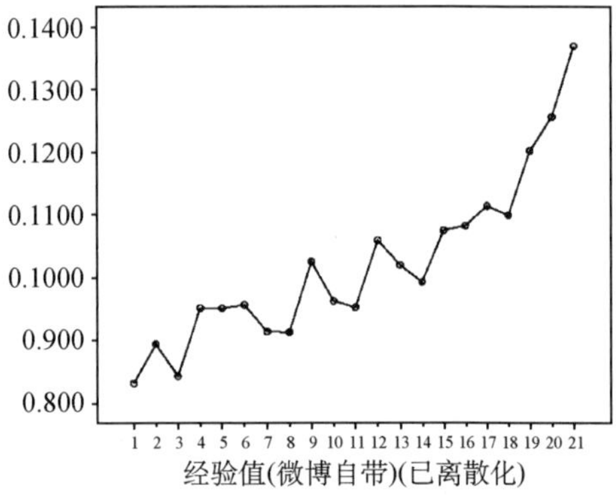


图 2　微博经验值指标下随着用户使用层级上升而变化的相似度

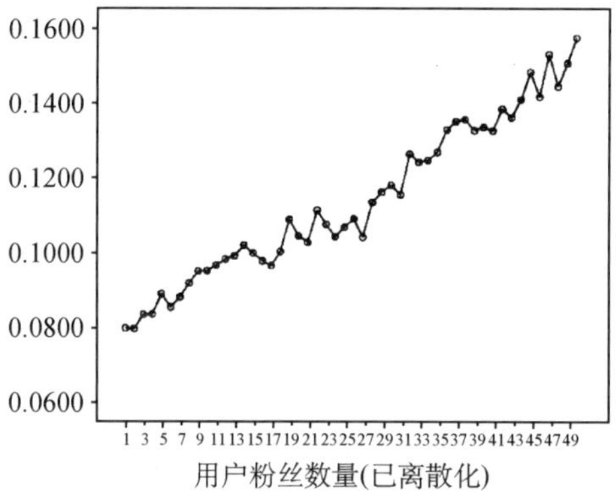


图 3 用户粉丝数量指标下随着用户使用层级上升而变化的相似度

其中不难初步发现，用户使用层级与用户内容顶部化存在着显著的线性相关性。

**(二) 用户使用层级与用户顶部化的相关性**

在 H2 中的顶部化，从静态维度上看，指向的是社交媒体舆论池当中不同层级下的那些内容，但从动态的内容生产层面和更深层次的动因上来看，驱动内容生产的还是用户，并且内容生产也是用户特征的一部分，其包含了更加个人化和更加深层次的内容。从用户个体使用的角度来看，同质化包括某一层级用户和所有个体用户形成的整体之间的相似度显著和加强。对于用户本身进行综合分析和比较是十分必要，也是能够对于未来内容生产进行分析的部分。

使用度的不同层级用户，与最顶层用户内容相似度的相关分析见表 2。其相关显著性基本都在 0.1 以下，其中相关系数最高达到 0.818，呈现了强相关性关系。

表 2 不同层级用户与最顶层用户的相似度:相关分析

| 用户微博使用情况 | | 用户卷入度 | 用户活跃程度 | 用户影响力水平 |
|---|---|---|---|---|
| 子指标 | | 注册时长(天) | 微博经验值 | 粉丝数量 |
| 皮尔逊相关性分析 | 皮尔逊相关系数 | 0.484 | 0.414 | 0.818 |
| | 皮尔逊相关系数显著性 | 0.000 | 0.062 | 0.000 |
| 斯皮尔曼相关性分析 | 斯皮尔曼相关系数 | 0.462 | 0.355 | 0.746 |
| | 斯皮尔曼相关系数显著性 | 0.001 | 0.115 | 0.000 |

将三个指标下随着用户使用层级上升而变化的相似度绘制成如图 4—图 6。

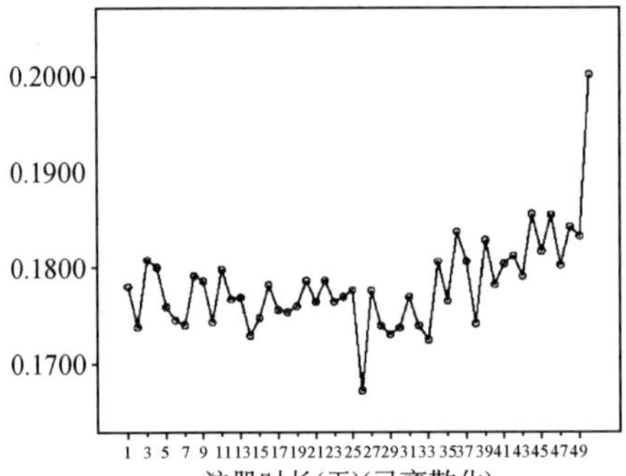


图 4　注册时长指标下随着用户使用层级上升而变化的相似度

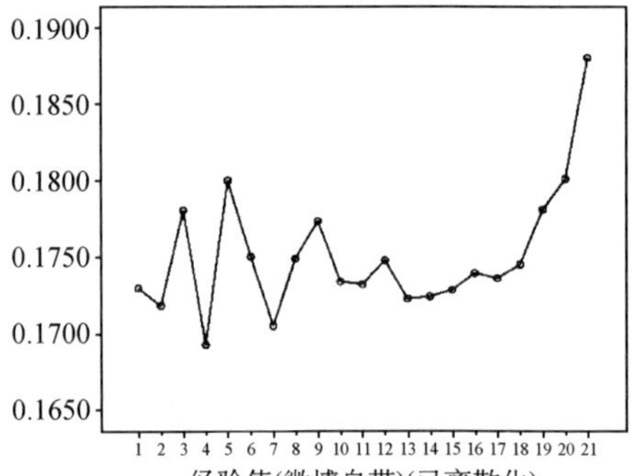


图 5　微博经验值指标下随着用户使用层级上升而变化的相似度

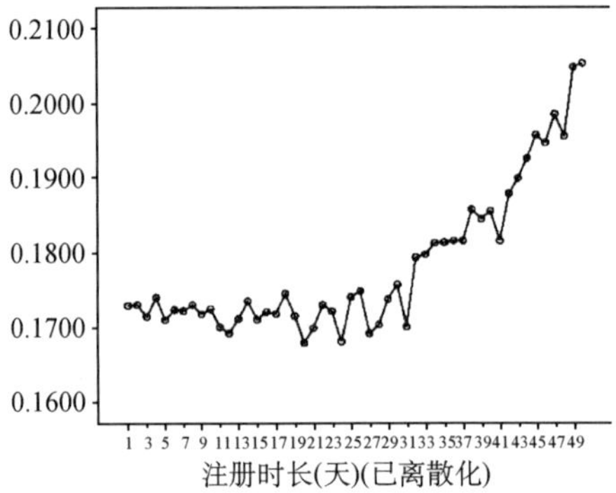


图 6　用户粉丝数量指标下随着用户使用层级上升而变化的相似度

在整体的意见气候当中，整体内容及用户趋于顶部的趋势已经十分明显。接下去的实验是为了获得更加普遍的结论，增强说服性。通过各指标划分层级，在各指标内，对每个用户与最高层的趋同性，以及与本指标最底层的反趋同性进行综合分析。同时，除了上文提到的 50 个层次维度外，我们将层级进行再次划分，将上文的 50 个层级中每 10 个层级并为一组，共划分为 5 组，观察这样更庞大的阶层划分下顶部化的趋势是否依旧连续。

通过在本指标下更加具体的顶层化分析，观察这样的同质化过程是否在每个指标下都有意见和用户特征的聚拢性。以下分别为 50 层与 5 层划分下的检验结果(表 4—表 8)。

表 4　不同层级下的每个用户与本指标最高层级用户相似度的相关分析(分 50 层)

| 用户微博使用情况 | | 用户卷入度 | 用户活跃程度 | 用户影响力水平 |
|---|---|---|---|---|
| 子指标 | | 注册时长(天) | 微博经验值 | 粉丝数量 |
| 皮尔逊相关性分析 | 皮尔逊相关系数 | 0.874 | 0.850 | 0.960 |
| | 皮尔逊相关系数显著性 | 0.000 | 0.000 | 0.000 |
| 斯皮尔曼相关性分析 | 斯皮尔曼相关系数 | 0.884 | 0.902 | 0.970 |
| | 斯皮尔曼相关系数显著性 | 0.000 | 0.000 | 0.000 |

表 5　不同层级下的每个用户与本指标最底层级用户相似度的相关分析(分 50 层)

| 用户微博使用情况 | | 用户卷入度 | 用户活跃程度 | 用户影响力水平 |
|---|---|---|---|---|
| 子指标 | | 注册时长(天) | 微博经验值 | 粉丝数量 |
| 皮尔逊相关性分析 | 皮尔逊相关系数 | 0.133 | 0.349 | −0.912 |
| | 皮尔逊相关系数显著性 | 0.378 | 0.111 | 0.000 |
| 斯皮尔曼相关性分析 | 斯皮尔曼相关系数 | 0.127 | 0.307 | −0.898 |
| | 斯皮尔曼相关系数显著性 | 0.401 | 0.165 | 0.000 |

可以发现,在分 50 层情况下,将指标聚焦在某一指标下时,用户“趋于顶部”的态势非常明显,在统计学分析下指标相关系数都在 0.85 以上,最高达 0.97,显著性也都极其明显。在“背离底部”上,粉丝数指标表现突出,注册时长和经验值的态势平平。

表 6　不同层级下的每个用户与本指标最高层级用户相似度的相关分析(分 5 层)

| 用户微博使用情况 | | 用户卷入度 | 用户活跃程度 | 用户影响力水平 |
|---|---|---|---|---|
| 子指标 | | 注册时长(天) | 微博经验值 | 粉丝数量 |
| 皮尔逊相关性分析 | 皮尔逊相关系数 | 0.789 | 0.850 | 0.958 |
| | 皮尔逊相关系数显著性 | 0.000 | 0.000 | 0.000 |
| 斯皮尔曼相关性分析 | 斯皮尔曼相关系数 | 0.812 | 0.902 | 0.963 |
| | 斯皮尔曼相关系数显著性 | 0.000 | 0.000 | 0.000 |

表7　不同层级下的每个用户与本指标最底层级用户相似度的相关分析(分5层)

| 用户微博使用情况 | | 用户卷入度 | 用户活跃程度 | 用户影响力水平 |
|---|---|---|---|---|
| 子指标 | | 注册时长(天) | 微博经验值 | 粉丝数量 |
| 皮尔逊相关性分析 | 皮尔逊相关系数 | 0.291 | 0.235 | −0.895 |
| | 皮尔逊相关系数显著性 | 0.050 | 0.293 | 0.000 |
| 斯皮尔曼相关性分析 | 斯皮尔曼相关系数 | 0.283 | 0.022 | −0.872 |
| | 斯皮尔曼相关系数显著性 | 0.057 | 0.923 | 0.000 |

表8　不同层级下的每个用户与本指标最高层减最底层用户相似度的相关分析(分50层)

| 用户微博使用情况 | | 用户卷入度 | 用户活跃程度 | 用户影响力水平 |
|---|---|---|---|---|
| 子指标 | | 注册时长(天) | 微博经验值 | 粉丝数量 |
| 皮尔逊相关性分析 | 皮尔逊相关系数 | 0.859 | 0.818 | 0.949 |
| | 皮尔逊相关系数显著性 | 0.000 | 0.000 | 0.000 |
| 斯皮尔曼相关性分析 | 斯皮尔曼相关系数 | 0.893 | 0.894 | 0.985 |
| | 斯皮尔曼相关系数显著性 | 0.000 | 0.000 | 0.000 |

在分五层的大基数层级下，经过与最高层、最底层以及用户趋顶反底的综合程度(最高层相似度减最低层相似度)的相关分析，可以明显得出用户“趋于顶部”或“趋顶反底”的趋势是呈十分显著的相关的。在不同的指标下，随着指标的发展，即指标数值的不断提升，用户整体都会朝着本指标顶部的用户趋近，与他们越来越相似，而与曾经的底部越来越远离，这一趋势在用户影响力这一大指标下的表现尤为明显。

同时也需要思考，用户在趋于本指标的顶部外，与其他指标的顶部又是怎样的关系？因此，本研究将用户分层后与各指标最高层级的复合相似度均值(各层级，与三种顶层用户的相似度均值。)进行相关分析，得到数据见表9。

表9　不同层级下的每个用户与各个指标最高层级复合相似度均值的相关分析

| 用户微博使用情况 | | 用户卷入度 | 用户活跃程度 | 用户影响力水平 |
|---|---|---|---|---|
| 子指标 | | 注册时长(天) | 微博经验值 | 粉丝数量 |
| 皮尔逊相关性分析 | 皮尔逊相关系数 | 0.809 | 0.795 | 0.449 |
| | 皮尔逊相关系数显著性 | 0.000 | 0.000 | 0.001 |

（续表）

| 用户微博使用情况 | | 用户卷入度 | 用户活跃程度 | 用户影响力水平 |
|---|---|---|---|---|
| 子指标 | | 注册时长(天) | 微博经验值 | 粉丝数量 |
| 斯皮尔曼相关性分析 | 斯皮尔曼相关系数 | 0.787 | 0.878 | 0.385 |
| | 斯皮尔曼相关系数显著性 | 0.000 | 0.000 | 0.006 |

整理上述数据，能够在多个维度下分析得到，用户的使用层级与用户的顶部化存在明显的相关性。

与此同时，在经过综合运算分析后，依然可以看到在这三个指标下，用户趋向某一个顶部的同时，其实与其他顶部的相似程度也越来越大，也即用户在趋向自身顶部的同时，也在趋向其他顶部。因此，不得不进一步思考，用户正在趋向的顶部的具体构成，也即提出猜想 H3，社交媒体顶部可能具有某种程度上的同构性。

### （三）各指标下的顶层用户互相之间高相似度的同构性

在对 H1、H2 的分析和验证之后，已经能够初步得出当下社交媒体内容与用户"顶部化"的大趋势。而这样的顶部不是每一个指标下孤立的顶部，而更像是一个综合的集群，他们互相首肯，互相融合。因此，在检验过 H2 中用户生产的内容与各指标顶部复合相似程度同用户层级相关的基础下，再进行每个指标下层级变化用户与其他各指标顶部用户相关性的具体化检验。

其中 1 代表背离底部，5 代表趋向顶部，5 减 1 代表整个趋顶反底的态势（表 10—表 12）。

表 10　用户粉丝数维度下层级变化用户与其他各指标顶部用户的相关性检验

| 指标 | | 用户经验值 1 | 用户经验值 5 | 用户经验值 5 减 1 | 用户注册天数 1 | 用户注册天数 5 | 用户注册天数 5 减 1 |
|---|---|---|---|---|---|---|---|
| 用户粉丝数 | 皮尔逊相关性 | −0.860 | 0.832 | 0.965 | 0.185 | −0.107 | −0.303 |
| | 显著程度 | −0.860 | 0.832 | 0.965 | 0.185 | −0.107 | −0.303 |
| | 斯皮尔曼相关性 | −0.823 | 0.858 | 0.988 | 0.076 | −0.199 | −0.289 |
| | 显著程度 | 0.000 | 0.000 | 0.000 | 0.602 | 0.167 | 0.042 |

表 11 用户经验值维度下层级变化用户与其他各指标顶部用户的相关性检验

| 指标 | | 用户粉丝数 1 | 用户粉丝数 5 | 用户粉丝数 5 减 1 | 用户注册天数 1 | 用户注册天数 5 | 用户注册天数 5 减 1 |
|---|---|---|---|---|---|---|---|
| 用户经验值 | 皮尔逊相关性 | 0.065 | 0.867 | 0.637 | 0.804 | 0.824 | 0.722 |
| | 显著程度 | 0.775 | 0.000 | 0.001 | 0.000 | 0.000 | 0.000 |
| | 斯皮尔曼相关性 | −0.206 | 0.901 | 0.748 | 0.875 | 0.819 | 0.680 |
| | 显著程度 | 0.357 | 0.000 | 0.000 | 0.000 | 0.000 | 0.000 |

表 12 用户注册天数维度下层级变化用户与其他各指标顶部用户的相关性检验

| 指标 | | 用户经验值 1 | 用户经验值 5 | 用户经验值 5 减 1 | 用户粉丝数 1 | 用户粉丝数 5 | 用户粉丝数 5 减 1 |
|---|---|---|---|---|---|---|---|
| 用户注册天数 | 皮尔逊相关性 | −0.100 | 0.803 | 0.730 | −0.264 | 0.759 | 0.597 |
| | 显著程度 | 0.506 | 0.000 | 0.000 | 0.077 | 0.000 | 0.000 |
| | 斯皮尔曼相关性 | −0.285 | 0.795 | 0.798 | −0.473 | 0.757 | 0.760 |
| | 显著程度 | 0.055 | 0.000 | 0.000 | 0.001 | 0.000 | 0.000 |

结果显示，在用户粉丝数、用户经验值和用户注册天数三个维度下，用户随着层级的升高，不仅在趋向自身的顶部，同时也是在不断地趋向于其他层级的顶部。如在用户经验值这个维度中，随着经验值层级的不断上升，与粉丝数顶部与注册天数顶部的相似程度相关性达到 0.8 以上，具有强相关性。其他维度下的各种相关性比较也呈现出这样一种态势。

因此，在多个维度的分析过后可以发现，微博用户的顶部不仅仅是单个维度下的顶部，更是一个巨大的、由各个维度下顶部共同构成的顶部。粉丝数、微博经验值、注册时长等使用指标尽管看似关联度不大，然而其顶部却具有相同的趋向性与同构性。一种指标在趋向自身顶部的同时，也在趋向其他指标的顶部。

## 五、总结与展望

本研究在多个指标下，对当下社交媒体的内容和用户特征进行分析，同时对同质化的表征提出了“顶部化”的猜想和假设，并且在多个维度中进行了综合分析、多种方式的相关性测试，其结果都具有良好的统计显著性，即使用层次越高的用户，跟总体以及最高层级“典范层级”的平均相似度越高；部分指标的皮尔逊及斯皮尔曼相关系数在 $p$ 值显著的情况下高达 0.9 以上，这在社会科学中是鲜明的甚至突出的正相关性。

顶部，意味着对社会、意见气候具有越来越多的影响力。经过实验我们发现，顶部化并不能简单等同于头部化，而是有拓展地、从单纯的头部拓展到多方面的头部。社交媒体当中的“顶部化”是从内容到用户、从一个顶部蔓延到整体顶部的过程。这样的顶部化增长是线性的，而不是曲线加速的。在各个指标下，“典范意见阶层”描述的是一个方向，而不只是一种静态用户群体或社会层级。在使用中，会朝着某个方向演变，带有方向性、定向性。微博使用度越高的层级，越来越趋同于“顶部用户”（并非单纯的“头部用户”），而远离“底部用户”。在总结分析后发现，顶部同样也具有同构性，一种指标在趋向自身顶部的同时，也在趋向其他指标的顶部，从而打造微博空间的生态。

具有顶部化引力的“典范意见阶层”描述的不只是一种静态用户群体或网络社会层级，更重要地是表征着微博传播中的一种确定性的变化和方向。它值得我们为之认真探讨，亦需要在未来跳脱出微博在更多的社交媒体中进行更加广泛和深刻的研究。

# 良性越轨行为在社交网络上的演化特征分析

## ——以“昆山龙哥反杀案”为例[1]*

姚庚君　王经纬　靳　菁　李　松　田进太**

**摘要**:社交网络上的越轨行为是网络舆情研究的一个重要内容。传统的研究往往关注越轨行为和越轨言论的消极一面,导致这些研究无法全面地评估具有越轨意向的言论对社会的影响。此外,这些研究往往局限于静态的研究视角,缺乏对社交网络中越轨行为的生成与演化分析。本研究立足于罗伯特·默顿、科塞和莱默特等人的越轨理论,以“昆山龙哥反杀案”为例,运用框架分析、静态与动态主题模型对此次事件中普通民众、官方媒体以及商业媒体微博的主题内容、主题演化、交互作用以及发布特征进行了分析,得出以下结论:①民众在此次事件中的越轨行为体现为对官方媒体和商业媒体的微博文本内容的对抗性解读,具体表现为对类似事件判罚标准的不满和对缺乏社会安全感的担忧;②在此次事件中,发文数量少、以原创居多、持续关注时间短的人(初级越轨者)倾向于在评论中进行理性分析,发文数量多、持续关注时间长的人(次级越轨者)倾向于在评论中进行情感宣泄;③三种媒体相互设置议程,其中官方媒体的议程设置能力最强;④民众的舆论爆发速度快,但易被情绪左右,虽然存在少数反越轨言论但对总体舆论走向作用有限,官方媒体在反越轨行为中具有影响力但由于反应速度缓慢,最终也没有影响舆论的整体趋势。

* 基金项目:教育部哲学社会科学研究重大课题攻关项目“构建全球化互联网治理体系研究”资助(项目批准号:17JZD032)。

** 姚庚君,清华大学新闻与传播学院博士研究生;王经纬,同济大学电子信息工程学院博士研究生;靳菁,同济大学艺术与传媒学院硕士研究生;李松,同济大学电子信息工程学院硕士研究生;田进太,微热点大数据研究院副院长。

[1] 本文数据由微热点提供。

关键词：越轨行为；动态主题模型；对抗性解读；议程设置；舆论趋势

# 一、引　言

越轨行为(deviance)，是一个社会学概念，它是指违反一定社会的行为准则、价值观念或道德规范的行为或者对现有的社会规范和社会秩序(包括法律法规)进行反叛和质疑[1]。因此，在社会学意义上，对越轨行为的评价存在双面性，其中破坏了社会稳定性的越轨行为被称为“恶性越轨”，而促进了社会的改革与发展的越轨行为被称为“良性越轨”。

与越轨行为相关的概念是社会控制。社会控制是指对越轨行为进行组织化反应[2]，是为了维护社会秩序或者恢复社会秩序所做的社会化行为。

根据理论框架，在“昆山龙哥反杀案”中，民众普遍对我国刑法中有关“正当防卫”的判罚规则表示不满，并且提出质疑和改变的需求。民众的这种行为可以被当作一种良性越轨行为，所以本文将采用社会学中的越轨行为以及社会控制的理论，通过对微博文本主题以及发言主体的特征进行分析，研究此次越轨行为的演化特征。

# 二、文 献 回 顾

## (一) 越轨行为的理论梳理

越轨行为在社会学研究中一直被重视，因为越轨行为对社会学家分析社会问题的原因、理解社会制度的变革起到非常重要的作用。最早对越轨行为进行分析的是法国社会学家涂尔干。在涂尔干看来，现代社会的根本特征在于对传统社会依靠血缘的“有机关系”的颠覆和对依靠“社会分工”的“机械团结关系”的强化[3]。在这种条件下，社会规范表现为一种——外在于个人的力量却对个人有不同程度上的制约作用的——群体的契约。然而，由于各种特殊情况(战争、技术变化、经济

---

[1] 曾凯：《越轨行为的社会控制》，《学理论》2010 年第 12 期，第 79—80 页。

[2] 马丁·因尼斯：《解读社会控制：越轨行为犯罪与社会秩序》，中国人民公安大学出版社，2009 年，第 17—25 页。

[3] 埃米尔·涂尔干：《社会分工论》，生活·读书·新知三联书店，2000 年，第 17—21 页。

危机等)，正常的社会秩序无法调节社会各成员之间的利益关系，这就导致人们对社会秩序失去了信心，进而产生了越轨的意向[1]。

相比于涂尔干的抽象理论，美国社会学家罗伯特·默顿的结构紧张理论更加具体、更加具有分析意义。结构紧张理论是由帕森斯的结构功能主义发展而来。以帕森斯为首的结构功能主义社会学家认为，社会结构是以其功能的相互关系加以整合的，所以社会结构的现行状态是功能结合的必然产物，因此帕森斯根据这个理念推导出了一个无冲突、无对抗的社会学理论[2]。但是罗伯特·默顿却对此表示怀疑，他提出帕森斯的构想仅仅存在于理想的环境，在现实社会中由于现存制度在政治、经济以及法律等方面的不完善，比如阶级偏向等，导致一部分社会底层群体被迫使用非法、非常规的手段来实现自己的个人目的[3]。通过对默顿学说的论述，不难发现，默顿对越轨行为的动机和影响与之前的研究者已经发生了变化，他不再仅仅关注越轨行为的破坏性影响，而是试图通过越轨行为找到能够为解决社会问题提供方法的工具。尽管涂尔干和默顿都试图从社会结构问题中找到越轨行为的原因，但是他们对越轨行为的影响的看法基本还是消极的[4-5]。真正从积极的角度研究越轨行为是从冲突理论开始的。

冲突理论是 20 世纪 50 年代兴起的社会学理论，该理论对越轨行为的看法不再是消极的。根据冲突理论的创始人科塞的观点，越轨行为是社会的常态，它所引发的社会冲突是社会进步和社会变革的根本动力[6]，所以冲突理论的研究者一般会根据越轨行为的现实影响区分为“良性越轨”和“恶性越轨”[7]两种不同的越轨形式。

---

[1] 于璟，赵孟营:《超越“失范”:论涂尔干理论语境中的 anomie》，《广西社会科学》2007 年第 4 期，第 161—164 页。

[2] 帕森斯:《社会行动的结构》，译林出版社，2003 年，第 845—850 页。

[3] Walters M A: “A General Theories of Hate Crime? Strain, Doing Difference and Self Control”, *Critical Criminology*, 2011, 19(4), pp.313-330.

[4] Murphy D S, Robinson M B: “The Maximizer: Clarifying Merton's theories of anomie and strain”, *Theoretical Criminology*, 2008, 12(4), pp.501-521.

[5] Featherstone R, Deflem M: “Anomie and strain: Context and consequences of Merton's two theories”, *Sociological inquiry*, 2003, 73(4), pp.471-489.

[6] 科塞尔:《社会冲突的功能》，孙立平译，华夏出版社，1989 年，第 24—47 页。

[7] Marsh D R, Schroeder D G, Dearden K A, Sternin J, Sternin M: “The power of positive deviance”, *BMJ*, 2004, 329(7475), pp.1177-1179.

此外,“标签理论”的社会学家也对越轨行为进行了相关的研究。例如,社会学家莱默特就将越轨者按照行为特征区分为“初级越轨者”和“次级越轨者”。所谓“初级越轨者”,即是越轨者能偶尔进行越轨行为,并且是暂时的、试探性的、轻微的和容易隐瞒的。但是“次级越轨者”则不同,这些人的越轨行为具有次数多,持续性强,并且越轨者对于越轨行为具有合理化习惯化倾向的特点[1]。

与越轨行为相对的概念是社会控制。社会控制是维系社会秩序保持社会正常运转的必要手段,也是为了可以将越轨行为的危害降到最低的必要方式。一般来讲,越轨行为与社会控制是相伴而生的,所以分析与越轨行为相关的社会控制,也是分析越轨行为的性质、特征和原因的重要方法。

媒体与越轨行为的关系一直是社会学界和传播学界关注的热点。这些研究中有的是从媒体视角切入的,他们认为大众媒体对越轨行为有着双重作用[2-3],一方面大众媒体由于其追求新奇性的特点,它在客观上放大了越轨行为的社会影响[4],但是另一方面,大众媒体由于具有公共性,所以在某种程度上大众媒体承担了强化社会规范、加强社会控制的作用[5]。还有的研究是从受众角度切入的,这些学者通过研究受众对媒体报道信息的态度以及在社交网络上的行为分析认为,对媒体信息的对抗性解读[6]或者通过媒体形成对抗性的社会认同[7]是民众通过媒体实施越轨行为的重要方式。

以上研究尽管都从不同的角度对媒体与越轨行为进行研究,但是一方面很多研究缺乏详实的经验依据,另一方面很多研究都只将越轨行为作为一个静态的既

---

[1] Lemert E M, Edwin M: “Primary and secondary deviance”, *Theories of Deviance*, 1999, pp.385-390.

[2] Mend R B M R: “Deviance and Mass Media, by Charles Winick”, *Contemporary Sociology*, Vol. 2, 1980, 9(4), pp.534-535.

[3] Cheliotis L K: “The ambivalent consequences of visibility: Crime and prisons in the mass media. Crime”, *Media*, *Culture*, 2010, 6(2), pp.169-184.

[4] Dotte D: “Creating deviance: Scenarios of stigmatization in postmodern media culture”, *Deviant Behavior*, 2002, 23(5), pp.419-448.

[5] Altheide D L: “Media logic, social control, and fear”, *Communication Theory*, 2013, 23(3), pp. 223-238.

[6] 王勇:《大众传媒与社会越轨行为——社会控制视阈下的越轨新闻信息传播研究》,光明日报出版社,2010年,第152—154页。

[7] 王勇:《大众传媒与社会越轨行为——社会控制视阈下的越轨新闻信息传播研究》,光明日报出版社,2010年,第144—149页。

成事实进行研究，忽略了信息交互和动态演化对越轨行为的影响，进而无法深入研究社交网络越轨行为的发生机制。此外，以上研究大多将越轨行为局限于犯罪等具有破坏性的问题，没有关注越轨行为中诸如社会变革等建设性因素，所以本文一方面要基于动态演化的视角研究社交网络上的越轨行为，另一方面要将社交网络中越轨行为的研究拓展到良性越轨的范围。

**（二）“昆山龙哥反杀案”**

“昆山龙哥反杀案”是一起由当事人被袭击转变到“正当防卫”的公共安全事件。在此次事件中，针对受害人于海明的行为是否应该被判决为“正当防卫”这一话题在网络上引发了热烈的讨论。因为根据过往的判决标准，于海明此次很难被判为“正当防卫”，但是由于该事件在网络上曝光后，网络中很大一部分人认为按照情理应当判于海明的行为为“正当防卫”，进而对过往的司法判决标准甚至我国刑法中对“正当防卫”的规定产生了质疑。如果将过往对“正当防卫”的判罚标准作为一种社会规范，那么该事件中存在两层越轨行为：第一层越轨行为中的越轨者是于海明本人，按照过去的判决标准，他的行为如果不能被判定是正当防卫，那么他将会以过失杀人被判刑；第二层越轨行为的主体是支持“判决正当防卫”的网民，这一部分民众因为同情以及社会政治关怀，进而掀起网络上的二次越轨行为——对司法制度的正当性产生质疑进而对其本身进行冲击。第一层的越轨行为属于法学专业范畴，不在本文的讨论范围内。所以本文将着重探讨第二层的越轨行为所体现的社会学与传播学意义。

**（三）问题提出**

在以上理论背景下，本研究提出以下四个问题。

首先，媒体与越轨行为相关的研究，普通民众和主流官方媒体以及商业背景的媒体在面对该事件时的态度是不同的，而且普通民众的越轨行为应该表现为对媒体信息进行对抗性解读和形成对抗性的社会认同。所以要想验证此猜想，本文需要研究的第一个问题便是：

（1）普通民众、主流官方媒体和商业媒体等不同主体在微博上讨论该事件时都有哪些主题？这些主题中如何体现了越轨意愿？

其次，按照莱默特的理论，初级越轨者和次级越轨者具有不同特征的越轨行为，所以本文需要研究的第二个问题是：

(2) 普通民众对于该事件的参与程度是否存在差别？这种差别是否体现了莱默特关于两种越轨者的区分？

另外，此次事件涉及媒体和民众的关系，媒体与民众的舆论的交互作用和演化关系也就变成了我们理解此次事件的关键因素之一，所以本文提出第三个研究问题：

(3) 在此次事件舆论的爆发和扩散过程中，普通民众、主流官方媒体以及商业媒体所讨论的主题是怎样演化的？三者之间的互动关系如何？

最后，根据越轨行为与社会控制的相关理论，本文提出第四个研究问题：

(4) 在此次事件中各个舆论主体是否存在反越轨行为？如果存在，其效果如何？

## 三、研究方法

本研究采用个案分析法，以“昆山龙哥反杀案”中公众和媒体对此事件的关注为焦点进行分析，利用新浪微博提供的 2018/8/28 0:00 至 2018/9/2 23:59 的微博数据，进行文本挖掘。研究具体过程和方法如下。

### (一) 微博主体分类

本研究首先将所有微博的主体分为以下几类：第一类，官方媒体（简称官媒），即包括具有官方背景和行政背景的媒体（如人民日报、新华社、法制晚报、海南网络广播电视台等）以及地方门户网站（如杭州网等）共 350 个。第二类，各地的司法以及行政管理部门的官方微博（如昆山公安、抚顺网警巡查执法等），该类微博主体共 146 个。第三类，大型商业媒体（简称商媒），主要为大门户网站的新闻版块（网易新闻客户端等），该类微博主体共 48 个。第四类，外国媒体，共 12 个。第五类，法律专业服务类媒体，包括律师事务所以及法律工作行业的网站等共 6 个。第六类为除以上微博主体的剩余部分即普通民众，包括自媒体和个人用户（简称民众）。

### (二) 问题一的研究方法

在问题一的分析过程中，本文主要通过文本主题模型分析发现不同类别微博主体对此次事件的关注点和讨论主题，进一步可以发现不同类别群体对事件的讨论主题是否存在差异。所使用的方法为 LDA(Latent Dirichlet allocation)主题模型[1]，使用的工具为 Python 的 gensim 包中的 ldamodel 函数。先对各个类别的微博主体按照 perplex 指标约束生成符合实际情况的主题数量，之后邀请具有传播学背景的志愿者按照传播学中框架分析的方法对每个主题进行标注[2]，并使用 SPSS 软件中的 $\alpha$ 信度系数法计算信度，确定最终的主题含义。

**(三) 问题二的研究方法**

为了研究问题二，本文根据文献提供的量表[3]和相关研究，筛选 3 个维度、8 种指标考察普通民众对于这类具有敏感度的越轨事件的参与程度，这 3 个维度、8 种指标具体表现为：

第一，信息获取和发布。该维度下的指标有：X1—与反杀案信息相关微博的转发次数；X2—转发微博的平均长度。

第二，意见表达与交流。该维度下的指标有强度指标：X3—微博上发文的平均长度；X4—微博中涉及专业司法以及社会安全类别词汇的占总微博的比重的平均数；X5—原创微博的数量；X6—原创微博的平均长度时长指标；X7—评论持续的时间(第一条微博与最后一条微博的时间间隔，以分钟为单位)。

第三，网络行动。该维度下的指标有：X8—是否参与网络投票。

在对以上信息进行统计之后，本研究需要对每个变量数值为前 10 的用户进行微博定位和背景分析，主要分析该用户以前发布的微博的文本特征。

**(四) 问题三的研究方法**

在问题三的分析过程中，本文主要考察了各个类别主题的动态分布，发现各类微博主体的话题演化规律和各个类别之间主题语词的互动关系。使用的方法为动

---

[1] Blei D M, Ng A Y, Jordan M I:"Latent Dirichlet allocation", *Journal of Machine Learning Research*, 2003, 1(3), pp.993-1022.

[2] 张玉:《框架理论下留学生遇害事件新闻报道分析——以李洋洁案件为例》,《视听》2019 年第 1 期,第 165—166 页,标注的表格见附录 A。

[3] 黄少华,姜波,袁梦遥:《网络政治参与行为量表编制》,《兰州大学学报(社会科学版)》2016 年第 6 期,第 53—60 页。

态主题模型(Dynamic topic models，简称 DTM)[1]，工具为 gensim 库中的 LdaSeqModel 模型。本文之所以选择这个模型，一方面是因为该模型相比于其他的动态主题模型较为成熟。另一方面，通过分析数据，本文发现数据中的关注行为主要以一次关注为主，二次关注很少，所以网络的拓扑结构较为简单，不适应使用依靠社交关系和网络结构进行动态主题分析的相关模型[2-4]。

DTM 模型在进行参数迭代的过程中使用高斯过程，并在参数估计中使用变分卡尔曼滤波方法解决高斯分布和 Dirichlet 分布的非共轭性问题。DTM 模型假设为：在上一个时期的主题分布为条件下，当期的主题分布先验参数 $\alpha_t$ 是以上一个时期的主题分布先验参数为均值向量，协方差矩阵为单位阵倍数的多元高斯分布，其数学表达如下：

$$\alpha_t \mid \alpha_{t-1} \sim N(\alpha_{t-1}, \delta^2 I) \qquad \text{(公式 1)}$$

同样，对于每个主题，在上一个时期的词汇分布为条件下，当期的词汇分布参数向量 $\beta_t$ 是以上一个时期的词汇分布参数为均值向量，协方差矩阵为单位阵倍数的多元高斯分布，其数学表达如下[5]：

$$\beta_t \mid \beta_{t-1} \sim N(\beta_{t-1}, \sigma^2 I) \qquad \text{(公式 2)}$$

此外，在进行动态主题生成后，本研究会计算官方媒体、商业媒体以及普通民众三种类型的舆论主体在 12 个时间片主题的 Jaccard 距离，得到它们的各自主题演变幅度和交叉演化关系。

---

[1] Blei D M, Lafferty J D: “Dynamic topic models”, in *Proc International Conference on Machine Learning*, 2006.

[2] Kalyanam J, Mantrach A, Saez-Trumper D, Vahabi H, Lanckriet G: “Leveraging social context for modeling topic evolution”, in *Proceedings of the 21th ACM SIGKDD International Conference on Knowledge Discovery and Data Mining*, 2015, pp.517-526.

[3] Zhou D, Ji X, Zha H, Giles C L: “Topic evolution and social interactions: how authors effect research”, in *Proceedings of the 15th ACM International Conference on Information and Knowledge Management*, 2016, pp.248-257.

[4] Lin C X, Zhao B, Mei Q, Han J: “PET: a statistical model for popular events tracking in social communities”, in *Proceedings of the 16th ACM SIGKDD International Conference on Knowledge Discovery and Data Mining*, 2010, pp.929-938.

[5] α,β 在主题模型中的具体含义，请参见 Blei, D. M., Ng, A. Y., & Jordan, M. I.(2003). “Latent dirichlet allocation”, *Journal of Machine Learning Research*, 3(Jan), pp.993-1022.

### (五) 问题四的研究方法

对于问题四,本研究首先将官方媒体、商业媒体和普通民众的微博中含有“倡导判决独立”“强调舆论不应该干预司法”的微博查找出来,并将所有的微博定位到特定的时间切片中。此后,本研究以该时间片段内“判决独立”为主题的微博数量、单条微博评论量和转发量为三个指标,通过与该时间片段内特定主体所有微博的数量、转发量和评论量的中位数相比较,综合评估各个微博主体在“判决独立”这一主题上的影响力。

## 四、研 究 结 果

### (一) 问题一研究结果

本研究综合考量 perplex 值以及理论背景,最后确定从官方媒体提取 100 个主题,各管理部门的官方微博提取 100 个主题,大型商业媒体提取 80 个主题,外国媒体提取 30 个主题,法律专业服务类媒体提取 30 个主题,普通民众提取 100 个主题,并重点分析每个主题提取重要度前 30 的词汇。在经过进一步提炼后,本研究根据框架理论针对各个媒体类别的主题指定了编码表,经过四位具有传播学背景的编码员的标注后,六个类别的信度系数见表 1。

表 1　各类媒体标注的信度系数

| 微博主体类别 | 官方媒体 | 各管理部门的官方微博 | 大型商业媒体 | 外国媒体 | 法律专业服务类媒体 | 普通民众 |
|---|---|---|---|---|---|---|
| 信度系数 | 0.82 | 0.71 | 0.79 | 0.85 | 0.33 | 0.68 |

如果以 0.6 为选择标准的话,在所有标注类型中,法律专业服务类媒体的信度系数最低。经过分析本研究发现,法律专业服务类媒体的信度之所以低是因为这些媒体通过模型自动生成的主题中含专业法律词汇的密度比较低,反而情感类和描述类的词汇占比很高,如第一个主题里面的“大快人心”“惩恶扬善”等词汇,或者是相关描述性词汇。这与之前本研究认为的法律专业服务类媒体将更多关注法律的解释和改进的印象差距较大,所以本研究在此得出的第一个结论为:从主题模型的结果看,法律专业服务类媒体在此次事件中并没有承担起相应的法律方面的舆

论引导或者解释的作用。

接下来，官方媒体和各管理部门官方微博的主题包括对法律条文的介绍和解释、论证判决的合理性、对相关人物具有黑社会背景进行的辟谣行为、对中国的司法实践能力提出肯定以及对民众进行相关合理化建议，总体偏向理性。

但是大型商业媒体则不然。首先在事件描述层面商业媒体更加开放和大胆，例如“大砍刀”“血腥”等词汇屡次出现在商业媒体主题词的前几名，另外商业媒体更偏好挖掘受害人的故事，表达也更加情感化，并且带有强烈的道德审判和谴责。在事件解释的过程中，商业媒体的呈现内容也各不相同。例如，轻微地提到了有关“防卫过当”法条“强人所难”。另外，在引申泛化部分，商业媒体更关注人性和法律的冲突以及对未来社会治理的担忧，这是官方媒体所不及的。

对于普通民众的主题分析则又有不同的结论。附录 B 中前 100 个主题的类型统计显示，普通民众非常善于对相关话题进行引申，即第 14 个类别项频数较高。其次，有相当一部分人还是认为这件事情推动了中国法律的进步，所以第 11 个类别频数较高。但是，在对事件主体的态度方面，普通民众表现出了“对抗性”解读，比如嘲笑龙哥的行为，乃至以江湖的视角为龙哥感到“惋惜”。我们甚至还发现前 100 个主题里面居然没有出现谴责龙哥的词语。在事件解释的过程中，部分民众表达了对于现行法律和社会治安管理能力的强烈不满，所以数据统计中第 8 类和第 9 类主题的频数都呈现出比较高的趋势，代表词汇有“草菅人命”等，甚至提出“以暴制暴”。

关于外国媒体，由于其发布的微博数量非常少，且看不出明显的主题倾向，因此无法进行概括分析。

### （二）问题二研究结果

本研究首先对上节出现的变量进行相关性分析（去除了是否参与网络投票一项，因为该指标并不能反映普通用户对此次事件的参与程度），结果见附录 C。其次，本研究针对上节提到的那些指标进行切片，并筛选出一些值得分析的微博主体。

从附录 C 中的变量相关性分析表中可以看出：①转发微博数量与发布微博数量相关系数高达 0.96，说明两者具有很高的相关性，这也符合数据统计结果，在所有民众微博中，转发微博数量非常之高，原创微博占比不到 3%。②附录 C 中原创微博平均长度与所有微博平均长度相关系数为 0.8，所有微博含司法词汇平均数量与所有微博平均长度相关系数为 0.7，说明原创微博主体更倾向发表长文对事件进行理性分析。

考虑发布微博的数量，筛选出排名前 10 的微博主体，这些高发布数量的微博主体具有以下特征：①平常关心社会时事，尤其是对非公正事件非常关注，且对事件关注从始到终，所以具有潜在的越轨倾向；②从事法律相关职业，具有对法律知识的判断能力；③个人运行号或营销号。但不同的是有些人更加喜欢自己发表意见，比如作家肖永乐，另一些人不喜欢发布原创微博，这体现出两者在越轨行为的程度上的差别。

以原创微博发布数量和原创微博平均长度来进行切片，会发现这些人发布的文字平均长度很长，但是法律词汇的涉及量很少(mean＝20)，这说明该人群对于时事热点事件的关注度虽然较高，但是往往评论专注于情感，建设性意见少。

另外，分别以所有微博平均长度、原创微博平均长度以及微博含法律词汇的平均长度进行切片，本研究发现了另一个群体，这个群体往往不会持续关注事件，但是自主性比较强，例如这三个变量各自得分较高的 10 个用户里面转发微博数量都很低，而且发布的微博字数很长且含法律词汇较多，在对他们的原数据进行查阅后发现这些人的长微博往往对事情分析比较深刻且单条微博转发量很高。

因此，本研究再次得出结论：对于此类带有冲击现行社会体制(越轨行为)的事件，一部分人诉诸情感，大量发布微博且持续关注但是对事件的分析缺乏深度；另一部分人往往不会持续关注，也不会大量发文，但是会针对此事件进行深度的反思。该研究结论在某种程度上质疑了社会学中有关初级越轨者和次级越轨者的结果，传统的理论认为初级越轨者往往具有盲从的心理，他们不会主动发表意见，也不会对越轨行为本身进行深入思考；次级越轨者往往比较理性，会对越轨行为本身进行深入地思考。但是在这个事件中，如果将不持续关注、发文量少或者偶尔发文的人认为是初级越轨者，持续关注、发文量大的人视作次级越轨者，那么本文的实证数据则给出了相反结论。虽然从实证数据中很难得出此现象的原因，但是这个现象可以作为接下来研究越轨者类型的新的实证依据。

另外，从有高转发量的原创微博数据中，或者从微热点给出的 2018/8/27—

2018/8/28 报告中的核心传播人中，本研究都很难分析出该微博主体的人口统计学变量的集中特征。

### （三）问题三研究结果

本问题第一需要梳理整个事件的发生过程，事情发展过程见附录 E；第二需要对时间进行切片，本文综合考虑研究效力和计算复杂度，决定以每 12 个小时为单位对时间进行切片，时间切片表见附录 F。接下来，本研究对民众微博、官媒的微博以及商业媒体的微博进行动态演化主题模型分析，并综合各方面因素在每个时间切片中取重要度排在前 15 名的主题进行分析，并按照上文的方法计算 Jaccard 距离。其中，官媒、商媒和民众三栏的 12 个时间片的 Jaccard 距离为相邻主题之间的平均值。符号 $(t_n, t_{n+1})$，$(t_n, t_n)$，$(t_{n+1}, t_n)$，分别代表两类微博主体前一个时间切片和后一个时间切片的 Jaccard 相关系数或者是相同时间切片的 Jaccard 相关系数。例如，（官媒 $t_n$，民众 $t_{n+1}$）就是计算官媒在 $t_n$ 时间切片和民众在 $t_{n+1}$ 时间切片的主题相关系数。这里的主题词是以文本的形式而非数值的形式出现的，所以使用 Jaccard 距离能够有效地解释文本数据的相似性度量问题。

表 2　各个微博主体的动态主题演化表

| 媒体类型 | 官媒 | 商媒 | 民众 | 官媒 $t_n$ 民众 $t_{n+1}$ | 官媒 $t_n$ 民众 $t_n$ | 官媒 $t_{n+1}$ 民众 $t_n$ | 商媒 $t_n$ 民众 $t_{n+1}$ | 商媒 $t_n$ 民众 $t_n$ | 商媒 $t_{n+1}$ 民众 $t_n$ |
|---|---|---|---|---|---|---|---|---|---|
| Jaccard 距离 | 0.63 | 0.56 | 0.44 | 0.75 | 0.65 | 0.53 | 0.52 | 0.49 | 0.47 |

从表 2 可知：第一，从主题演化的稳定性上来看，官媒是最为稳定的。因为在不考虑其他主体的情况下，官媒的相邻时间切片的主题的 Jaccard 距离为 0.63，高于商业媒体的 0.56 和 0.44。这个数据同时也说明民众的话题讨论的演变幅度很高，这与第一部分中民众善于引申的结论相符合。第二，从相关性上看，媒体对民众具有一定的议程设置能力。因为从媒体与民众交叉时刻的主题相关性上看，$(t_n, t_{n+1}) > (t_n, t_n) > (t_{n+1}, t_n)$。第三，官媒的议程设置能力最强。这与官媒在此类事件中具有在采访权方面的优势有关。

### （四）问题四研究结果

因为民众微博平均转发量只有 1.75 条，所以转发量和评论量不能很好地反映民众微博的影响力，因此本研究并没有分析转发量和评论量，但可以得出结论：民众中倡导“判决独立”的呼声并不是很高，从微博数量上看占比极低。如果将倡导“判决独立”视为一种反越轨的行为，这说明民众的反越轨行为是失败的。

根据附录 H，可以看出官媒和商媒对于“判决独立”这一话题的反应是滞后的，其中官媒直到第 5 个时间切片才作反应，商媒直到第 3 个时间切片才开始作反应。然而根据中位数的比较不难发现，尽管官媒和商媒发文量少，但是其转发量和评论量远远高于那个时间段其他类型的微博，这个数字一方面说明官媒和商媒在通过舆论实施社会控制方面具有强大的影响力，另一方面也体现了很多民众想借助官媒和商媒表达自己声音的意愿。

## 五、讨　　论

通过以上分析，本研究得出结论，在此次良性越轨事件中：①民众更多表现出对官方媒体和商业媒体内容的多元化与对抗性解读；②诉诸情感的网民的特征为发文数量多、关注持续时间长但是对事件的司法意义缺乏实质性分析，诉诸理性的网民的特征为发文数量少、以原创居多且关注持续时间短，但是单篇文章长且分析深刻；③媒体对民众的议程具有一定的设置能力，其中官方媒体的议程设置能力最强；④民众支持“判决独立”的反越轨行为总体上失效，媒体对于“反越轨”话题有较强的影响力，但并没有影响舆论的整体趋势。

本研究也存在一些不足：①本研究缺乏跨平台的数据分析，所以无法准确地分析舆论爆发的时间；②本研究在多主体的微博信息交互分析中缺乏严格的因果关系分析，这使得结论的准确度有待于进一步提高；③本研究的编码员数量过少，导致主题标注的正确性有待提高；④动态主题模型对参数迭代的概率分布假设过强，所以模型适应性有限。

不过，本研究通过案例研究与文本挖掘相结合的方式，从动态演化的角度对网络越轨行为中的越轨者类型、社会控制等概念提出了新的经验证据，在理论层面上对越轨理论的发展具有一定的借鉴意义。在实际应用中，社会管理者一方面应更加重视民众中部分越轨者的舆论，吸收其中的合理化因素；另一方面要积极发挥媒体尤其是官方媒体舆论引导和社会控制方面的作用，防止良性越轨向着恶性越轨转化。

# 附录 A 对各类型的主题的标注框架

附表 A1 官方媒体(包括司法和行政管理部门)标注表

| | |
|---|---|
| 事件陈述型 | 事件的时间、地点、人物、起因、经过、结果、处理进展(记为 1) |
| 主体身份识别型 | 涉案人员的背景(记为 2) |
| 道德判定型 | 对受害人的同情,对龙哥行为的谴责(记为 3) |
| 事件解释型 | 司法类:司法和判决(记为 4) |
| | 公共安全类:社会安全问题(记为 5) |
| | 社会影响类:媒体报道与社会舆论(记为 6) |
| 引申泛化型 | 对司法实践能力的肯定(记为 7) |
| | 合理化建议(记为 8) |

附表 A2 商业媒体标注表(Δ 表示和官方媒体不同)

| | |
|---|---|
| 事件陈述型 | 事件的时间、地点、人物、起因、经过、结果、处理进展(记为 1) |
| 主体身份识别型 | 涉案人员的背景(记为 2) |
| 道德判定型 | 对受害人的同情,对龙哥行为的谴责(记为 3) |
| 事件解释型 | 司法类:司法和判决(记为 4) |
| | 公共安全类:社会安全问题(记为 5) |
| | 社会影响类:媒体报道与社会舆论(记为 6) |
| 引申泛化型 | 对司法实践能力的肯定(记为 7) |
| | Δ社会不安全感(记为 8) |
| | Δ讨论法律与人性的关系(记为 9) |

附表 A3 民众微博的标注表(Δ 表示和官方媒体不同)

| | |
|---|---|
| 事件陈述型 | 事件的时间、地点、人物、起因、经过、结果、处理进展(记为 1) |
| 主体身份识别型 | Δ协商解读:嘲讽龙哥(记为 2) |
| | 涉案人员的背景(记为 3) |
| 道德判定型 | Δ对抗解读:对龙哥的惋惜(记为 4) |
| | 谴责龙哥(记为 5) |
| | 同情受害者(记为 6) |

（续表）

| | | |
|---|---|---|
| 事件解释型 | 司法类:司法和判决 | 协商解读:复述官媒(记为 7) |
| | | Δ 对抗解读:表达不满(记为 8) |
| | 公共安全类:社会安全问题(记为 9)Δ 表达不满/以暴制暴 | |
| | 社会影响类:媒体报道与社会舆论(记为 10) | |
| 引申泛化型 | 对司法实践能力的肯定 | 体现了社会公义(记为 11) |
| | | Δ 中国法律的进步,作为判例更加符合人性(记为 12) |
| | | 打黑除恶(记为 13) |
| | 类比其他犯罪事件/分析国外的判例(记为 14) | |

## 附录 B　前 100 个民众类的主题中各个标注主题的频数分布

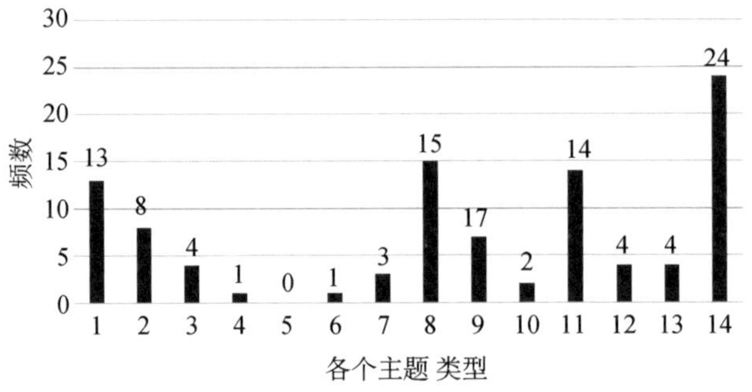


附图 B　普通民众前 100 主题中各个主题的分布[1]

[1] 图 1 中的 1～14 为附录 A 附表 A3 中民众的各个主题类型标号。

# 附录 C 民众类微博各个变量相关性分析

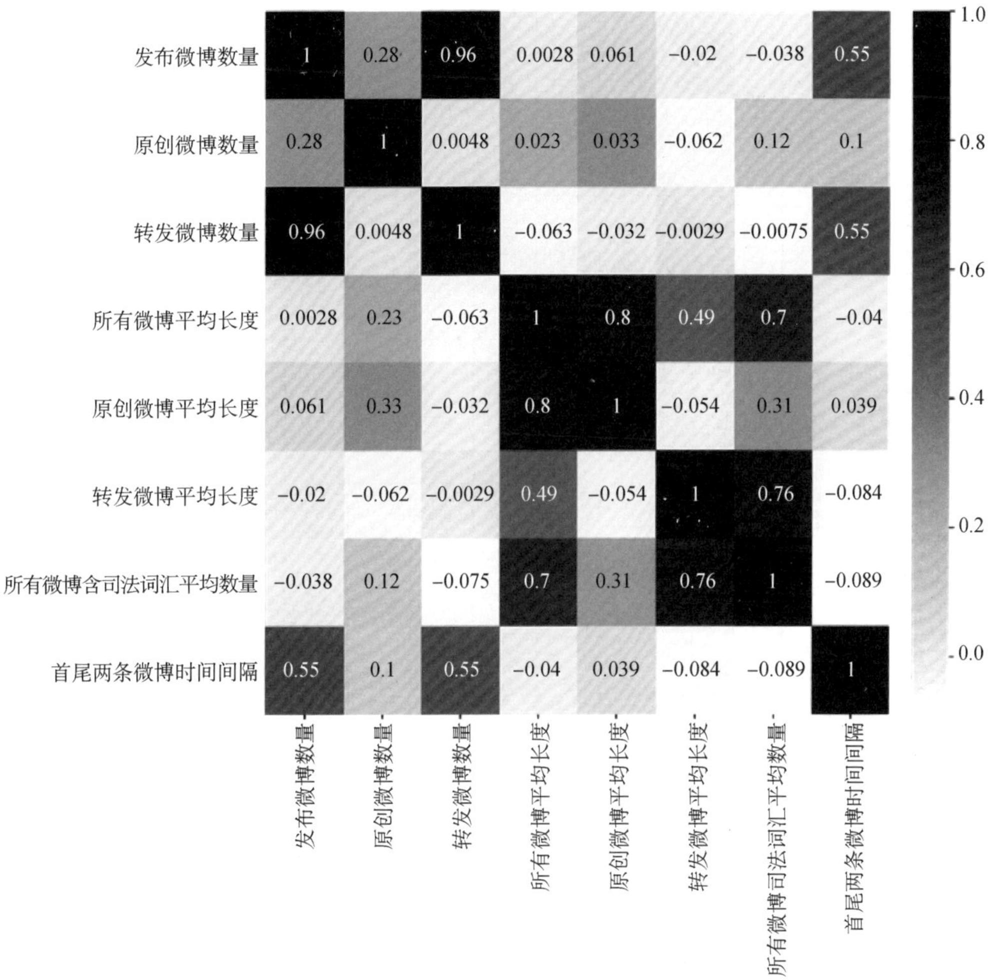


附图 C 民众类微博各个变量相关性分析

# 附录 D　民众类微博各个变量 TOP10 微博个体

附表 D1　发布微博数量 TOP10

| 用户名称 | 发布微博数量（单位：条） | 原创微博数量（单位：条） | 转发微博数量（单位：条） | 所有微博平均长度（单位：字数） | 原创微博平均长度（单位：字数） | 转发微博平均长度（单位：字数） | 所有微博含司法词汇平均数量（单位：字数） | 首尾两条微博时间间隔（单位：分钟） |
|---|---|---|---|---|---|---|---|---|
| 作家肖永乐 | 265 | 161 | 104 | 109.2415 | 117.677 | 96.18269 | 12.24528 | 3 963 |
| 暗六蛹洞 | 226 | 0 | 226 | 37.70796 | 0 | 37.70796 | 2.725664 | 5 745 |
| 法律谷歌 | 165 | 2 | 163 | 106.2848 | 940 | 96.05521 | 8 | 6 671 |
| 默然 999888 | 125 | 6 | 119 | 78.92 | 128 | 76.44538 | 4.72 | 5 585 |
| 打破宿命 1893 | 122 | 0 | 122 | 117.877 | 0 | 117.877 | 5.02459 | 5 153 |
| 可爱多乖乖 | 116 | 2 | 114 | 120.3448 | 152 | 119.7895 | 4.146552 | 3 622 |
| Dy 小城之春 | 114 | 0 | 114 | 13.60526 | 0 | 13.60526 | 0.859649 | 4 904 |
| 查理布朗 | 108 | 0 | 108 | 60.01852 | 0 | 60.01852 | 3.407407 | 5 044 |
| 朱伟法律应用 | 108 | 1 | 107 | 91.50926 | 126 | 91.18692 | 4.944444 | 6 526 |
| 穆滋逸 | 104 | 1 | 103 | 42.56731 | 84 | 42.16505 | 2.5 | 6 294 |

附表 D2　原创微博数量 TOP10

| 用户名称 | 发布微博数量（单位：条） | 原创微博数量（单位：条） | 转发微博数量（单位：条） | 所有微博平均长度（单位：字数） | 原创微博平均长度（单位：字数） | 转发微博平均长度（单位：字数） | 所有微博含司法词汇平均数量（单位：字数） | 首尾两条微博时间间隔（单位：分钟） |
|---|---|---|---|---|---|---|---|---|
| 作家肖永乐 | 265 | 161 | 104 | 109.2415 | 117.677 | 96.18269 | 12.24528 | 3 963 |
| 大波娃娃 BOBODOLL 首席执行官鱼鱼 | 84 | 84 | 0 | 1 226.024 | 1226.024 | 0 | 2.440476 | 2 523 |
| 微媒热点 | 83 | 83 | 0 | 136.4699 | 136.4699 | 0 | 5.024096 | 5 058 |
| 中捷司法 | 70 | 69 | 1 | 253.9143 | 257.1014 | 34 | 11.3 | 5 769 |
| 玄武胡一真言 | 68 | 68 | 0 | 920.4265 | 920.4265 | 0 | 28.60294 | 5 629 |
| 齐鲁新闻视角 | 58 | 51 | 7 | 584.7759 | 656.0392 | 65.57143 | 17.39655 | 6 360 |
| 大理反邪教 | 54 | 46 | 8 | 189.1667 | 215.0435 | 40.375 | 9.444444 | 6 248 |
| 园丁归来 | 52 | 44 | 8 | 338.9615 | 396.4545 | 22.75 | 13.76923 | 5 449 |
| 愚乐圈钱显神通 | 72 | 44 | 28 | 105.4861 | 124.5455 | 75.53571 | 2.638889 | 7 229 |
| 人物 people | 43 | 42 | 1 | 337.3953 | 343.3333 | 88 | 12.04651 | 4 155 |

附表 D3　转发微博数量 TOP10

| 用户名称 | 发布微博数量（单位：条） | 原创微博数量（单位：条） | 转发微博数量（单位：条） | 所有微博平均长度（单位：字数） | 原创微博平均长度（单位：字数） | 转发微博平均长度（单位：字数） | 所有微博含司法词汇平均数量（单位：字数） | 首尾两条微博时间间隔（单位：分钟） |
|---|---|---|---|---|---|---|---|---|
| 暗六蛹洞 | 226 | 0 | 226 | 37.70796 | 0 | 37.70796 | 2.725664 | 5 745 |
| 法律谷歌 | 165 | 2 | 163 | 106.2848 | 940 | 96.05521 | 8 | 6 671 |
| 打破宿命 1893 | 122 | 0 | 122 | 117.877 | 0 | 117.877 | 5.02459 | 5 153 |
| 默然 999888 | 125 | 6 | 119 | 78.92 | 128 | 76.44538 | 4.72 | 5 585 |
| 可爱多乖乖 | 116 | 2 | 114 | 120.3448 | 152 | 119.7895 | 4.146552 | 3 622 |
| Dy 小城之春 | 114 | 0 | 114 | 13.60526 | 0 | 13.60526 | 0.859649 | 4 904 |
| 查理布朗 | 108 | 0 | 108 | 60.01852 | 0 | 60.01852 | 3.407407 | 5 044 |
| 朱伟法律应用 | 108 | 1 | 107 | 91.50926 | 126 | 91.18692 | 4.944444 | 6 526 |
| 作家肖永乐 | 265 | 161 | 104 | 109.2415 | 117.677 | 96.18269 | 12.24528 | 3 963 |
| 穆滋逸 | 104 | 1 | 103 | 42.56731 | 84 | 42.16505 | 2.5 | 6 294 |

附表 D4　所有微博平均长度 TOP10

| 用户名称 | 发布微博数量（单位:条） | 原创微博数量（单位:条） | 转发微博数量（单位:条） | 所有微博平均长度（单位:字数） | 原创微博平均长度（单位:字数） | 转发微博平均长度（单位:字数） | 所有微博含司法词汇平均数量（单位:字数） | 首尾两条微博时间间隔（单位:分钟） |
|---|---|---|---|---|---|---|---|---|
| 其申微博 | 1 | 1 | 0 | 4 027 | 4 027 | 0 | 61 | 0 |
| 快手网红日常 | 1 | 1 | 0 | 3 869 | 3 869 | 0 | 50 | 0 |
| 北京大学出版社 | 1 | 1 | 0 | 3 857 | 3 857 | 0 | 76 | 0 |
| 大头王哥 | 1 | 1 | 0 | 3 857 | 3 857 | 0 | 29 | 0 |
| YYT 欣欣 | 1 | 1 | 0 | 3 816 | 3 816 | 0 | 100 | 0 |
| 媒体人王肖磊 | 1 | 1 | 0 | 3 779 | 3 779 | 0 | 73 | 0 |
| 乘风破浪 6512898174 | 1 | 1 | 0 | 3 658 | 3 658 | 0 | 13 | 0 |
| pdskeji11 | 1 | 1 | 0 | 3 658 | 3 658 | 0 | 13 | 0 |
| 快乐的穷胖子 | 1 | 1 | 0 | 3 650 | 3 650 | 0 | 13 | 0 |
| 八卦影视频道 | 1 | 1 | 0 | 3 609 | 3 609 | 0 | 93 | 0 |

附表 D5　所有微博含司法词汇平均数量 TOP10

| 用户名称 | 发布微博数量（单位：条） | 原创微博数量（单位：条） | 转发微博数量（单位：条） | 所有微博平均长度（单位：字数） | 原创微博平均长度（单位：字数） | 转发微博平均长度（单位：字数） | 所有微博含司法词汇平均数量（单位：字数） | 首尾两条微博时间间隔（单位：分钟） |
|---|---|---|---|---|---|---|---|---|
| YYT 欣欣 | 1 | 1 | 0 | 3 816 | 3 816 | 0 | 100 | 0 |
| 八卦影视频道 | 1 | 1 | 0 | 3 609 | 3 609 | 0 | 93 | 0 |
| 掌阅奉贤微信公众平台 | 1 | 1 | 0 | 2 775 | 2 775 | 0 | 92 | 0 |
| 奔驰的小李 | 1 | 1 | 0 | 1 976 | 1 976 | 0 | 88 | 0 |
| 战士杨昭友 A | 1 | 1 | 0 | 2 779 | 2 779 | 0 | 84 | 0 |
| 爱吃瓜的小狐狸耶 | 1 | 1 | 0 | 3 449 | 3 449 | 0 | 81 | 0 |
| 萌新 UP 主七火 | 1 | 1 | 0 | 2 826 | 2 826 | 0 | 79 | 0 |
| 网购秒杀每日精选 | 1 | 1 | 0 | 2 144 | 2 144 | 0 | 78 | 0 |
| 萧税通 | 1 | 1 | 0 | 3 425 | 3 425 | 0 | 78 | 0 |
| 光的罪恶 | 1 | 1 | 0 | 3 584 | 3 584 | 0 | 78 | 0 |

附表 D6　首尾两条微博时间间隔 TOP10

| 用户名称 | 发布微博数量（单位:条） | 原创微博数量（单位:条） | 转发微博数量（单位:条） | 所有微博平均长度（单位:字数） | 原创微博平均长度（单位:字数） | 转发微博平均长度（单位:字数） | 所有微博含司法词汇平均数量（单位:字数） | 首尾两条微博时间间隔（单位:分钟） |
|---|---|---|---|---|---|---|---|---|
| 北地-喷喷美剧迷 | 8 | 0 | 8 | 27.75 | 0 | 27.75 | 3.875 | 7 585 |
| 龜龜龜 99 | 14 | 0 | 14 | 88.07143 | 0 | 88.07143 | 3 | 7 567 |
| 春城狂生 | 5 | 0 | 5 | 14.8 | 0 | 14.8 | 1.4 | 7 560 |
| 生命中不能承受之沉 | 17 | 0 | 17 | 58.11765 | 0 | 58.11765 | 3.411765 | 7 557 |
| 丧浩的一些事一些情 | 2 | 0 | 2 | 0 | 0 | 0 | 0 | 7 556 |
| 这个老夫子不太冷 | 4 | 0 | 4 | 70.75 | 0 | 70.75 | 3.75 | 7 556 |
| flykyo | 2 | 0 | 2 | 11.5 | 0 | 11.5 | 2 | 7 551 |
| 毛毛虫生毛毛虫 | 14 | 0 | 14 | 45.21429 | 0 | 45.21429 | 2.357143 | 7 551 |
| 源远永流长 | 21 | 0 | 21 | 66.61905 | 0 | 66.61905 | 3.238095 | 7 550 |
| 毫不夸张 | 21 | 0 | 21 | 84.90476 | 0 | 84.90476 | 5 | 7 541 |

# 附录 E　昆山龙哥反杀案的事件过程表

| 时间 | 事件 |
|---|---|
| 2018-08-27 21:00 | 事件发生 |
| 2018-08-28 18:37 | 通报事件情况+刑事拘留于海明 |
| 2018-08-29 | 检方:提前介入<br>《扬子晚报》文章:昆山市见义勇为基金会证实被害人刘海龙曾获见义勇为证书<br>《新京报》、澎湃新闻开始讨论正当防卫 |
| 2018-08-30 13:04 | 《新京报》:于海明的朋友愿意众筹帮助他,称其生活困难<br>当事人身份证实,并非天安社成员 |
| 2018-08-31 17:06 | 警方:已完成尸检,初查不存在黑社会关系 |
| 2018-09-01 23:47 | 警方:公布执法画面,解除强制拘留 |
| 2018-09-02 14:26 | 检方:解释判决原因 |
| 2018-09-02 16:34 | 砍人方哥哥:于海明并未接受资助 |
| 2018-09-03 09:58 | 媒体:解读"正当防卫" |
| 2018-09-06 16:00 | 当事人(砍人方首次接受今日说法视频采访):叙述心路历程 |
| 2018-09-08 09:11 | 媒体:其他视角反思该事件 |
| 2018-12-21 13:23 | 最高检:"反杀案"入选正当防卫明确案例 |

# 附录 F　动态主题演化分析的时间切片以及主题特征表

| 时间 | 切片标号 | 民众微博的主题特征 | 官媒微博的主题特征 | 商业媒体的主题特征 |
|---|---|---|---|---|
| 2018/8/28 0:00—2018/8/28 12:00 | 0 | 没有相关内容 | 没有相关内容 | 没有相关内容 |
| 2018/8/28 12:00—2018/8/28 23:59 | 1 | 以主题类型 2,4,5,6(见民众类别的主题标注)居多,多表达调侃、震惊以及对龙哥的谴责和对受害者的同情 | 事件陈述 | 事件陈述 |

（续表）

| 时间 | 切片标号 | 民众微博的主题特征 | 官媒微博的主题特征 | 商业媒体的主题特征 |
|---|---|---|---|---|
| 2018/8/28 23:59—2018/8/29 12:00 | 2 | 主题类型8,9开始出现,主题多设计分析是否能被判正当防卫并比较悲观 | 事件陈述 | 主题4开始出现:正当防卫得到了介绍 |
| 2018/8/29 12:00—2018/8/29 23:59 | 3 | 主题以类型8,9居多,并表示对现行法律的无奈 | 主题类型(见官媒的主题标注)出现,开始讨论正当防卫 | 事件描述 |
| 2018/8/29 23:59—2018/8/30 12:00 | 4 | 主题类型14开始出现,民众开始引申讨论国外的法律和相关判例 | 主题类型4得到深入讨论,介绍正当防卫且表达了判决的难处 | 事件描述 |
| 2018/8/30 12:00—2018/8/30 23:59 | 5 | 主题辟谣开始出现,但是还是以类型8,9居多 | 特殊主题:探讨舆论和法律的关系,表达法律不应受舆论控制 | 事件背景介绍 |
| 2018/8/30 23:59—2018/8/31 12:00 | 6 | 主题类型8,9开始深入讨论,并对是否应该判正当防卫呈现出摇摆不定的特征 | 事件描述 | 事件描述 |
| 2018/8/31 12:00—2018/8/31 23:59 | 7 | 主题类型6,8,9居多 | 强调司法程序的正当性 | 事件背景介绍 |
| 2018/8/31 23:59—2018/9/1 12:00 | 8 | 网络投票开始出现 | 重申正当防卫的相关条例 | 对国内外相关判例的引申开始出现 |
| 2018/9/1 12:00—2018/9/1 23:59 | 9 | 主题11,12,13开始出现,赞同判决结果 | 事实陈述 | 对正当防卫进一步讨论 |
| 2018/9/1 23:59—2018/9/2 12:00 | 10 | 特殊主题出现:分析改事件是否存在舆论干涉法律,类型8,9得到更深入的讨论 | 对案情细节进行深究 | 背景介绍 |
| 2018/9/2 12:00—2018/9/2 23:59 | 11 | 对整体的判决结果表达了满意 | 对后续事件进行跟进 | 事件背景介绍 |

# 附录 G　分时段民众类“判决独立”微博数量统计表[1]

| 切片标号 | 切片 1 | 切片 2 | 切片 3 | 切片 4 | 切片 5 | 切片 6 | 切片 7 | 切片 8 | 切片 9 | 切片 10 | 切片 11 |
|---|---|---|---|---|---|---|---|---|---|---|---|
| 判决独立(单位:条) | 8 | 4 | 6 | 47 | 72 | 80 | 33 | 24 | 22 | 8 | 23 |
| 所有(单位:条) | 21 615 | 26 495 | 310 946 | 125 327 | 164 152 | 169 705 | 75 249 | 78 992 | 360 318 | 74 237 | 116 640 |
| 原创(单位:条) | 481 | 2 170 | 9 489 | 3 320 | 7 575 | 4 636 | 4 949 | 2 818 | 15 166 | 2 965 | 3 419 |
| 原创/所有 | 0.04% | 0.02% | 0.00% | 0.04% | 0.04% | 0.05% | 0.04% | 0.03% | 0.01% | 0.01% | 0.02% |
| 判决独立/所有 | 2.23% | 8.19% | 3.05% | 2.65% | 4.61% | 2.73% | 6.58% | 3.57% | 4.21% | 3.99% | 2.93% |
| 判决独立/原创 | 1.66% | 0.18% | 0.06% | 1.42% | 0.95% | 1.73% | 0.67% | 0.85% | 0.15% | 0.27% | 0.67% |

[1] 表中第一行为附录 F 中的各个时间切片，第二行表达“判决独立”相关特定时间切片中的微博条数，第三行和第四行分别为所有微博以及原创微博在特定时间切片中的微博条数。

# 附录 H　分时段官方媒体和商业媒体微博“判决独立”相关语词统计表

附表 H1　官方媒体“判决独立”相关微博数量表[1]

| | 结果 5<br>时间 5 | 结果 6<br>时间 7 | 结果 7<br>时间 7 | 结果 8<br>时间 6 | 结果 9<br>时间 9 | 结果 10<br>时间 11 | 结果 11<br>时间 11 |
|---|---|---|---|---|---|---|---|
| 官媒转发中位数(单位:次) | 4 | 3 | 3 | 3 | 3 | 2 | 2 |
| 官媒评论中位数(单位:条) | 2 | 1 | 1 | 1 | 1 | 1 | 1 |
| 判决独立转发(单位:次) | 1 | 4 | 36 | 2 | 967 | 0 | 13 |
| 判决独立评论(单位:条) | 0 | 2 | 6 | 0 | 4 139 | 0 | 22 |

附表 H2　商业媒体“判决独立”相关微博数量表[2]

| 商媒(中位数) | 时间 3 | 时间 9 |
|---|---|---|
| 所有转发(单位:次) | 193 | 53 |
| 所有评论(单位:条) | 45 | 32 |
| 判决独立转发(单位:次) | 60 | 107 |
| 判决独立评论(单位:条) | 9 | 63 |
| 判决独立数量(单位:条) | 1 | 1 |

[1] 表中第一行为附录 F 表中的各个时间切片,第二行和第三行是官方媒体在这段时间内每条微博被转发的次数和评论条数的中位数。第四行和第五行是和判决独立相关内容在这段时间内每条微博被转发的次数和评论条数。

[2] 表中第一行为附录 F 表中的各个时间切片,第二行和第三行是商业媒体在这段时间内每条微博被转发的次数和评论条数的中位数。第四行和第五行是和判决独立相关内容在这段时间内每条微博被转发的次数和评论条数,最后一行则是商业媒体发布判决独立相关微博的条数。

# 短视频自媒体在微博中的极化意见表达及其传播效果测度

## ——以 PGC 影视解说自媒体为例

陈韬炀[*]

摘要：意见表达的传播有效性是每一个自媒体人在内容、形象经营中的聚焦点。近年来，短视频自媒体的意见表达随着互联网时代的迭代，逐渐呈现出意见极化的现象，对整体意见气候产生影响。利用抽样调查与内容分析相结合的方法，以微博平台短视频自媒体中的典型代表——PGC 影视解说短视频自媒体作为研究对象，对短视频自媒体的极化意见表达特征、情况及其传播效果进行分析，实证表明相较于中立的表达，短视频自媒体的极化意见表达对意见气候有更大的影响，包括拥有更多追随者、更强的传播效果，极化意见对受众具有感染性。自媒体人为达到大声量传播效果可适当多发表极化意见，减少中立意见的输出。但需注意，当极化表达升级为极端意见时，自媒体人不可忽视其高传播效果背后可能存在的后果，如招致一部分受众的抵触，从而对自媒体的人格形象产生一定的负面作用。

关键词：极化传播；沉默的螺旋；短视频自媒体；微博

## 一、引　　言

短视频作为网红经济的新端口之一，凭借其叙事方式新颖、视听体验良好的内在基因，以“低门槛”“低成本”“趣味性”的强大优势一跃成为人们内容信息获取、填

---

* 陈韬炀，字节跳动科技有限公司。

补碎片化时间的优先选择项。一批优质短视频自媒体完成了传播内容从 UGC(user-generated content,用户生产内容)到 PGC(professionally-generated content,专业生产内容)的转型,利用专业化的视频作品赢得大量粉丝追随,并与平台签约晋升“签约自媒体”,成为各自领域具有极强号召力的意见领袖。

微博作为国内最大的网络信息传播平台之一,拥有超越其他平台的自媒体基数,微博签约短视频自媒体是短视频自媒体人群的有效代表。以微博为镜,互联网时代不少自媒体摸索出了一条爆红“捷径”,即为自己贴上了大胆、极端的标签,例如“暴躁”“任性”“情绪化”“激进”等,大谈旁人不敢谈的话题,发表绝不中立的观点,俨然一副锋芒毕露、时刻论战的架势。短视频自媒体试图通过发表极化意见,强调绝对个性,实现自媒体的人格化。

极化的意见表达真能在大众传播中奏效吗?极化意见对意见气候有何影响?在“沉默的螺旋”中,意见的表明和“沉默”的扩散是一个螺旋式的社会传播过程,一方的“沉默”使“优势”意见显得更加强大。而在互联网舆论格局里,那些偏激的、更有情绪化和煽动性的意见,相比起中立的、呼吁冷静的观点,貌似更为大声、被更多听见——这正是短视频自媒体开始集体塑造各自极化人格的主要动机。但短视频自媒体的极化意见究竟具备怎样的传播效果?是否能获得更多的受众关注与认可?这个问题对当代网络舆论生态和自媒体生存发展都有着关键意义。其中,PGC 影视解说自媒体作为一批将观点输出、情绪感染作为手段,以吸纳粉丝、说服受众为主要目的的短视频自媒体,是这批极化传播主体中的典型,具有代表性研究价值。

## 二、文献综述与概念界定

### (一) 文献综述

“极化”与“短视频自媒体”是本研究的两大关键词。同时,极化意见置身于整个意见螺旋之中,了解关于“沉默螺旋”的现有成果,为本研究提供一定理论背景。

#### 1. 极化与群体极化的研究发展

极化(Polarization),在《辞海》中解释为:“在外电场作用下,电介质表面或内部出现电荷的现象,又称‘电极化’。一般分无极分子的‘位移极化’和有极分子的‘取向极化'两类。" 在《大英百科全书》中解释为:"振动电场的方向与大小以特殊方式相联系的某种电磁辐射的特性。"在《汉典》里解释为:"原子和分子中的电子和核在电场中产生微小相对位移时发生的效应。"以上均为物理学概念的阐述。但仍可见,极化是多层面的(既有位移上的极化又有取向上的极化)的一种状态,它是特定条件下有方向的、非静止的运动(包括微小的位移)的结果,即并非到达极端才叫作极化,极化不等于极端。

在经济学的研究中,埃斯特班和雷认为极化是区域经济发展中呈现"中间阶层消失"或者向"两极周围聚集"的现象。[1] 这进一步说明了极化是有方向且向两极方向聚拢,伴随着中间元素的消失的发展。

而在传播学研究中,极化被普遍定义为"公众舆论的分化"。徐翔在《微博传播中"评论极化"现象与效应实证分析》一文中认为极化是反映事物的一种非均衡的、有偏倚性的分化发展。[2] 董玉芝在《新媒体视域下网络群体极化的成因及对策》一文中提出"极化常与极端化(extremity)、激进化(radicalization)联系在一起"。[3] 简而言之,在传播学中极化是与中立完全相对的概念,指公众舆论的非均衡的、有偏倚性的分化,并有走向极端、激进的趋势。

当前,传播学学者对极化的研究主要集中于群体极化。"群体极化"最早由麻省理工学院的詹姆斯·斯托纳在1961年研究群体讨论时提出,指团体成员一开始即有某种偏向,而在商议后,人们会朝偏向的方向继续移动,趋向于更保守或者更冒险,最终形成极端的观点,即在群体讨论过程中,杂音会消失,个体抱团成为意见共同体并形成自我圈层。程岩在《群体极化、二阶多样性与制度安排》一文中进一步指出,圈内人"更愿意将自己的极端立场作为标签,并用此标签作为自己的身份识别符号。他们强调、放大这种差异,强调自己与别人的差异的显著程度"。[4] 美国学者凯斯·斯坦桑指出,网络对许多人来说正是极端主义的温床[5]。其中,新媒体环境下广泛的公众参与、匿名性传播过程、选择性信息接触等特征为极化研究

[1] Esteban J and Ray D: "On the measurement of polarization", *Econometrica*, Vol.62, 1994, pp.819-851.
[2] 徐翔:《微博传播中"评论极化"现象与效应实证分析》,《现代视听》2017年第5期,第39—42页。
[3] 董玉芝:《新媒体视域下网络群体极化的成因及对策》,《新闻大学》2014年第3期,第113—119页。
[4] 程岩:《群体极化、二阶多样性与制度安排——读桑斯坦〈极端的人群:群体行为的心理学〉》,《环球法律评论》2011年第11期,第147页。
[5] 凯斯·斯坦桑:《网络共和国:网络社会中的民主问题》,黄维民译,上海人民出版社,2003年,第50页。

带来了新的关注点[1]。

纵观极化领域的现存研究文稿，学者普遍对网络和微博中的群体极化、舆论极化关注较高，但对微博中自媒体人及其意见的极化鲜有涉足，而此方面的定量实证研究更较为稀缺。

2. "沉默螺旋"理论内容与发展

沉默的螺旋是 1974 年由德国社会学家伊丽莎白·诺埃勒-诺依曼提出的模型，认为人们意见的公开表达受到他们感知到的大众意见(mass opinion)的影响。它假设：媒体内容是人们判断社会中意见分布的主要来源，当人们认为其意见是少数派时就会保持沉默，当人们发现自己的意见占主流时会更愿意进行意见表达。[2] 该理论于 1995 年被翻译进入中国，国内学者也随之开始了相关的研究与拓展。

对"沉默螺旋"的理论拓展主要集中在两个方面，分别为"参考群体"(reference group)和"中坚份子"(hardcore)。一些学者认为个人并非寻求整体的社会意见，而是会倾向参考"重要他者"(significant others)。例如，Krassa 认为某些意见或许更有价值，而沉默螺旋的过程很大程度上依赖这些重要他者[3]。Scheufele 的看法与 Krassa 相同，当人们被要求评估意见气候时，会把其参考群体的意见投射到外部世界。[4] Oshagan 进一步提出，感知到的参考群体意见对意见表达的影响相比于感知到的社会意见之影响更大。[5] "重要他者"在本研究中，即为微博短视频自媒体，他们作为意见领袖所发表的意见将很大程度上被受众感知并完成投射，进而塑造和影响受众的观点。

将沉默螺旋理论置于 CMC(computer-mediated communication)环境下进行考察，探讨"沉默的螺旋"理论在网络传播下的适用性，是近十几年以至未来很长一

---

[1] 贺坤：《传播学视阈下网络群体极化研究》，辽宁大学，2011 年。

[2] Noelle-Neumann, E: *The Theory of Public Opinion: The Concept of the Spiral of Silence*, in J.A. Anderson(ed.), Communication yearbook 14, CA, Sage Publications, 1991, 260.

[3] Krassa, M. A.: *Social Groups, Selective Perception, and Behavioral Contagion in Public Opinion*, Social Networks, 1988, No.10.

[4] Scheufele D A, Eveland W P: "Perceptions of 'Public Opinion' and 'Public' Opinion Expression", *International Journal for Quality in Health Care*, 2001, 13(1), pp.25-44.

[5] Oshagan, H.: "Reference Group Influence on Opinion Expression", *International Journal of Public Opinion Research*, 1996, 8(4), pp.335-354.

段时间的研究趋势。李青指出，虽有陈力丹关于“反沉默螺旋”的追逐，但总体认为“沉默的螺旋”在互联网环境中并未消亡且仍是当前主流。[1] 刘新业则进一步认为，“沉默的螺旋”理论随着媒介环境和社会环境的改变，会幻化出不同的传播特征，包括多元化特征、螺旋形成速度加快、新媒体环境削弱“意见气候”等，在有些时候还表现出极强的影响力[2]。

3. 短视频自媒体意见传播的研究现状

短视频并非长视频的精简版，是图文表达进一步可视化的升级与迭代，甚至超越了内容本身，成为用户社交的延续。我国短视频自媒体于 2014 年进入主流视野，在蛰伏、孵化了一年后于 2016 年呈现井喷的趋势，2017 年更是展现出百家齐放的强劲发展势头。针对短视频自媒体如何建立有效的传播机制，研究分析逻辑思维的马莉英强调称，要想赢得受众的关注，对自媒体形象的塑造是自媒体人的必修课。在内容创作时，自媒体人要拒绝中立的观点，营造汪洋肆意的情绪以及保持与粉丝的常态互动。[3] 自媒体对风格和人格化的追求，反映了情绪对传播，特别是在微博传播中的强大影响力。刘丛、谢耕耘、万旋傲通过对微博情绪强度与其他相关变量的相关性研究发现，具有强情绪色彩的微博更容易得到传播。[4] 本文中自媒体的极化意见表达能带动受众情绪，从而得到扩大意见影响力和意见说服传播作用的研究逻辑具有可行性。

## （二）概念界定

1. 极化

本研究中所指“极化”是与中立完全相对的概念，反映事物的一种非均衡的、有偏倚性的分化发展，并有走向极端、激进的趋势。具体地，极化可以表述为“立场极化”和“情绪极化”两类，即呈现出“中立立场消失”或者情绪向两极（好评或差评、积

---

[1] 李青：《新环境下的沉默的螺旋研究——国外沉默的螺旋理论文献综述（2005—2015 年）》，《科技传播》2016 年第 8 卷第 12 期，第 22 页，第 36 页。

[2] 刘新业：《新媒体环境下“沉默的螺旋”理论的传播特征嬗变》，《沈阳大学学报（社会科学版）》2014 年第 4 期，第 558—560 页。

[3] 马莉英：《“逻辑思维”的逻辑思维——“逻辑思维”自媒体形象的建构与转向》，《传媒与教育》2014 年第 1 期，第 114—117 页。

[4] 刘丛、谢耘耕、万旋傲：《微博情绪与微博传播力的关系研究——24 起公共事件相关微博的实证分析》，《新闻与传播研究》2015 年第 9 期，第 92—106，128 页。

极或消极)周围聚集的偏倚性分化的发展。"极端"是极化发展到极点的状态。

2. 短视频自媒体与 PGC 影视解说自媒体

自媒体(We-Media),是以现代化、电子化的手段,向不特定的大多数或者特定的单个人传递规范性及非规范性信息的新媒体的总称。短视频自媒体,是以短视频作为传播形式的自媒体。

一般认为,用户在互联网平台上自主生成、发布的内容,即 UGC(User-generated Content,用户生产内容)赋予了以论坛、博客为代表的 Web2.0 和以社交平台、微博为代表的 Web3.0 以基本动力。UGC 创作又被细分出 PGC (Professionally-generated Content,专业生产内容)和 OGC(Occupationally-generated Content,职业生产内容)。[1] 当前网络内容生产中,有大量优质内容来自 PGC。这批有专业背景、兴趣浓厚且持续进行内容创作和生产的网络个体,被称为 PGC 自媒体。

影视解说(短视频)自媒体,作为短视频自媒体中的一个领域分支,是指短视频产品以影视剧、电影解说(速读、讲解、评价、吐槽等)作为主要内容的自媒体。

结合自媒体定义及 PGC 特征,本研究"PGC 影视解说自媒体"是指:以短视频作为专业化内容生产形式向受众进行自主化意见传播,内容涉及影视剧及电影的速读、讲解、评价和吐槽,与自媒体平台签约且有持续、稳定内容生产的拥有一定粉丝基础的传播者。通过对其意见表达特征、意见传播情况与效果的深入研究,我们能了解整个短视频自媒体群体意见传播。

## 三、研究设计

### (一) 研究问题的提出

基于上文中确定的研究目标,笔者对微博平台的 PGC 影视解说自媒体及其相关解说短视频微博进行研究,从"5W"理论出发,重点聚焦 Who(人物)、What(事件)与 What effect(效果)三大维度,希望能解决以下研究问题。

主研究问题:短视频自媒体的极化意见表达对意见气候有怎样的影响?

---

[1] 刘振兴:《浅析 UGC、PGC 和 OGC》,(2014-01-20)[2018-5-14]. http://yjy.people.com.cn/n/2014/0120/c245079-24169402.html。

该问题将从以下角度进行具体研究：

分问题一：传播主体——短视频自媒体有极化倾向，极化的短视频自媒体有更多的粉丝。

分问题二：传播内容——短视频所呈现的内容(立场、情绪)有极化倾向，极化的短视频更具传播力，极化程度越高，传播更具优势。

分问题三：传播反馈——受众对极化意见的传播有更高的反馈(关注与认可)。

**(二) 研究方法与样本提取**

本研究采用抽样调查与内容分析相结合的方法进行研究。

笔者以“微博签约自媒体”“视频”“影视”为关键词在微博进行用户检索，保留属性为影视解说短视频自媒体且获得“微博认证”的签约用户。其中，达到 PGC 级别的影视解说短视频自媒体约合 58 个。笔者随机选取 36 名自媒体博主作为研究对象，并对其短视频微博做进一步抽样。

将 36 名影视解说短视频签约自媒体于 2017 年 3 月 1 日至 2018 年 2 月 28 日一年内的解说短视频微博作为抽样对象，在每名被研究对象的每月解说短视频微博中随机抽取 2 条微博，采集微博文案、播放量、转/赞/评数量、热门评论 10 条以及最新评论 10 条。实际采样视频样本 710 个，剔除垃圾广告等干扰评论并顺位填补后实际采集评论 13 713 条。

对抽取的每条短视频微博从自媒体立场、受众立场、自媒体情绪倾向、受众情绪倾向四个维度进行分类。其中，自媒体立场、受众立场被编码为“好评”“差评”“中立”“无立场”。“好评”和“差评”体现的是自媒体/受众有明显方向性的偏倚性分化的立场；“中立”即为无偏倚分化的立场；“无立场”则说明未进行立场表达。操作上，当自媒体表达或受众评论中未出现任何立场，则编码为“无立场”；当表达中同时包含影视作品的优点与缺点，但无任何立场偏向，则编码为“中立”；当表达中完全是好评立场，或好评立场偏好大于差评立场偏好，则编码为“好评”，反之为“差评”。受众立场是由该短视频微博 10 条热门评论、10 条最新评论产生的综合立场，20 条评论中的多数立场即“沉默的螺旋”中的“多数派”，被认为是受众立场。若评论立场存在不同立场频数相同，则在该短视频微博评论区顺位再补位一条评论，重复上述编码操作，直至能得出综合的受众立场。

此外，本研究中短视频自媒体的"总体立场"是指短视频自媒体在短视频作品中多数呈现的立场。根据沉默螺旋中多数派的概念，短视频自媒体的总体立场取其多数呈现的立场。具体操作为：以每个短视频自媒体所有样本短视频微博的多数立场作为"总体立场"，如某两个立场呈现相同频次，则随机在样本所在时间范围内再取一个短视频，参考其立场，直至得出短视频自媒体的总体立场。

自媒体情绪倾向、受众情绪倾向被编码为"－3""－2""－1""0""1""2""3"，其中"－3"代表极端消极，"3"代表极端积极，"0"代表无情绪偏向。未达到极点但存在分化的意见根据其情绪的实际偏倚分化程度，被编码为±1 或±2。操作上，当自媒体表达或受众评论中无任何情绪偏向，则编码为"0"；当表达中存在极化情绪偏向但较轻微，则根据具体偏向（积极/消极），编码为"1"或"－1"；当表达中存在明显极化情绪倾向但未达到极端化、激进化，则根据具体偏向（积极/消极），编码为"2"或"－2"；当表达中存在明显极化情绪倾向且达到极端化、激进化，则根据具体偏向（积极/消极），编码为"3"或"－3"。受众情绪倾向是由该短视频微博 10 条热门评论、10 条最新评论产生的综合情绪倾向、20 条评论中的多数情绪倾向即"沉默的螺旋"中的"多数派"，被认为是受众情绪倾向。若评论情绪倾向存在不同情绪倾向频数相同，则在该短视频微博评论区顺位再补位一条评论，重复上述编码操作，直至能得出综合的受众情绪倾向。

此外，本文的研究指标短视频自媒体的"惯性情绪"是指短视频自媒体在短视频中习惯性呈现的、占多数的情绪。故以每个短视频自媒体所有样本短视频微博的多数情绪倾向作为"惯性情绪"，如某两个情绪倾向呈现相同频次，则随机在样本所在时间范围内再取一个短视频，参考其情绪倾向，直至得出短视频自媒体的惯性情绪。

## 四、PGC 影视解说自媒体极化意见表达中的传播主体分析

### （一）总体立场

总体立场是指短视频自媒体在短视频作品中多数呈现的立场。通过对每个短视频自媒体所有样本短视频微博的立场进行汇总，样本中 36 个自媒体的立场分布比例情况如表 1 所示。根据沉默螺旋中多数派的概念，短视频自媒体的总体立场

取其多数呈现的立场。最终所得 36 个 PGC 影视解说短视频自媒体的总体立场情况见图 1。

表 1 PGC 影视解说短视频自媒体的立场分布比例情况

| 短视频自媒体 ID | 好评 | 差评 | 中立 | 无立场 | 总体立场 |
|---|---|---|---|---|---|
| 电影王妃 | 55.6% | 22.2% | 22.2% | 0% | 好评 |
| 张猫要练嘴皮子 | 45.8% | 20.8% | 20.8% | 12.5% | 好评 |
| low 君 | 50.0% | 33.3% | 8.3% | 8.3% | 好评 |
| 小片片说大片 | 41.7% | 16.7% | 8.3% | 33.3% | 好评 |
| 木鱼水心 | 44.4% | 11.1% | 33.3% | 11.1% | 好评 |
| 阿斗归来了 | 54.2% | 8.3% | 4.2% | 33.3% | 好评 |
| 虫哥说电影 | 45.8% | 29.2% | 8.3% | 16.7% | 好评 |
| 牛叔说电影 | 62.5% | 8.3% | 0% | 29.2% | 好评 |
| 李英爱看片 | 75.0% | 4.2% | 0% | 20.8% | 好评 |
| 精分少女蛋蛋酱 | 62.5% | 4.2% | 12.5% | 16.7% | 好评 |
| 影迷劳拉 | 63.6% | 18.2% | 18.2% | 0% | 好评 |
| 见鬼了椒爷 | 66.7% | 16.7% | 16.7% | 0% | 好评 |
| 菊长带你见世面 | 54.2% | 20.8% | 12.5% | 12.5% | 好评 |
| 神烦 xp | 62.5% | 4.2% | 16.7% | 16.7% | 好评 |
| 宇哥讲电影 | 100% | 0% | 0% | 0% | 好评 |
| 小萌电影 | 50.0% | 25.0% | 8.3% | 16.7% | 好评 |
| 一三电影 | 45.8% | 8.3% | 0% | 45.8% | 好评 |
| 剧透大爆炸 | 41.7% | 25.0% | 25.0% | 8.3% | 好评 |
| 蛋蛋秀 | 50.0% | 25.0% | 25.0% | 0% | 好评 |
| 电影怪婆婆 | 76.9% | 15.4% | 0% | 7.7% | 好评 |
| 晴岚的光影旅社 | 75.0% | 8.3% | 8.3% | 8.3% | 好评 |
| 影视狂魔老王 | 54.2% | 8.3% | 8.3% | 29.2% | 好评 |
| 谷阿莫 | 4.2% | 75.0% | 4.2% | 16.7% | 差评 |
| 刘哔电影 | 29.2% | 45.8% | 12.5% | 12.5% | 差评 |

(续表)

| 短视频自媒体ID | 好评 | 差评 | 中立 | 无立场 | 总体立场 |
|---|---|---|---|---|---|
| 粽子说 | 25.0% | 33.3% | 33.3% | 8.3% | 差评 |
| 三口看片儿 | 25.0% | 45.8% | 0% | 29.2% | 差评 |
| 刘老师说电影 | 20.8% | 66.7% | 8.3% | 4.2% | 差评 |
| 暴走看啥片儿 | 12.5% | 62.5% | 20.8% | 4.2% | 差评 |
| 此片有毒 | 50.0% | 50.0% | 0% | 0% | 差评 |
| 吐嚎影院 | 4.2% | 54.2% | 8.3% | 33.3% | 差评 |
| 曹特别Cyy | 28.6% | 57.1% | 0% | 14.3% | 差评 |
| 谈资口水姬 | 33.3% | 12.5% | 12.5% | 41.7% | 无立场 |
| 哇萨比抓马 | 25.0% | 4.2% | 8.3% | 62.5% | 无立场 |
| 文曰小强 | 23.8% | 0% | 0% | 76.2% | 无立场 |
| 阿瓜打嘴炮 | 16.7% | 16.7% | 8.3% | 58.3% | 无立场 |
| 有盐电影 | 44.4% | 0% | 50.0% | 5.6% | 中立 |

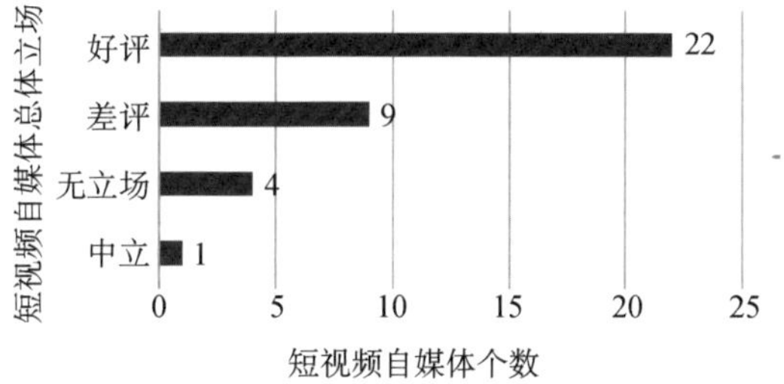


图1　PGC影视解说短视频自媒体的总体立场情况

根据表1、图1结果，短视频自媒体中大部分呈现好评或差评的两极立场，少数短视频自媒体未表明立场，极少短视频自媒体（仅1个）的意见表达总体显现中立立场。可见，短视频自媒体更倾向明确表达两极化（好评/差评）的立场，特别是好评立场，较少选择不表态，几乎不选择中立立场。此外，61.1%的短视频自媒体的意见立场分散于“好评”“差评”“中立”“无立场”四个立场之间，而剩余短视频自媒体的意见立场分布于少数立场之间，即部分立场占比0%。特殊的短视频自媒体“宇哥讲电影”的所有意见立场表达都集中在“好评”。

### （二）惯性情绪

心理学中有“心理惯性”（Psychological Inertia）的概念，指心理模式的一种自发沿袭，特指人类本身具有无意识重复行为或者心理的一种倾向[1]。具体到情绪的自发沿袭，演化出“情绪惯性”或“惯性情绪”的概念。本研究中，所谓惯性情绪，是指短视频自媒体在短视频中习惯性呈现的、占多数的情绪。笔者通过对每个短视频自媒体所有样本短视频微博的情绪进行汇总，得出该短视频自媒体的惯性情绪，即多数呈现的情绪。样本中36个PGC影视解说短视频自媒体的惯性情绪见图2。

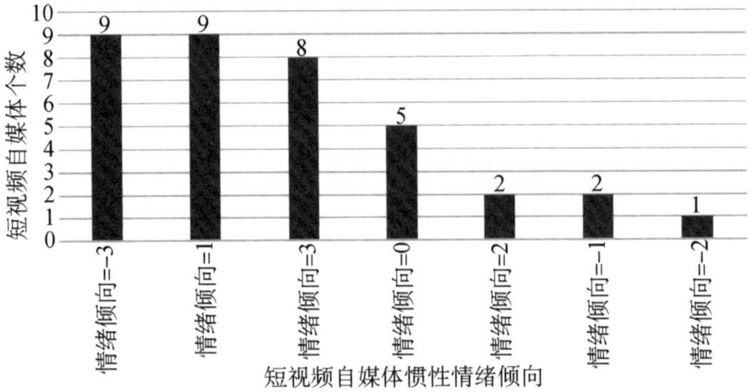


图2　PGC影视解说短视频自媒体的惯性情绪

如图2，总体惯性情绪呈现出有偏倚性分化的极化特征（情绪倾向≠0）的短视频自媒体达31位，占比86.1%。其中，总体上习惯性呈现情绪倾向＝－3、1和3是样本自媒体中最多数的情绪倾向。就情绪倾向程度而言，17个短视频自媒体总体存在极化情绪倾向且已发展至极点状态（情绪倾向＝3；情绪倾向＝－3），11个短视频自媒体总体存在极化情绪倾向但程度较小（情绪倾向＝1；情绪倾向＝－1），非极化情绪（情绪倾向＝0）的短视频自媒体占比13.9%，仅有3个自媒体呈现极化情绪倾向且有像极点程度发展准备的趋势（情绪倾向＝2；情绪倾向＝－2）。

可见，PGC影视解说短视频自媒体整体存在极化的情绪倾向。进一步来说，他们更倾向进行极端消极的情绪表达。一旦极化倾向程度超过1级（情绪倾向＝1；情绪倾向＝－1），多数短视频自媒体将跳过2级（情绪倾向＝2；情绪倾向＝－2）直接发

[1] 莫秀锋：《无意识决策领域中心理惯性的研究》，西南大学，2011年。

展为极端情绪(情绪倾向=3;情绪倾向=−3)。

### (三) 极化情绪比例及其影响

通过将每个短视频自媒体呈现某一情绪倾向的短视频微博条数除以该自媒体总抽样条数,得出影视解说短视频自媒体的各情绪倾向的占比情况,以此作为基础,以进一步考察短视频自媒体存在极化情绪(情绪倾向≠0)的作品占总作品的比例,即极化情绪比例。

表 2 PGC 影视解说短视频自媒体的情绪倾向比例情况

| 短视频自媒体 ID | 情绪倾向=±3 时的占比 | 情绪倾向=±2 时的占比 | 情绪倾向=±1 时的占比 | 情绪倾向=0 时的占比 | 极化情绪比例 |
|---|---|---|---|---|---|
| 谷阿莫 | 50.0% | 20.8% | 29.2% | 0% | 100% |
| 电影王妃 | 33.3% | 22.2% | 44.4% | 0% | 100% |
| 张猫要练嘴皮子 | 33.3% | 29.2% | 37.5% | 0% | 100% |
| low 君 | 66.7% | 29.2% | 4.2% | 0% | 100% |
| 此片有毒 | 25.0% | 75.0% | 0% | 0% | 100% |
| 有盐电影 | 44.4% | 11.1% | 44.4% | 0% | 100% |
| 影迷劳拉 | 45.5% | 36.4% | 18.2% | 0% | 100% |
| 见鬼了椒爷 | 16.7% | 50.0% | 33.3% | 0% | 100% |
| 剧透大爆炸 | 41.7% | 25.0% | 33.3% | 0% | 100% |
| 蛋蛋秀 | 41.7% | 20.8% | 37.5% | 0% | 100% |
| 电影怪婆婆 | 15.4% | 38.5% | 46.2% | 0% | 100% |
| 刘哔电影 | 50.0% | 20.8% | 25.0% | 4.2% | 95.8% |
| 粽子说 | 50.0% | 12.5% | 33.3% | 4.2% | 95.8% |
| 刘老师说电影 | 62.5% | 16.7% | 16.7% | 4.2% | 95.8% |
| 暴走看啥片儿 | 54.2% | 4.2% | 37.5% | 4.2% | 95.8% |
| 三口看片儿 | 41.6 | 20.8% | 29.2% | 8.3% | 91.7% |
| 木鱼水心 | 0% | 33.3% | 55.6% | 11.1% | 88.8% |
| 影视狂魔老王 | 29.2% | 33.3% | 25.0% | 12.5% | 87.5% |
| 李英爱看片 | 41.7% | 25.0% | 20.8% | 12.5% | 87.5% |
| 菊长带你见世面 | 25.0% | 12.5% | 50.0% | 12.5% | 87.5% |

(续表)

| 短视频自媒体 ID | 情绪倾向=±3 时的占比 | 情绪倾向=±2 时的占比 | 情绪倾向=±1 时的占比 | 情绪倾向=0 时的占比 | 极化情绪比例 |
|---|---|---|---|---|---|
| 曹特别 Cyy | 57.1% | 0% | 28.6% | 14.3% | 85.7% |
| 小片片说大片 | 37.5% | 8.3% | 37.5% | 16.7% | 83.3% |
| 小萌电影 | 16.7% | 16.7% | 50.0% | 16.7% | 83.3% |
| 谈资口水姬 | 16.7% | 25.0% | 37.5% | 20.8% | 79.2% |
| 虫哥说电影 | 33.3% | 16.7% | 29.2% | 20.8% | 79.2% |
| 精分少女蛋蛋酱 | 33.3% | 8.3% | 37.5% | 20.8% | 79.2% |
| 阿斗归来了 | 20.8% | 8.3% | 45.8% | 25.0% | 75% |
| 牛叔说电影 | 33.3% | 8.3% | 33.3% | 25.0% | 75% |
| 一三电影 | 4.2% | 29.2% | 41.7% | 25.0% | 75% |
| 晴岚的光影旅社 | 0% | 0% | 75.0% | 25.0% | 75% |
| 吐嚎影院 | 45.8% | 8.3% | 16.7% | 29.2% | 70.8% |
| 阿瓜打嘴炮 | 16.7% | 16.7% | 33.3% | 33.3% | 66.7% |
| 神烦 xp | 8.3% | 12.5% | 37.5% | 41.7% | 58.3% |
| 哇萨比抓马 | 4.2% | 12.5% | 33.3% | 50.0% | 50% |
| 文曰小强 | 0% | 9.5% | 33.3% | 57.1% | 42.9% |
| 宇哥讲电影 | 0% | 12.5% | 25.0% | 62.5% | 37.5% |

如表 2 所示，绝大多数短视频自媒体的整体情绪倾向呈现极化状态。更进一步，谷阿莫、low 君等 15 个 PGC 影视解说短视频自媒体（占比 58.3%）的短视频作品整体情绪倾向高于整体样本的平均水平（极化情绪比例=84.51%），呈现到达极点的极化状态（情绪倾向=±3），拥有最高情绪极化程度。而非极化的（中立）状态（情绪倾向=0）的短视频自媒体仅为 4 位，即神烦 xp、哇萨比抓马、文曰小强和宇哥讲电影。

根据短视频自媒体在各情绪倾向的占比情况得出其极化情绪比例，可知有 11 个短视频自媒体的极化情绪比例为 100%，即这些短视频自媒体在其短视频作品中的意见表达始终呈现极化情绪，占总样本数的 30.6%。

笔者发现，这 11 个自媒体大多是影视解说领域的影响力人物，拥有百万级别的粉丝，如“谷阿莫”粉丝数 873 万，“电影王妃”粉丝数 282 万。那么，高极化情绪比例能吸引更多的粉丝吗？此外，极化情绪比例与自媒体活跃度之间又有无关系呢？

为了验证粉丝数与极化情绪比例之间存在影响作用，笔者运用 SPSS 进行相关性分析，所得结果见表 3。

表 3　粉丝数与极化情绪比例的皮尔逊相关性分析

相关

| | | 粉丝数 | 极化情绪比例 |
|---|---|---|---|
| 粉丝数 | 皮尔逊相关 | 1 | 0.456** |
| | 显著性（双尾） | | 0.005 |
| | N | 36 | 36 |
| 极化情绪比例 | 皮尔逊相关 | 0.456** | 1 |
| | 显著性（双尾） | 0.005 | |
| | N | 36 | 36 |

**. 相关性在 0.01 层上显著（双尾）。

从检验结果中可以看到，显著性水平 $p=0.005<0.05$，说明有显著性意义。相关系数 $r=0.456$，粉丝数与极化情绪比例之间存在实质性的显著正相关关系。

因为粉丝数不符合正态分布，故笔者运用 SPSS 补充进行斯皮尔曼等级相关系数进行分析，所得结果见表 4。

表 4　粉丝数与极化情绪比例的斯皮尔曼等级相关性分析

相关

| | | | 粉丝数 | 极化情绪比例 |
|---|---|---|---|---|
| 斯皮尔曼的 rho | 粉丝数 | 相关系数 | 1.000 | 0.516** |
| | | 显著性（双尾） | 0. | 0.001 |
| | | N | 36 | 36 |
| | 极化情绪比例 | 相关系数 | 0.516** | 1.000 |
| | | 显著性（双尾） | 0.001 | 0. |
| | | N | 36 | 36 |

**. 相关性在 0.01 层上显著（双尾）。

根据分析结果，斯皮尔曼相关的 $P$ 值小于 0.05，说明粉丝数与短视频自媒体极化情绪比例间的相关关系具有统计学意义。同时，斯皮尔曼相关系数为 0.516，说明两者存在正相关。

那么，高极化情绪比例是否是拥有更多粉丝数的诱发因子，即两者是否为因果关系？对其进行回归分析，将"极化情绪比例"作为自变量，"粉丝数"作为因变量，结果见表 5。

表 5 粉丝数与极化情绪比例的回归分析

模型摘要

| 模型 | R | R平方 | 调整后 R 平方 | 标准偏斜度错误 |
|---|---|---|---|---|
| 1 | 0.456[a] | 0.208 | 0.185 | 1 748 705.6985 |

a. 预测值：(常数)，极化情绪比例。

变异数分析[a]

| 模型 | | 平方和 | df | 平均值平方 | F | 显著性 |
|---|---|---|---|---|---|---|
| 1 | 回归 | 27 285 933 929 078.812 | 1 | 27 285 933 929 078.812 | 8.923 | 0.005[b] |
| | 残差 | 103 971 035 083 651.500 | 34 | 3 057 971 620 107.397 | | |
| | 总计 | 131 256 969 012 730.310 | 35 | | | |

a. 因变量：粉丝数。
b. 预测值：(常数)，极化情绪比例。

系数[a]

| 模型 | | 非标准化系数 | | 标准化系数 | T | 显著性 |
|---|---|---|---|---|---|---|
| | | B | 标准错误 | Beta | | |
| 1 | (常数) | −2 873 506.605 | 1 504 732.809 | | −1.910 | 0.065 |
| | 极化情绪比例 | 52 180.638 | 17 468.544 | 0.456 | 2.987 | 0.005 |

a. 因变量：粉丝数。

表 5 显示，Sig＜0.05，检验显著。F 值、T 值通过显著性检验，结果说明极化情绪比例与粉丝数显著相关。回归系数 Beta＝0.456，说明极化情绪比例每改变 1 个单位，会导致粉丝数沿同一方向改变 0.456 个单位，即高极化情绪比例能带来更多的粉丝。换言之，极化的传者能拥有更多追随者。

综合对传播主体的分析，PGC 影视解说短视频自媒体在意见气候中呈现出非中立的、有偏移的极化状态，即为极化的传者。他们倾向于表达两极化（好评/差评）的立场，特别是好评立场，同时也更倾向进行极化的情绪表达，特别是表达极端消极的情绪。极化的传者拥有更多追随者。

## 五、PGC 影视解说自媒体极化意见表达中的传播内容分析

本研究所指“极化”是与中立完全相对的概念，反映事物的一种非均衡的、有偏倚性的分化发展，并有走向极端、激进的趋势。具体地，极化可以表述为“立场极化”和“情绪极化”两类，即呈现出“中立立场消失”或者情绪向两极（好评或差评、积极或消极）周围聚集的偏倚性分化的发展。“极端”是极化发展到极点的状态。

由此，笔者将从“立场极化”“情绪极化”的两个层面对传播内容展开研究。同时，对极化词表达的定性研究也被纳入其中作为补充说明。在这一部分的最后，笔者将进一步探究极化的内容对传播效果的影响。

### （一）立场的极化

通过对 710 条短视频微博进行编码，笔者发现 PGC 影视解说短视频自媒体在其短视频作品中的意见表达，大多呈现明确的两极立场，占比 67.3%（好评立场=311 条；差评立场=167 条）。21.4%的短视频作品中影视解说自媒体未表明立场，中立立场的短视频作品最少，仅占总样本的 11.3%。

由此笔者认为比起对影视剧做出中立的评价或者不做评价，PGC 影视解说短视频自媒体更倾向做出明确的两极评价。更进一步来说，他们更乐于发表支持的声音，即持好评立场。

### （二）情绪的极化

笔者对 710 条样本短视频微博呈现出的情绪倾向根据−3，−2，−1，0，1，2，3 七个程度进行编码。研究结果如图 3 所示。

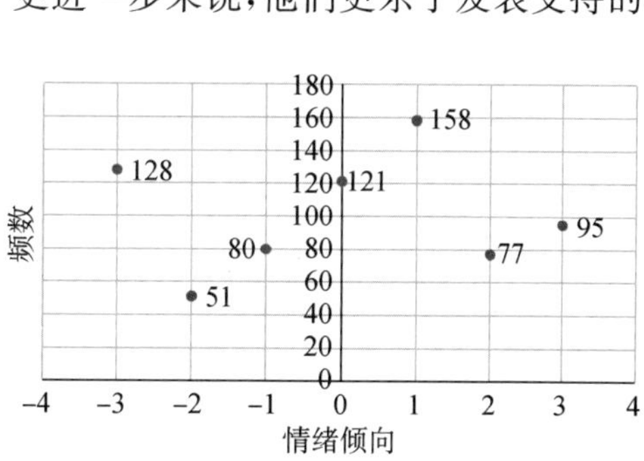

图 3　影视解说短视频中的自媒体情绪倾向

研究发现，在影视解说短视频中，自

媒体的意见表达呈现有偏倚性的分化，即较多地呈现出极化且稍显积极的情绪偏向以及极端消极的情绪。就情绪的极化程度来说，样本中 33.5％的短视频存在低幅度的极化情绪偏向（情绪倾向＝1；情绪倾向＝－1）。紧随其后，31.4％的短视频呈现极端情绪倾向（情绪倾向＝3；情绪倾向＝－3）。情绪存在有极端化准备趋势（情绪倾向＝2；情绪倾向＝－2）的短视频占比 18.0％，无情绪倾向即非极化情绪的短视频占 17.0％。这说明，PGC 影视解说短视频在整体上存在极化情绪偏向。

**（三）表达的极化**

表达的极化体现在极化词语的使用上。研究发现，当短视频内出现极化词，自媒体有 93.5％的可能性将呈现好评或差评的明确两极立场。此外，PGC 影视解说短视频自媒体对极化词的使用还集中在情绪极化程度＝±3 的解说短视频中，占比 76.0％。剩余 24％的样本，情绪极化程度集中于±2。这说明，极化的表达对情绪极化程度具有主导作用，情绪的极化程度能通过极化表达来反应。同时，带有极化表达的短视频多有明确两极立场。

但值得注意的是，情绪极化程度高并不等于极化词的高频使用。例如，出镜短视频自媒体的肢体动作、面部表情以及解说者所用语音、语调、语气都会反应到短视频呈现的情绪倾向上。根据研究，在呈现两极立场的短视频样本中，极化词的使用率为 30.1％。而在情绪极化的短视频样本中，极化词的使用度达到了 25.8％。

在 710 个样本中，共使用极化词 255 个。通过利用 BDP 可视化数据分析工具进行词频分析，高频词云如图 4 所示。

图 4　极化词高频词云

研究发现，极化词“最”的使用频次位列第一，达 35 次。在使用频次最高的五个高频极化词中，极化副词“最”多用于表达积极情绪，而另 4 个高频次极化词都是典型的负面情绪极化词。其中，“智障（弱智、傻逼）”和“tm（tmd、妈的、他妈的、妈了个逼）”分别被使用了 29 次与 24 次，“烂”“辣眼”则被使用了 21 次和 11 次。

通过筛选整理高频极化词所在的短视频，笔者在比对后认为，极化的表达多来自以“极端暴躁情绪和表达”为风格特征的短视频自媒体，如谷阿莫、刘哔电影。其中，低俗、极端的粗话是极化情绪渲染的常用词。

综合上述分析，研究发现：极化的意见表达远多于中立意见的表达，是意见螺旋中的主流，处于意见螺旋的上方，在意见气候里占据优势。

**（四）极化效果：极化意见与中立意见相比更具传播力**

根据上文对 PGC 影视解说短视频立场、情绪的研究，笔者分别有如下发现：

(1) PGC 影视解说短视频自媒体更倾向做出明确的两极评价。更进一步来说，他们更乐于发表支持的声音，即持好评立场。影视解说自媒体极少在短视频作品中使用中立立场。

(2) 在影视解说短视频中，自媒体较多地呈现出极化且稍显积极的情绪偏向以及极端消极的情绪。PGC 影视解说自媒体在短视频作品中的意见表达较少处于非极化情绪的状态。

由此可见，无论是立场评价还是情绪倾向，PGC 影视解说自媒体总在更多地输出极化的意见，他们并不偏好中立意见的表达。那么，极化意见与中立意见相比是否更具传播力？即是否为短视频自媒体带来更多曝光机会（播放量）和互动值（转赞评数）呢？

就评价立场而言，差评立场与好评立场被认为是两极立场，即极化的立场。通过对极化立场、中立立场、无立场短视频进行分组求算平均播放量与平均转赞评数，笔者得到如图 5、图 6 的结果。需要特别说明的是，由于转发、评论、点赞的数据属于不同量级，不可进行简单相加，笔者将 710 条短视频的转发、评价、点赞分别转化为[0，1]区间内的同一量级。具体转化操作如下：样本最大转发量为 56 030 次，来自“刘老师说电影”对电影《纯洁心灵：逐梦演艺圈》的解说，则对于转发量而言，56 030 次是[0，1]区间内的最大值，赋值为 1，其他短视频的转发量数据都需除以 56 030 以转化到[0，1]区间内。同理，最大评论量 22 815 次，来自“张猫要练嘴皮子”关于《极光之恋》的解说短视频，在[0，1]区间内被赋值为 1，作为其他样本评论量的参考值；最大点赞数为 61 641 次，来自“low 君”对《外科风云》的解说短视频，在[0，1]区间内被赋值为 1，作为其他样本点赞数的参考值。最终单条短视频的转赞评数为[0, 1]区间量级内转发、评论、点赞结果的总和。短视频的平均转赞评数情况是短视频在[0, 1]区间量级内的平均水平。

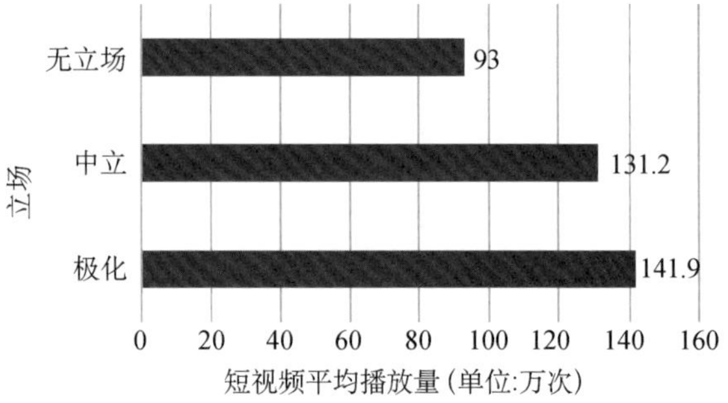


图 5　不同立场短视频的平均播放量情况

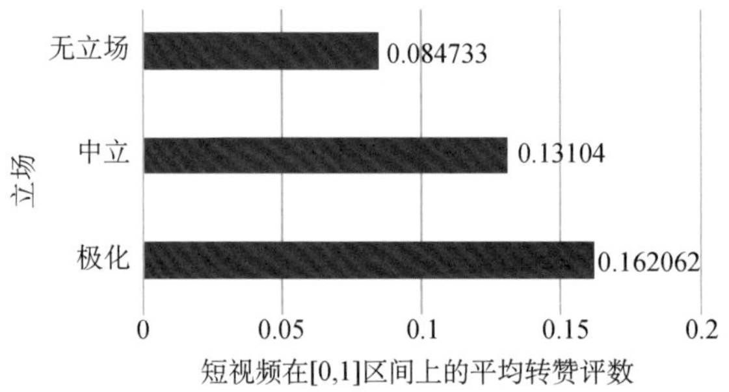


图 6　不同立场短视频的平均转赞评数情况

图 5、图 6 的结果显示,极化立场的短视频的平均播放量为 141.9 万次,中立立场的短视频播放量高出了 10.7 万次,认为获得了更大曝光机会。此外,极化立场的短视频平均转赞评数在[0, 1]区间上为 0.16,与中立立场短视频的 0.13 相比,增幅 23.0%,认为取得了更优的互动值。

就情绪倾向而言,情绪倾向≠0 的短视频被认为拥有极化情绪。通过对极化情绪与非极化情绪短视频进行分组求算平均播放量与平均转赞评数,笔者得出:极化情绪短视频的平均播放量为 147.5 万(样本平均播放量参考值:130.2 万),平均转赞评数在[0, 1]区间上为 0.16(样本在[0, 1]区间上的平均转赞评参考值:0.14);非极化情绪短视频的平均播放量为 46.1 万,在[0, 1]区间上的平均转赞评数为 0.04。可见,无极化情绪倾向的短视频的双传播数据(曝光机会、互动值)表现都远逊色于极化情绪短视频。

综合立场极化短视频、极化情绪倾向短视频的播放量和转赞评表现情况，笔者发现，无论是极化立场的短视频或是带有极化情绪的短视频，他们都拥有比中立立场、无极化情绪倾向短视频更漂亮的数据。如果对极化情绪短视频的传播数据和极化立场短视频的传播数据进行横向比较，则极化情绪短视频的播放量约为极化立场短视频播放量的 1.04 倍，其在[0，1]区间上的转赞评数与极化立场短视频的数据结果基本相当。可见，意见的极化情绪对短视频播放量影响微微略高于意见的极化立场的影响。

因此，研究认为，极化的意见表达与中立意见相比更具有传播力，极化意见被更多人听见，在意见螺旋中更大声。中立意见在传播中处于弱势地位。

### （五）极化程度对传播效果的影响

通过前文对极化立场短视频、极化情绪短视频的播放量、转赞评数的分析，研究发现极化的短视频与非极化短视频相比在传播上更具优势，受众的互动性较高。因此，短视频自媒体如能多制作极化的短视频，在理论上他们会获得更优的传播效果。那么，在此前提下，极化程度越高能否触发更广的传播面，引发受众更热烈的互动呢？

根据样本数据，极化程度与播放量、转赞评数的关系如图 7、图 8 所示。需说明的是，当短视频的情绪倾向＝0，则认为其极化程度＝0，即无极化；短视频情绪倾向＝1 或－1，则认为其极化程度＝1，即有极化程度较低；同理，情绪倾向＝2 或－2时，认为极化程度＝2，即有极化程度中等且有极端准备趋势；情绪倾向＝3 或－3时，认为极化程度＝3，即为极端。

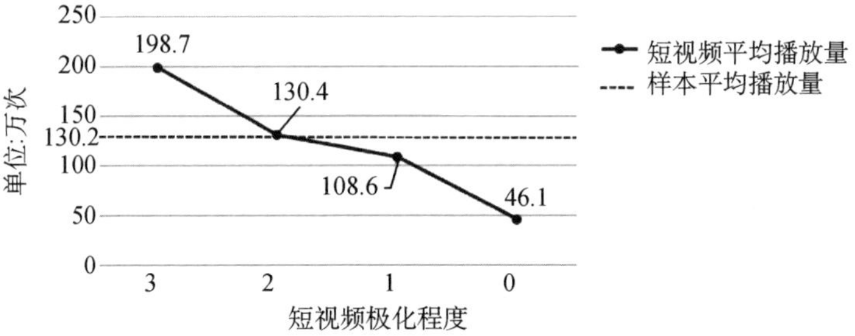


图 7　短视频极化程度与其平均播放量

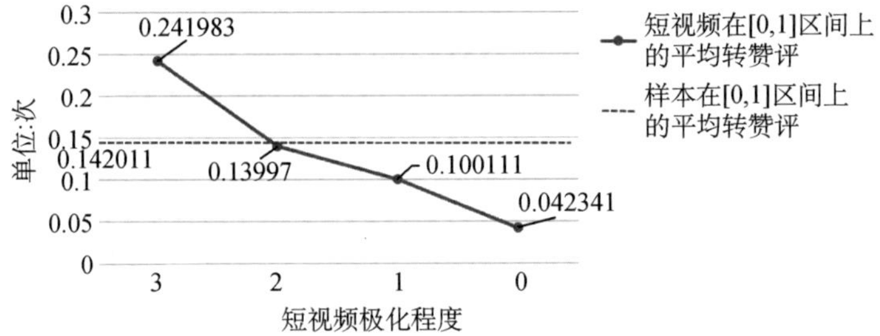


图 8 短视频极化程度与其平均转赞评

根据图 7、图 8 的信息可知，短视频平均播放量与转赞评数随着极化程度的提升而增加，极化程度=3 即呈现极端特征的短视频的传播数据远高于平均水平，极化程度中等且有极端准备趋势的短视频的播放量、互动值几乎与平均水平持平。为验证极化程度影响播放量、转赞评数的结果并非偶然，笔者利用 SPSS 对其进行相关分析与回归分析。

表 6 极化程度与播放量的相关分析

相关

| | | 播放量(万) | 短视频自媒体意见极化程度 |
|---|---|---|---|
| 播放量(万) | 皮尔逊相关 | 1 | 0.298** |
| | 显著性(双尾) | | 0.000 |
| | N | 710 | 710 |
| 短视频自媒体意见极化程度 | 皮尔逊相关 | 0.298** | 1 |
| | 显著性(双尾) | 0.000 | |
| | N | 710 | 710 |

**. 相关性在 0.01 层上显著(双尾)。

如表 6 所示，$p<0.05$ 说明有显著性意义。相关系数 $r=0.298$，存在正相关，短视频极化程度与播放量之间却存在关系，一方会随着另一方值的增大而同向增大。

表 7　极化程度与转赞评数的相关分析

相关

| | | 在[0，1]水平上的转赞评 | 短视频自媒体意见极化程度 |
|---|---|---|---|
| 在[0，1]水平上的转赞评 | 皮尔逊相关 | 1 | 0.286** |
| | 显著性(双尾) | | 0.000 |
| | N | 710 | 710 |
| 短视频自媒体意见极化程度 | 皮尔逊相关 | 0.286** | 1 |
| | 显著性(双尾) | 0.000 | |
| | N | 710 | 710 |

**. 相关性在 0.01 层上显著(双尾)。

根据表 7 可知，$p<0.05$ 认为显著。相关系数 $r=0.286$，存在正相关，短视频极化程度与播放量之间存在关系，一个变量值减小的同时另一边量也会减小。值得注意的是极化程度与播放量的相关系数值略高于极化程度与转赞评的相关系数，说明极化程度与播放量的相关程度要强于极化程度与转赞评。

相关分析描述的是两个变量之间的关系，但相关关系不等于因果关系。为了研究短视频极化程度是否是影响播放量、转赞评数的变量，笔者在相关性分析的基础上，补充进行线性回归分析。笔者将短视频极化程度设为自变量，播放量做为因变量，结果见表 8。笔者将短视频极化程度设为自变量，转赞评数作为因变量，结果见表 9。

表 8　极化程度与播放量的回归分析

模型摘要

| 模型 | R | R 平方 | 调整后 R 平方 | 标准偏斜度错误 |
|---|---|---|---|---|
| 1 | 0.298[a] | 0.089 | 0.087 | 168.3219428 |

a. 预测值：(常数)，短视频自媒体意见极化程度。

变异数分析[a]

| 模型 | | 平方和 | df | 平均值平方 | F | 显著性 |
|---|---|---|---|---|---|---|
| 1 | 回归 | 1 951 990.945 | 1 | 1 951 990.945 | 68.896 | 0.000[b] |
| | 残差 | 20 059 251.715 | 708 | 28 332.276 | | |
| | 总计 | 22 011 242.660 | 709 | | | |

a. 因变量：播放量(万)。

b. 预测值：(常数)，短视频自媒体意见极化程度。

系数[a]

| 模型 | | 非标准化系数 | | 标准化系数 | T | 显著性 |
|---|---|---|---|---|---|---|
| | | B | 标准错误 | Beta | | |
| 1 | （常数） | 51.791 | 11.364 | | 4.558 | 0.000 |
| | 短视频自媒体意见极化程度 | 47.866 | 5.767 | 0.298 | 8.300 | 0.000 |

a. 因变量：播放量（万）。

表 8 显示，Sig＜0.05，检验显著。F 值、T 值通过显著性检验，结果说明短视频极化程度与播放量显著相关。回归系数 Beta＝0.298，说明极化程度每改变 1 个单位，会导致播放量沿同一方向改变 0.298 个单位。如短视频极化程度增加，则可预测到播放量也会增加。

表 9　极化程度与转赞评数的回归分析

模型摘要

| 模型 | R | R 平方 | 调整后 R 平方 | 标准偏斜度错误 |
|---|---|---|---|---|
| 1 | 0.286[a] | 0.082 | 0.081 | 0.242815370 |

a. 预测值：（常数），短视频自媒体意见极化程度。

变异数分析[a]

| 模型 | | 平方和 | df | 平均值平方 | F | 显著性 |
|---|---|---|---|---|---|---|
| 1 | 回归 | 3.732 | 1 | 3.732 | 63.294 | 0.000[b] |
| | 残差 | 41.743 | 708 | 0.059 | | |
| | 总计 | 45.475 | 709 | | | |

a. 因变量：在[0，1]水平上的转赞评。
b. 预测值：（常数），短视频自媒体意见极化程度。

系数[a]

| 模型 | | 非标准化系数 | | 标准化系数 | T | 显著性 |
|---|---|---|---|---|---|---|
| | | B | 标准错误 | Beta | | |
| 1 | （常数） | 0.034 | 0.016 | | 2.050 | 0.041 |
| | 短视频自媒体意见极化程度 | 0.066 | 0.008 | 0.286 | 7.956 | 0.000 |

a. 因变量：在[0，1]水平上的转赞评。

根据线性回归分析结果，Sig＜0.05，检验显著。F值、T值通过显著性检验，结果说明短视频极化程度与转赞评的关系同样显著相关。回归系数Beta＝0.286，说明如短视频极化程度增加，则可预测到转赞评数也会相应做出一定幅度的增加。结合表8与表9的情况，随着短视频极化程度增加，播放量与转赞评数都会相应增加，但播放量的增加幅度会大于转赞评数的增加幅度。

根据两次回归分析结果，短视频意见极化程度的增加能带来更好的传播力（播放量与互动值），即越能受到受众的关注。

综合对传播内容的分析，研究认为：极化的意见表达远多于中立意见的表达，是意见螺旋中的主流，处于意见螺旋的上方，在意见气候里占据优势。极化的意见表达与中立意见相比更具有传播力，在意见螺旋中更大声。中立意见在传播中处于弱势地位。短视频意见极化程度的增加能带来更好的传播力（播放量与互动值），即越能受到受众的关注。

## 六、PGC影视解说自媒体极化意见表达中的传播反馈分析

### （一）极化意见的传染：受众对极化意见的参考意愿

在意见螺旋中，某些意见对受众有更大的参考价值，受众更倾向参考这样一批"重要的他者"即"参考群体"的意见。1996年，Oshagan在"沉默螺旋"的理论基础上强调了参考群体意见的重要性。他认为，"感知到的参考群体意见对意见表达的影响相比于感知到的社会意见之影响更大"[1]。"参考群体"在本文中，即为微博平台上的影视解说短视频自媒体，他们作为意见领袖所发表的意见将很大程度上被受众感知并被受众投射到外部世界，进而塑造和影响受众的观点，受众乐意参考和接收参考群体的意见。

1. 立场一致性

在影视解说短视频中，自媒体对所解说影视作品的立场与受众对被解说的影视作品的立场是否呈现大体一致的趋势，这涉及受众对解说者意见的参考意愿以及认同与否。为了解受众立场及其与解说者立场可能存在的差异，笔者针对每个

[1] 熊壮：《"沉默的螺旋"理论的四个前沿》，《国际新闻界》2011年第11期，第43—48页。

短视频分别采集热门评论 10 条、最新评论 10 条，依据“好评”“差评”“中立”“无立场”或“无意义”进行编码，其中无意义评论不纳入研究。短视频的受众立场取 20 条评论立场中的多数意见，如遇不同立场的意见数量相同，则在该短视频微博的最新评论中再顺位取一条评论，直至其中某个立场占据多数。短视频自媒体立场与受众立场的离散情况分别如图 9—图 12 所示。需要说明的是：1＝好评；2＝差评；3＝中立；4＝无立场。

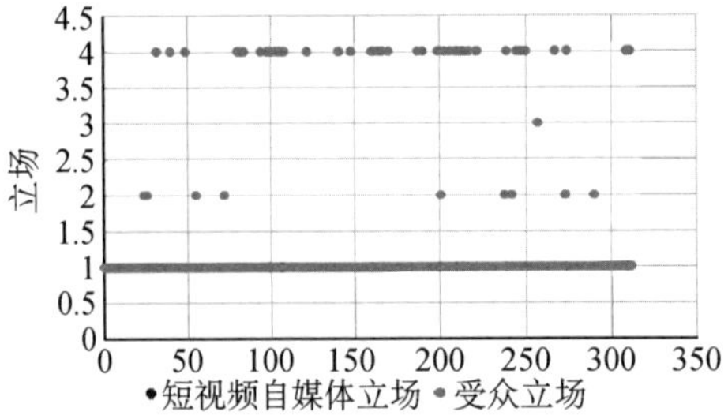


图 9 短视频自媒体立场与受众立场离散图：好评立场

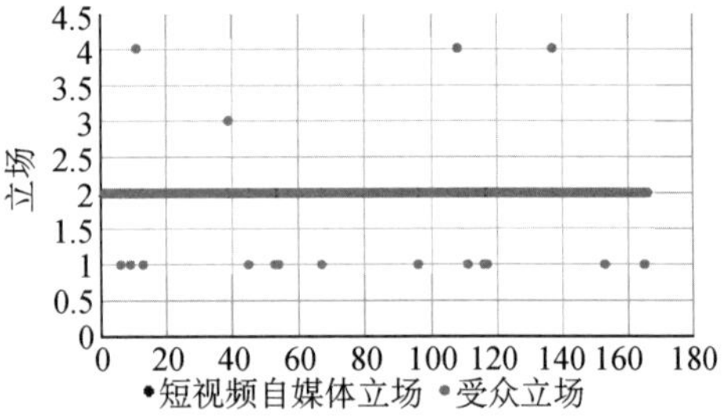


图 10 短视频自媒体立场与受众立场离散图：差评立场

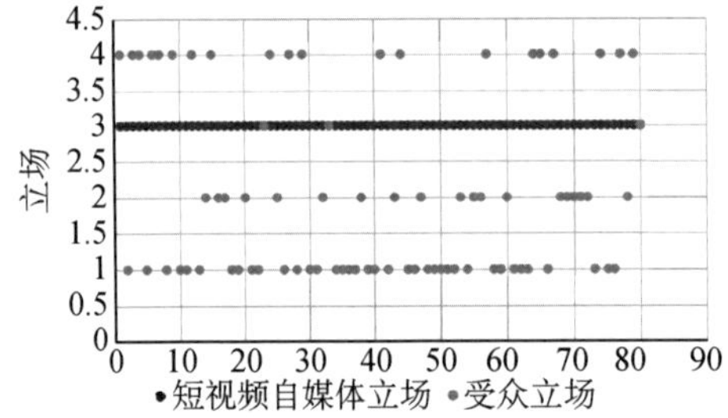


图 11 短视频自媒体立场与受众立场离散图：中立立场

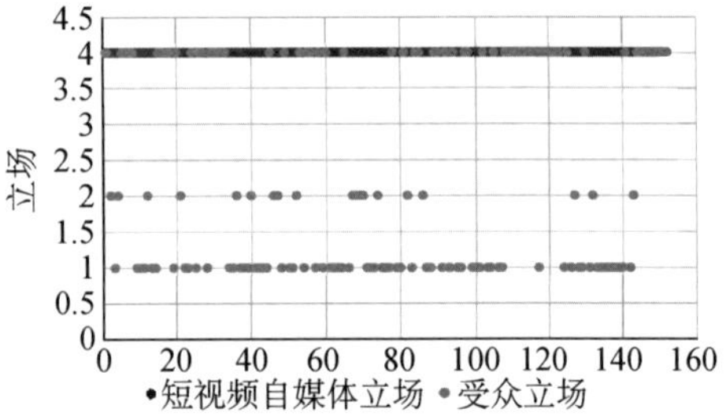


图 12 短视频自媒体立场与受众立场离散图：无立场

根据图 9—图 12 短视频自媒体立场与受众立场的离散情况，可见当该解说短视频中自媒体呈现好评或差评立场时，受众偏向参考自媒体的意见，立场的一致性水平较高，认同度高。其中，受众对好评立场的参考度为 82.3%，即在所有持好评观点的短视频中，占比 82.3%的短视频呈现“自媒体立场＝受众立场＝好评”的表现。受众对差评立场的参考度为 89.8%，略高于好评立场，是所有立场中受众参考意愿最高的立场。此外，当短视频中自媒体未表明立场时，受众对自媒体的参考度为 42.8%，大部分受众自行确定两极化的立场，无受众持中立观点。而当短视频中自媒体持中立意见时，受众对自媒体的参考度仅为 3.7%，受众对呈现中立立场的自媒体仅表现出稍许的参考意愿和认同行为，是所有立场中受众参考意愿最低的。

综合受众对四种立场的参考意愿表现，笔者认为：受众更倾向参考持极化立场的自媒体的观点，其中持差评立场的自媒体获得更高的被参考度、更多的认同。受众在构建立场的过程中，极少参考持中立立场的自媒体的观点，自媒体的中立意见较少获得受众认同。

2. 情绪一致性

通过对自媒体、受众立场一致性的研究，本研究认为受众对不同立场意见的参考意愿强弱和认同程度。这一结果对于以获得最大化受众拥趸的自媒体来说有一定的参考价值。那么，自媒体在短视频中的情绪倾向是否对受众具有感染作用，即能否感染受众呈现出与自媒体相一致的情绪倾向？

为研究受众情绪倾向与自媒体情绪倾向之间是否存在感染作用，笔者对每个短视频的 20 条评论的情绪倾向，依据“－3”“－2”“－1”“0”“1”“3”进行编码，其中立场为无意义的评论同样不纳入研究。短视频的受众情绪倾向取 20 条评论情绪中的多数情绪，如遇不同情绪的数量相同，则在该短视频微博的最新评论中再顺位取一条评论，直至其中某个情绪占据多数。短视频自媒体的不同情绪倾向与受众情绪倾向的离散情况分别如图 13—图 19 所示。

根据图 13—图 19 的离散图可知，自媒体的不同情绪倾向的确对受众情绪存在不同的感染作用。为厘清自媒体情绪倾向怎样感染受众情绪，笔者制作了表 10 以呈现不同情绪倾向对应的感染度。需要说明的是，所谓感染度，即自媒体处于某一特定情绪倾向时，成功感染使得受众与其呈一致情绪倾向的比例。

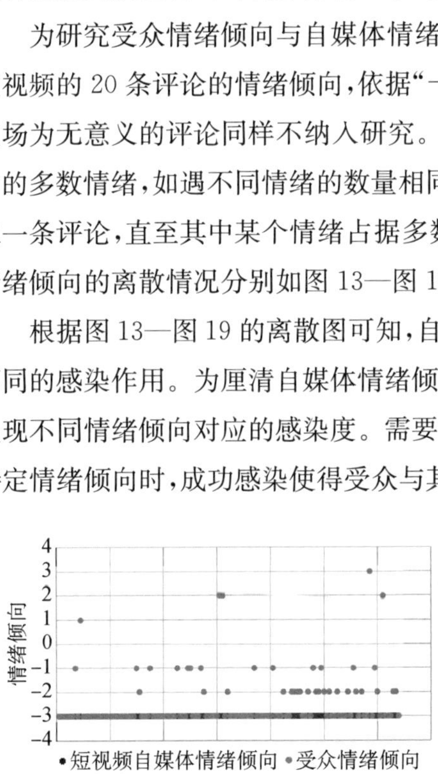


图 13 短视频自媒体情绪倾向与受众情绪倾向离散图：自媒体情绪倾向＝－3

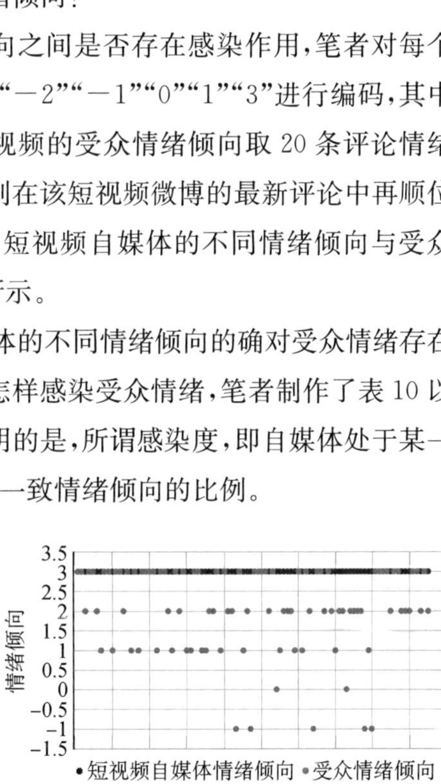


图 14 短视频自媒体情绪倾向与受众情绪倾向离散图：自媒体情绪倾向＝3

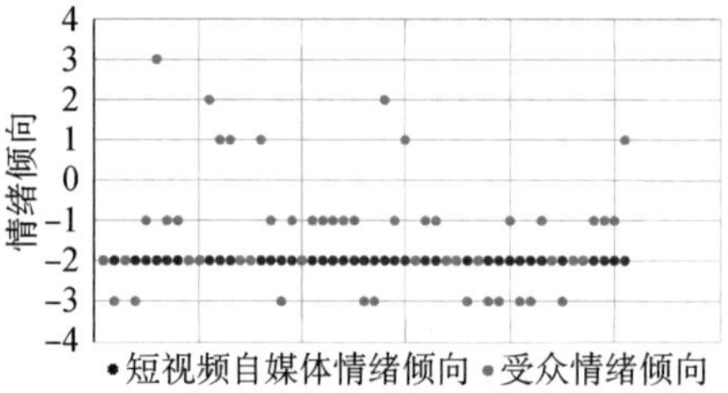


图 15　短视频自媒体情绪倾向与受众情绪倾向离散图：自媒体情绪倾向＝－2

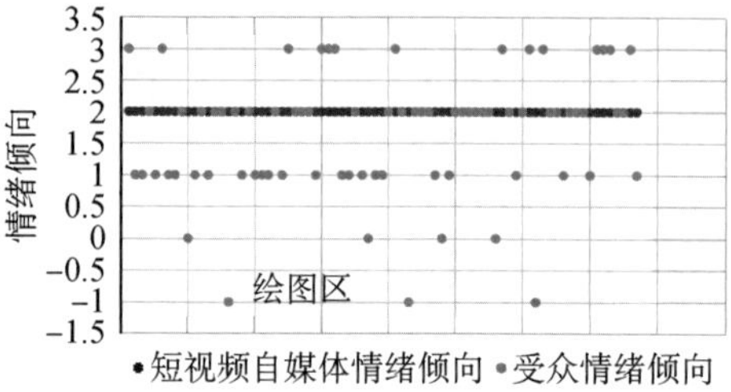


图 16　短视频自媒体情绪倾向与受众情绪倾向离散图：自媒体情绪倾向＝2

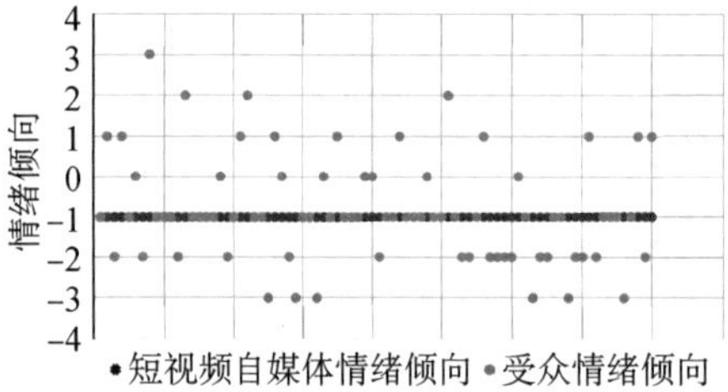


图 17　短视频自媒体情绪倾向与受众情绪倾向离散图：自媒体情绪倾向＝－1

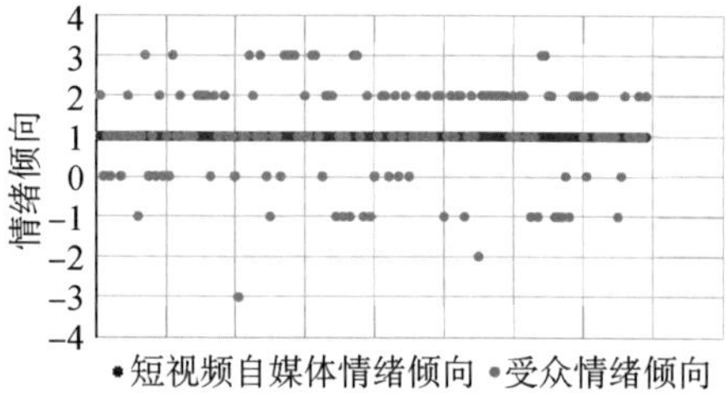


图 18　短视频自媒体情绪倾向与受众情绪倾向离散图：自媒体情绪倾向＝1

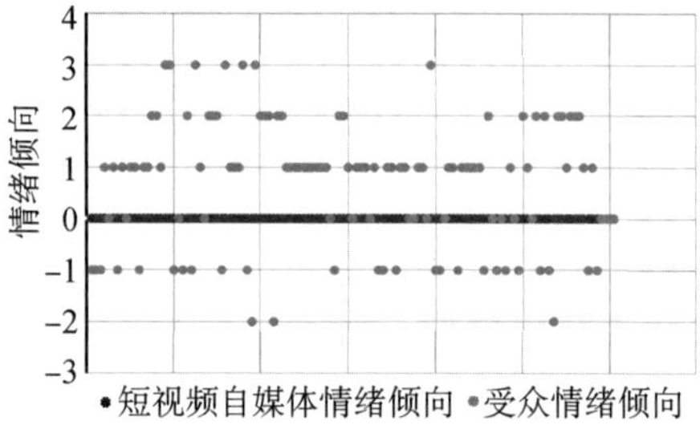


图 19　短视频自媒体情绪倾向与受众情绪倾向离散图：自媒体情绪倾向＝0

表 10　自媒体的不同情绪倾向对受众的感染度情况

| 情绪倾向 | 感染度 | 情绪倾向 | 感染度 |
|---|---|---|---|
| －3 | 70.3％ | 3 | 45.3％ |
| －2 | 27.5％ | 2 | 41.6％ |
| －1 | 42.5％ | 1 | 36.7％ |
| 0 | 15.7％ | | |

如表 10 所示，当短视频中自媒体的情绪倾向为－3，即极端消极时，该视频对受众情绪的感染效果最佳，能达到 70.3％。当短视频非极化情绪倾向（情绪倾向＝

0)时,该视频感染受众情绪的能力最弱。综合上述数据,本研究提出一个假设:情绪极化程度高的短视频是否对受众有更强的感染度?为检验这个假设,笔者对各程度情绪所对应的感染度进行计算,见表 11。

表 11　自媒体的极化情绪程度与感染度情况

| 极化情绪程度 | 感染度 |
|---|---|
| 极化程度=3 | 59.2% |
| 极化程度=2 | 35.9% |
| 极化程度=1 | 38.7% |
| 极化程度=0 | 15.7% |

根据表 11 结果,笔者认为短视频自媒体极化情绪程度与感染度相关,为进一步检验相关性,笔者利用 SPSS 得到表 12 的结果。

表 12　自媒体极化情绪程度与感染度的相关检验

相关

| | | 极化情绪程度 | 感染度 |
|---|---|---|---|
| 极化情绪程度 | 皮尔逊相关 | 1 | 0.926 |
| | 显著性(双尾) | | 0.074 |
| | N | 4 | 4 |
| 感染度 | 皮尔逊相关 | 0.926 | 1 |
| | 显著性(双尾) | 0.074 | |
| | N | 4 | 4 |

根据检验结果,$p=0.074>0.05$ 说明在 0.05 的显著性水平上自媒体极化情绪程度与其对受众的感染度不相关,假设在统计上不成立。但如果将显著性水平放在 0.1 的水平上,自媒体极化情绪程度与其对受众的感染度存在相关性,即极化程度的增加与受众对意见越认同相关。

3. 极化词的同义使用

人们对媒介内容存在模仿行为。模仿论认为,受众对媒介行为的模仿将主要经过三个过程[1],当受众注意到媒介中的某种行为方式并认同该方式,受众便会

[1] 申凡:《传播学原理》,华中科技大学出版社,2012 年,第 140—141 页。

开始模仿这种行为。当他碰到类似场景时，会模仿学来的行为模式。在本研究中，受众在评论中存在对短视频里用语和表达的模仿，特别是对极化表达的模仿，这主要表现在受众评论里一些极化词的同义使用。

在自媒体使用了极化词进行表达的 154 条短视频样本中，受众评论里出现同义词使用的达到 61.0%。受众评论内的高频词分别为“烂”“最”“爆”“毁”“强推”“辣眼”“垃圾”，与自媒体的高频极化词基本重合。

综上，研究认为，极化的意见表达对受众意见的构建具有感染性。受众倾向参考与认同极化的意见，极少参考中立意见。

### （二）极化程度对受众的“教化”

极化的 PGC 影视解说短视频自媒体作为一批典型的意见领袖，通过明确两极化的立场，使用极化的情绪来设置议程感染受众，让受众自觉地感受到解说者强调的内容、问题是很重要的，从而接受、认同解说者的立场，感染到相似的情绪，同时模仿、使用解说者的极化词表达，从而被“教化”为一个和解说者无异的极化的受众。在这个过程中，极化的解说者能够得到最大程度的认同和来自受众的意见上的附和。

自媒体自然希望获得受众最大程度上的追随和认同。那么，在自媒体对受众逐步“教化”的过程中，其极化程度的加强能否感染受众趋向更极化？笔者对短视频自媒体意见极化程度与评论中受众的意见极化程度进行了相关分析的研究。

表 13 短视频自媒体意见极化程度与受众意见极化程度的相关分析

相关

| | | 短视频自媒体意见极化程度 | 受众评论意见极化程度 |
|---|---|---|---|
| 短视频自媒体意见极化程度 | 皮尔逊相关 | 1 | 0.518** |
| | 显著性(双尾) | | 0.000 |
| | N | 710 | 710 |
| 受众意见极化程度 | 皮尔逊相关 | 0.518** | 1 |
| | 显著性(双尾) | 0.000 | |
| | N | 710 | 710 |

**. 相关性在 0.01 层上显著(双尾)。

根据表 13 相关性分析结果，$p<0.05$，具有显著性意义。相关系数 $r=0.518$，说明自媒体意见极化程度与受众意见极化程度间存在正相关，一方会随着另一方值的增大而同一方向增大。为确定这对关系中，自媒体意见极化程度是否影响受众意见极化程度的因子，笔者紧接着进行了线性回归分析，将自媒体的意见极化程度设为自变量，受众意见极化程度作为因变量。

表 14　短视频自媒体意见极化程度与受众意见极化程度的回归分析

模型摘要

| 模型 | R | R 平方 | 调整后 R 平方 | 标准偏斜度错误 |
|---|---|---|---|---|
| 1 | 0.518[a] | 0.268 | 0.267 | 0.7999 |

a. 预测值：(常数)，短视频自媒体意见极化程度。

变异数分析[a]

| 模型 | | 平方和 | df | 平均值平方 | F | 显著性 |
|---|---|---|---|---|---|---|
| 1 | 回归 | 166.138 | 1 | 166.138 | 259.651 | 0.000[b] |
| | 残差 | 453.016 | 708 | 0.640 | | |
| | 总计 | 619.155 | 709 | | | |

a. 因变量：受众意见极化程度。
b. 预测值：(常数)，短视频自媒体意见极化程度。

系数[a]

| 模型 | | 非标准化系数 | | 标准化系数 | T | 显著性 |
|---|---|---|---|---|---|---|
| | | B | 标准错误 | Beta | | |
| 1 | (常数) | 1.009 | 0.054 | | 18.685 | 0.000 |
| | 短视频自媒体情绪极化程度 | 0.442 | 0.027 | 0.518 | 16.114 | 0.000 |

a. 因变量：受众意见极化程度。

根据表 14 线性回归分析结果，Sig<0.05，检验显著。F 值、T 值通过显著性检验，结果说明短视频自媒体的意见极化程度与受众意见极化程度间存在关系。回归系数 Beta=0.518，可以认为随着短视频自媒体意见极化程度增加 1 个单位，能预测受众的意见极化程度将增加 0.518 个单位。因此，自媒体意见极化程度的加强能“教化”受众趋向更极化的假设成立。

综合对传播反馈的分析，研究认为：受众对极化意见的传播有更高的反馈。极化的意见表达对受众意见的构建具有感染性，受众更倾向参考持极化立场的自媒体的观点，其中持差评立场的自媒体获得更高的被参考度、更多的认同，极少参考中立意见。意见的极化程度越高，越受到受众的关注与认同。受众的极化程度随意见极化程度的升高而攀升。

## 七、结　　语

综上所述，不难看出PGC影视解说短视频自媒体非常偏好极化的意见表达，而极化的意见表达的确在意见气候中占据着非常重要的地位。根据研究，笔者认为相较于中立的表达，短视频自媒体的极化意见表达对意见气候有更大的影响。这种影响作用具体表现在以下四个方面。

(1) 短视频自媒体的意见表达具有极化倾向，极化的传者拥有更多追随者。

(2) 极化意见是意见螺旋中的主流，处于意见螺旋的上方，在意见气候中占据优势。

(3) 极化的意见表达与中立意见相比更具有传播力、被更多人听见，在意见螺旋中更大声。意见极化程度的增加能带来更优的传播效果。中立意见在传播中处于弱势地位。

(4) 受众对极化意见的传播有更高的反馈，极化的意见表达对受众意见的构建具有感染性，受众倾向参考与认同极化的意见，极少参考中立意见。意见的极化程度越高，越受到受众的关注与认同。受众的极化程度随意见极化程度的升高而攀升。

鉴于PGC影视解说短视频自媒体是短视频自媒体群体中具有代表性的典型，该研究同样能投射与推导到这一群体的身上。根据极化意见传播效果的研究结果，当下短视频自媒体试图通过打造极化人设、强调绝对个性，频繁进行极化意见表达，实现自媒体人格化的策略并非是盲目、无效的举措。相反，极化的意见表达能为短视频自媒体人带来更优质的传播效果，这正是自媒体人所乐与所见的。当下正从事或有志于从事短视频自媒体的人群需要关注极化意见在意见气候中的重要性，可在意见表达中减少中立、无偏倚的观点，多发表有明确立场、情绪倾向的极化意见，以期获得更强的传播力和受众认可。当然，当极化表达升级为极端意见时，自媒体人也不可忽视其高传播效果背后可能存在的后果，即极度激进的立场与态度可能会招致一部分受众的抵触，从而对自媒体的人格形象产生一定的负面作用。

在自媒体人层出不穷的新媒体时代，本研究希望能为短视频自媒体带来具有参考价值的意见，帮助其选择合适的人格管理与意见表达方式，谋求更有效的发展，促进新媒体内容生产与传播的繁荣。

# 计算、智能与网络舆情挖掘

# 英国智库中国问题专家社交网络结构及其影响力研究*

相德宝　吕　凡**

**摘要**：本文运用社会网络分析研究方法对英国皇家国际事务所、国际战略研究所、欧洲对外关系委员会和皇家联合研究所四家重点智库中国问题专家的社交网络结构特征及其影响力进行探究，发现英国智库中国问题专家在社交媒体推特上形成了具有一定密度的社交网络社群。英国皇家国际事务所凯瑞·布朗(Kerry Brown)，欧洲对外关系委员会马修·杜契泰尔(Mathieu Duchatel)和艾尔莎·卡尼亚(Elsa B. Kania)影响力最高，分居第1至第3位。整体来说，欧洲对外关系委员会中国问题专家在核心网络的数量最多，社交网络影响力更高。从智库中国问题专家派系构成看，形成了由英国皇家国际事务所凯瑞·布朗和欧洲对外关系委员会的马修·杜契泰尔作为桥梁连接的双翅结构。上述研究发现为针对性影响英国对华政策，开展公共外交提供了参考。

**关键词**：英国智库；中国问题专家；社会网络分析；权力网络理论

## 一、引　　言

英国智库居于决策精英、政党、利益集团、媒体和学术界之间，是传递利益诉求、影响政治决策的重要行为体，在英国对华决策机制中亦发挥着显著影响。[1]

---

* 基金项目：国家社科基金一般项目"美国'中国通'国际社交媒体涉华舆论中国观、影响路径及引导策略研究"(编号：17BXW048)前期研究成果，主持人相德宝。

** 相德宝，上海外国语大学新闻传播学院教授；吕凡，上海外国语大学新闻传播学院研究助理。

[1] 忻华、杨海峰：《英国智库对英国对华决策的影响机制：以皇家国际事务学会为例》，《外交评论》2014年第4期，第121—138页。

英国智库对英国外交政策的影响力主要集中为外交政策制定提供预警和防范、为外交政策提供建议和解决方案，进行外交政策的宣传，以及成为提供情报、信息和国际事务的交流平台等[1]。随着中国综合国力的不断提升，对华研究更成为英国智库的重点话题，如英国顶尖智库英国皇家国际事务所(Chatham House)将中国“一带一路”列在特色研究话题。

新媒体时代，社交媒体成为政府、媒体、智库、意见领袖等发表观点、设置议程的重要网络平台。各国智库纷纷进驻社交媒体，开设官方账号，鼓励智库研究人员开设社交媒体账号就国际问题发表观点、打造朋友圈，拓展全球社交网络影响力。根据观察，英国智库中国问题专家是国际社交媒体上的活跃用户，但目前对英国智库中国问题专家社交网络的行为、网络结构及其影响力缺少研究。加强英国智库中国问题专家社交网络研究有利于更好把握新媒体时代英国涉华国际舆论，有针对性地引导英国智库涉华国际舆论，影响英国对华政策。鉴于此，本文尝试从社会网络分析的角度对新媒体环境下英国智库中国研究专家在国际社交媒体上的网络结构及其影响力进行考察。

## 二、文 献 综 述

### (一) 智库社交网络研究

将社交网络分析运用于智库研究整体不多。国际上，韩国学者李桑库(Sangkuk Lee)[2]基于专家之间的引用网络，对中国的朝鲜半岛问题专家的所属关系、专业领域和区域建构关系网络进行研究，发现中国的朝鲜半岛问题的专家之间的相互引用与私人关系具有相关性；同时，很多朝鲜半岛问题的权威专家并非是主业研究朝鲜问题的专家。墨西哥学者萨拉斯·波拉斯(Alejandra Salas-Porras)通过构建美国不同党派性的智库在经济政策的态度网络，发现智库和专家网络在宣传政策方面起到关键作用，但在货币和财政政策上，专家们的意见尚未形

[1] 成军刚：《英美外交政策中的智库因素及其对中国智库发展的启示》，燕山大学，2014 年，第 56 页。
[2] Sangkuk Lee: “China's Korea Experts: A Network Analysis”, *Asian Perspective*, 2012, pp.411-434.

成共识[1]。西班牙学者曼弗雷迪·桑切斯(Manfredi-Sanchez)将全球智库的推特账号的互相关注关系构建网络,从而发现英文是智库网络中的主导语言,同时地缘关系依旧起到重要作用,影响智库观点,即社交媒体上的智库话语是由美国智库主导的[2]。国内方面,相德宝和张文正首次用社会网络分析方法来研究全球智库的社交网络影响力,发现全球智库的社交网络存在核心—边缘结构,美英等西方发达国家处于社会网络的核心区域,而网络的边缘区域分布着亚洲国家[3]。

### (二) 社会网络影响力研究

有关影响力的研究一直以来是西方学界研究的热点话题。卡斯特结合媒介在政治中发挥的作用,重视认知网络和传播力的分析。网络社会的权力通过网络展开,在社会层面和技术层面下有四种权力模式,即连入权力、连出权力、网络权力和组网权力。连入权力(Networking Power)在网络中具有容纳和排除其他节点的能力,即直接掌握信息的能力,掌握这一权力的节点在网络中扮演"把关人"的角色。连出权力(Networked Power)是指节点在网络中所处结构的优势地位,具有能够支配网络结构的能力,即将一个行为者的意志施加给另一个行为者的能力,从而为其他节点设置传播议程的能力,尽管这种"支配"权力并不是决定性的能力。网络权力(Network Power)是指连入网络,以及网络中节点之间互动、合作规则,即规则本身成为一种权力。组网权力(Network-making Power)是不同组织、节点依据特定利益、价值组成网络,且可能通过与其他网络核心进行战略连接,从而扩大网络规模的权力,即控制或影响传播网络的能力,以及创造有效交流和说服过程的能力。

在互联网传播网络中,媒介决策由多层次的复杂的行为主体之间的互动产生,包括政府、社会精英、利益集团、编辑、记者,以及日渐活跃的受众。每一个网络子群都存在核心,在各自的子群中行使权力,而共同决定网络操作的是整个网络行动

---

[1] Alejandra Salas-Porras: "American think tank networks and expert debates around the Global Financial Crisis: Keynesian insurgents against austerity defenders", *Policy and Society*, 2018, pp.243-259.

[2] Manfredi-Sánchez, J. L., Sánchez-Giménez, J. A., & Pizarro-Miranda, J.: "Structural Analysis to Measure the Influence of Think Tanks' Networks in the Digital Era", *The Hague Journal of Diplomacy*, 2015, pp.363-395.

[3] 相德宝、张文正:《新媒体时代全球智库社交网络影响力探析》,《国际展望》2018年,第129—146页,第153—154页。

者的集合。连入权力、连出权力、网络权力和组网权力也可作为网络节点在社会网络中的衡量指标，结合社会网络方法的算法模型，可以评估网络节点在社会网络中的影响力。

## 三、研 究 设 计

### （一）研究问题

基于卡斯特的传播网络理论，本文尝试运用社会网络分析的研究方法，对英国智库中国问题专家社交网络结构及其影响力进行研究。本文的研究问题包括：(1)英国智库中国问题专家是否在国际社交媒体上形成紧密连接的社会网络？(2)哪些英国智库中国问题专家具有较高的社会网络影响力？是否存在核心—边缘结构，哪些专家处于网络的核心区域？(3)英国智库中国问题专家是否形成了独特的凝聚子群？不同子群具有何种特征？

### （二）研究对象与数据抓取

根据美国宾夕法尼亚大学“智库与公民社会研究”项目发布的《2018 全球智库报告》，英国共有 321 家智库，智库总量居全球第 4 位。在“世界顶级智库”排名中，英国共有 15 家智库进入世界排名前 177 位。五家外交政策类智库英国皇家国际事务研究所（Chatham House）、国际战略研究所（International Institute for Strategic Studies，IISS）、欧洲对外关系协会（European Council on Foreign Relations，ECFR）、大赦国际（Amnesty International）、皇家联合研究所（Royal United Services Institute，RUSI）分别居世界第 7 位、10 位、28 位、41 位和 55 位。由于大赦国际是非政府人权组织，对中国长期持批评立场，本文未将大赦国际纳入作为研究对象。本研究的研究对象为四家英国外交政策类智库：英国皇家国际事务研究所、国际战略研究所、欧洲对外关系委员会和皇家联合研究所。

本文通过上述四家智库官网查找中国问题专家，共计获得 70 位中国研究专家，其中 55 位专家开设推特账号。其中英国皇家国际事务所有 27 名涉华研究专家，其中 20 位专家有推特账号；国际战略研究所有 21 位涉华专家，其中 14 位专家活跃于推特；欧洲对外关系委员会有 16 位涉华专家，其中 15 位专家拥有推特账号；皇家联合研究所及战略研究分析中心有 6 名涉华研究专家，全部开设有推特账号。本文抓取上述 55 位中国问题专家的相互关注信息，运用 Ucinet 进行社会网络分析。

## 四、研 究 结 果

### （一）英国智库中国问题专家社会网络结构特征

密度(density)是指社会网络中各个节点之间连接的紧密程度和信息传递的活跃程度。取值范围 0 到 1 之间，数值越接近 1，表明网络连接程度越紧密，信息传递也越活跃。根据测量，英国智库中国专家在推特社会网络的密度为 0.197，表明英国智库中国问题专家在推特上具有一定的关联度。具体来看，四家英国智库 55 位中国问题专家社会网络共计 584 条连线。网络集聚系数(Network Clustering Coefficient)通常用以描述社会网络中节点之间集聚的程度。智库专家网络的网络聚集系数为 0.438，表明英国智库中国问题专家们在社交网络推特上具有一定的凝聚程度。

密度和网络集聚系数描述了社会网络的凝聚程度，而网络中心势(network centralization)概念则整体反映社会网络凝聚在多大程度上围绕某个核心节点组织起来。网络中心势的取值范围也是 0 到 1，越靠近 1，表明网络的"中心化"程度越高，越接近 0，则网络结构越分散。根据测量，英国智库中国问题专家推特社会网络中心势为 0.2901，表明该网络具有一定的中心势，英国智库的中国问题专家们在网络上具有一定的权力集中度，存在某位或某些专家在网络的信息流动起相对主导的作用。

网络平均距离又称网络特征路径长度(characteristic path length)，是指网络中任意两个节点之间连接所需要经过的连线数，是全局网络特征的重要指标之一。英国智库中国问题专家的网络平均距离为 2.1。即平均而言，任意两位智库中国问题专家在推特上产生交流需要通过 2 条连线。

通过网络密度、网络集聚系数、网络中心势和网络平均距离等指标，可以发现英国智库的中国问题专家在社交网络推特上形成了具有一定连接密度的社会网络，同时网络中心势程度相对较高，55 个网络节点中，52 个节点紧密连接，仅有 3 个节点游离于整体网络之外。英国智库中国问题专家推特社会网络图参见图 1。

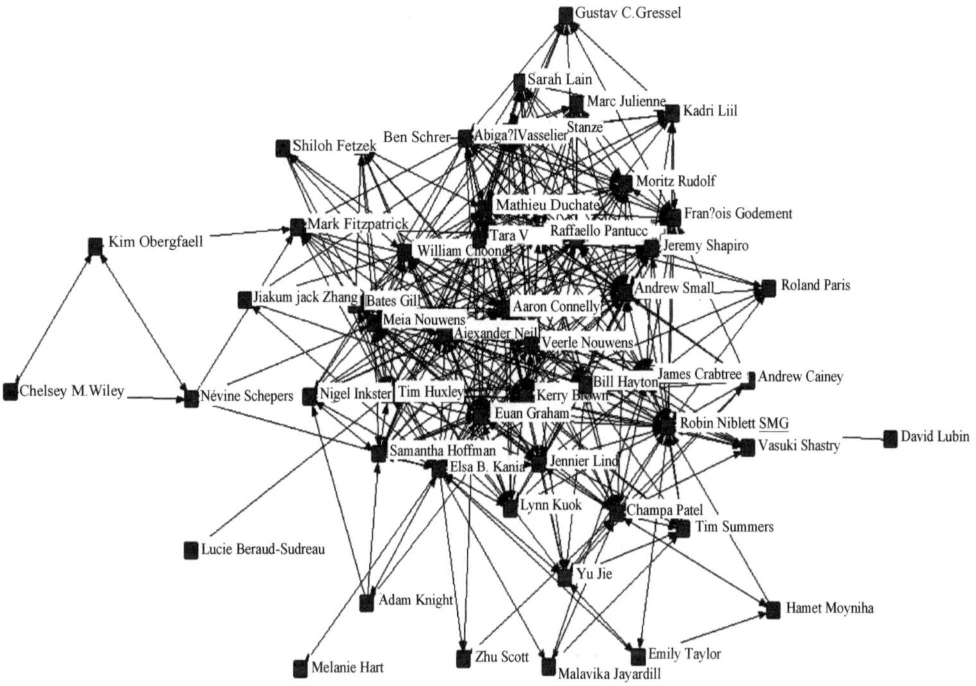


图 1 英国智库中国问题专家推特社会网络结构图

### （二）英国智库中国问题专家社交网络影响力

中心度是对社会网络中权力的量化分析，是社会网络分析的重点之一，研究的是节点在其所在的社会网络中具备的权力如何，以及居于怎样的中心地位[1]。中心度的标准是，行动者越处于网络的中心位置，则影响力越大。网络节点的中心度有四个指标：点度中心度、中间中心度、接近中心度和特征向量中心度。点度中心度强调网络中单个节点独有的价值，是基本点的描述；中间中心度强调节点在其他节点之间的控制能力指数、调节能力和中介调节效应；接近中心度强调点在网络中的价值；特征向量中心性也是强调点的网络价值，但其值是根据近邻点来决定，适用于存在局部网络的复杂网络。

点度中心性（Centrality）综合考察有向网络的入度值与出度值。节点的度数也叫关联度（degree of connection），指的是一个点拥有的邻点的个数，是对邻点数

[1] 刘军：《整体网络分析讲义：UCINET 软件实用指南》，格致出版社，2009 年，第 112 页。

量的测量。入度(In-degree)指代的是某一英国智库中国问题专家在社交媒体的关注网络中被其他专家的关注频次,出度(Out-degree)指代的是某一英国智库中国问题专家关注的其他英国智库中国专家的数量。本文利用 Ucinet 计算出英国智库中国问题专家在互相关注网络中各个点的点出度和点入度,得到各个节点的点度中心度。

根据统计,点度中心度排名最高的是英国皇家国际事务所凯瑞・布朗,在推特平台关注了 25 名中国问题专家、被 25 名英国智库中国问题专家关注,在网络中既可直接与其他专家联系,又可以将观点、信息直接传递给英国智库的中国问题专家,在社交网络中具有最高的影响力。其次是欧洲对外关系委员会马修・杜契泰尔和艾尔莎・卡尼亚。点度中心度排名前 20 位的中国问题专家中,欧洲对外委员会有 9 位;英国皇家国际事务 4 位;国际战略研究所 5 位;皇家联合研究 3 位。整体说来,欧洲对外委员会中国问题专家影响力更高。英国智库中国问题专家点度中心度排名前排名 20 位参见表 1。

表 1　英国智库中国问题专家社交网络影响力排名点度中心度排名

| 排名 | 中文名 | 英文名 | 智库名称 | 点度中心性 |
|---|---|---|---|---|
| 1 | 凯瑞・布朗 | Kerry Brown | 皇家国际事务所 | 0.472 |
| 2 | 马修・杜契泰尔 | Mathieu Duchatel | 欧洲对外关系委员会 | 0.463 |
| 3 | 艾尔莎・卡尼亚 | Elsa B. Kania | 欧洲对外关系委员会 | 0.398 |
| 4 | 温丽玉 | Veerle Nouwens | 皇家联合研究所 | 0.380 |
| 4 | 安德鲁・斯莫尔 | Andrew Small | 欧洲对外关系委员会 | 0.380 |
| 6 | 比尔・海顿 | Bill Hayton | 皇家国际事务所 | 0.370 |
| 7 | 亚历山大・尼尔 | Alexander Neill | 国际战略研究所 | 0.361 |
| 7 | 艾朗・康诺利 | Aaron Connelly | 国际战略研究所 | 0.361 |
| 9 | 马克・伦纳德 | Mark Leonard | 欧洲对外关系委员会 | 0.352 |
| 9 | 安吉拉・斯坦尼尔 | Angela Stanzel | 欧洲对外关系委员会 | 0.352 |
| 11 | 温玫雅 | Meia Nouwens | 国际战略研究所 | 0.343 |
| 11 | 厄南・格雷厄姆 | Euan Graham | 皇家联合研究所 | 0.343 |
| 13 | 威廉・赵 | William Choong | 国际战略研究所 | 0.333 |
| 13 | 蒂姆・赫胥黎 | Tim Huxley | 国际战略研究所 | 0.333 |

(续表)

| 排名 | 中文名 | 英文名 | 智库名称 | 点度中心性 |
|---|---|---|---|---|
| 13 | 拉菲洛·潘图奇 | Raffaello Pantucci | 皇家联合研究所 | 0.333 |
| 16 | 塔拉·樊尔曼 | Tara Varma | 欧洲对外关系委员会 | 0.324 |
| 17 | 查帕·帕特尔 | Champa Patel | 皇家国际事务所 | 0.306 |
| 17 | 罗宾·尼布莱特 | Robin Niblett | 皇家国际事务所 | 0.306 |
| 19 | 阿比盖尔·瓦西利尔 | Abigaael Vasselier | 欧洲对外关系委员会 | 0.278 |
| 20 | 杰里米·夏皮罗 | Jeremy Shapiro | 欧洲对外关系委员会 | 0.269 |
| 20 | 弗朗索瓦·戈德门 | Francios Godement | 欧洲对外关系委员会 | 0.269 |

中间中心度(betweenness centrality)测量的是行动者在网络中对资源的控制程度。中间中心度的取值范围是0到1,越接近1,中间中心度就越高,其作为网络中媒介者的能力就越高。处于这个位置的人可以通过控制或者曲解信息的传递而影响群体[1],起到节点和节点之间的"桥梁"作用,强调的是某行动者在网络中对信息的控制和筛选的把关作用,因此中间中心度对英国智库中国问题专家的关注网络具有重要的说明作用。数据发现,在英国智库中国问题专家的关注网络中,各专家的中间中心度的值均较低,均不超过0.11,表明网络中并没有节点拥有绝对的网络资源控制权力。

具体而言,中间中心度最高的节点为欧洲对外关系委员会的艾尔莎·卡尼亚教授,其中间中心度为0.1042,其次为国际战略研究所(IISS)的温玫雅教授,中间中心度为0.0846和英国皇家国际事务所的凯瑞·布朗教授,中间中心度为0.0752。三位智库专家以每日高频次的转推充当了智库专家与政策制定者、媒体和公众的把关人,充分地发挥了节点之间的信息桥梁作用,有效地与关注网络中的其他专家进行互动。中间中心度排名位于前十的专家还有英国皇家国际事务所的查帕·帕特尔、罗宾·尼布莱特、詹妮弗·林德,和比尔·海顿,国际战略研究所的舍佩尔斯、蒂姆·赫胥黎,以及欧洲对外关系委员会的马修·杜契泰尔。数据表明,尽管皇家联合研究所及战略研究分析中心有2名专家的中间中心度高,但其在

[1] Freeman L C:"Centrality in social networks conceptual clarification",Social networks,1978,pp.215-239.

社会网络中缺乏信息控制权。中间中心度位列前十的专家都分布在英国皇家国际事务所、国际战略研究所和欧洲对外关系委员会中，且分布较为均匀，说明在具有一定网络资源控制权差别的网络中，英国皇家国际事务所、国际战略研究所和欧洲对外关系委员会三所智库的几位专家具有较高的网络资源控制权，控制了英国智库中国问题专家在社交媒体上的传播渠道，依据其个人喜好、情绪、智库体制规范、从业准则、利益集团的潜在约束等因素的影响，发布信息或转发信息进行信息资源分配，在信息传递上更能控制其他智库中国研究专家。

### （三）英国智库中国问题专家核心—边缘结构分析

在社会网络中，核心—边缘结构是指各行动者相互联系，形成内紧外松的特殊网络结构。处于核心区的节点间联系较为紧密，构成凝聚子群，而处于边缘区行动者间联系较为稀疏或者没有联系，因而不构成凝聚子群，但其与核心区行动者间有关系[1]。通过对英国智库中国专家核心—边缘结构(Core/Periphery)发现，21 名中国智库专家位于英国智库中国问题专家社会网络的核心区域，其余 24 名专家处于网络的边缘区域。核心专家之间的关系密度为 0.632。英国智库中国问题专家核心网络专家名单如表 2 所示。

英国智库中国问题专家核心网络呈现以下特征：欧洲对外关系委员会中国问题专家位于核心网络数量最多，共计 8 名，占总数的 38.1%；英国皇家国际事务所和国际战略研究所数量一致，各为 5 名，占 23.8%；皇家联合研究所 4 名，占 19%。尽管英国皇家国际事务所中国问题专家在推特上开设整体数量最多，但整体说来欧洲对外关系委员会的中国问题专家数量最多，比例最高。

表 2　英国智库中国问题专家核心网络专家名单

| 序号 | 中文名 | 英文名 | 智库名称 |
|---|---|---|---|
| 1 | 凯瑞·布朗 | Kerry Brown | 英国皇家国际事务所 |
| 2 | 比尔·海顿 | Bill Hayton | 英国皇家国际事务所 |
| 3 | 查帕·帕特尔 | Champa Patel | 英国皇家国际事务所 |

[1] Stephen Martin: "Two algorithms for com-puting regular equivalence", *Social networks*, 1993, pp. 361-376.

（续表）

| 序号 | 中文名 | 英文名 | 智库名称 |
| --- | --- | --- | --- |
| 4 | 罗宾・尼布莱特 | Robin Niblett | 英国皇家国际事务所 |
| 5 | 蒂姆・赫胥黎 | Tim Huxley | 国际战略研究所 |
| 6 | 威廉・赵 | William Choong | 国际战略研究所 |
| 7 | 艾朗・康诺利 | Aaron Connelly | 国际战略研究所 |
| 8 | 亚历山大・尼尔 | Alexander Neill | 国际战略研究所 |
| 9 | 温玫雅 | Meia Nouwens | 国际战略研究所 |
| 10 | 马克・伦纳德 | Mark Leonard | 欧洲对外关系委员会 |
| 11 | 弗朗索瓦・戈德门 | François Godement | 欧洲对外关系委员会 |
| 12 | 安吉拉・斯坦尼尔 | Angela Stanzel | 欧洲对外关系委员会 |
| 13 | 艾尔莎・卡尼亚 | Elsa B. Kania | 欧洲对外关系委员会 |
| 14 | 马修・杜契泰尔 | Mathieu Duchatel | 欧洲对外关系委员会 |
| 15 | 杰里米・夏皮罗 | Jeremy Shapiro | 欧洲对外关系委员会 |
| 16 | 塔拉・樊尔曼 | Tara Varma | 欧洲对外关系委员会 |
| 17 | 阿比盖尔・瓦西利尔 | Abigaël Vasselier | 欧洲对外关系委员会 |
| 18 | 厄南・格雷厄姆 | Euan Graham | 皇家联合研究所 |
| 19 | 温丽玉 | Veerle Nouwens | 皇家联合研究所 |
| 20 | 拉菲洛・潘图奇 | Raffaello Pantucci | 皇家联合研究所 |
| 21 | 安德鲁・斯莫尔 | Andrew Small | 皇家联合研究所 |

**（四）英国智库中国问题专家凝聚子群分析**

英国智库的中国问题专家的社交网络中存在众多派系，可通过调整派系最小规模的值得到对应的派系数量。研究发现，当派系最小规模为 9 时，派系数量最为合适，得到 8 个派系，既能保证派系内部成员具有一定多样性，又使各个派系的规模较为适中。具体构成参见表 3。

研究发现，尽管英国智库的中国问题专家的社交网络数据被分为 8 个派系，但并未遵循专家所属智库的类别划分，即同一个派系通常由不同智库的专家共同构成，但存在某家智库专家人数占主导的派系；且派系之间存在重叠，例如国际战略研究所的蒂姆・赫胥黎、威廉・赵、艾朗・康诺利和亚历山大・尼尔同时出现在派系 1、派系 3、派系 4、派系 5、派系 6 和派系 8。为了找出隐藏的派系结构，研究将共享成员矩阵（Actor-by-Actor Clique Co-Membership Matix）导入 UCINET，进行可视化，得到图 2。

在 55 个节点中，22 位专家组成了英国智库中国问题专家的共享成员矩阵，并形成以欧洲对外关系委员会的马修·杜契泰尔和英国皇家国际事务所的凯瑞·布朗为核心链接的典型“双翅”结构。上述两个节点在英国智库中国问题专家的社交网络中是十分重要的行动者，是连接两个派系的关键节点，扮演着重要的“掮客”和“中间人”的角色，起到“中介”和“桥梁”作用。

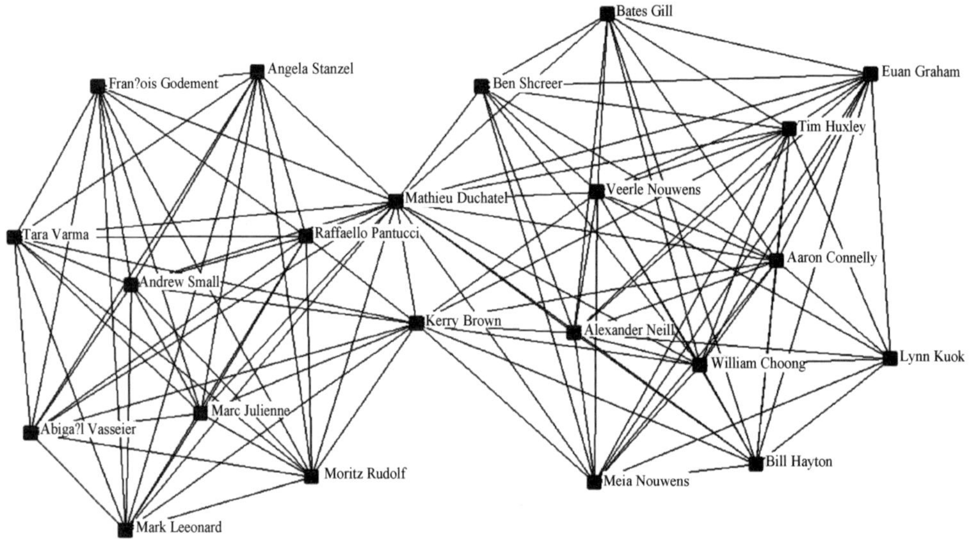


图 2　英国智库专家的派系网络结构图

表 3　英国智库中国问题专家派系名单

| No. | 英国智库中国问题专家派系名单 | | | | | | | | | |
|---|---|---|---|---|---|---|---|---|---|---|
| 1 | Kerry Brown | Bill Hayton | Tim Huxley | William Choong | Aaron Connelly | Alexander Neill | Meia Nouwens | Mathieu Duchatel | Veerle Nouwens | |
| 2 | Kerry Brown | Mark Leonard | Mathieu Duchatel | Moritz Rudolf | Marc Julienne | Tara Vaarma | Abigaael Vasselier | Raffaello Pantucci | Andrew Small | |
| 3 | Bates Gill | Bill Hayton | Tim Huxley | William Choong | Aaron Connelly | Alexander Neill | Mathieu Duchatel | Euan Graham | Veerle Nouwens | |
| 4 | Bates Gill | Tim Huxley | William Choong | Aaron Connelly | Alexander Neill | Ben Schreer | Mathieu Duchatel | Euan Graham | Veerle Nouwens | |

(续表)

| No. | 英国智库中国问题专家派系名单 | | | | | | | | | |
|---|---|---|---|---|---|---|---|---|---|---|
| 5 | Bill Hayton | Tim Huxley | William Choong | Aaron Connelly | Lynn Kuok | Alexander Neill | Meia Nouwens | Euan Graham | Veerle Nouwens | |
| 6 | Tim Huxley | William Choong | Aaron Connelly | Alexander Neill | Ben Schreer | Meia Nouwens | Mathieu Duchatel | Euan Graham | Veerle Nouwens | |
| 7 | Mark Leonard | Francios Godement | Angela Stanzel | Mathieu Duchatel | Moritz Rudolf | Marc Julienne | Tara Varma | Abigaael Vasselier | Raffaello Pantucci | Andrew Small |
| 8 | Bill Hayton | Tim Huxley | William Choong | Aaron Connelly | Alexander Neill | Meia Nouwens | Mathieu Duchatel | Euan Graham | Veerle Nouwens | |

## 五、结论与讨论

本文采用社会网络分析的研究方法，对英国皇家国际事务所、国际战略研究所、欧洲对外关系委员会、皇家联合研究所四家具有影响力的智库 55 位中国问题专家在社交媒体推特上形成的相互关注的社会网络进行了研究，揭示了英国智库中国问题专家社会网络的结构特征及其影响力。

研究发现英国智库中国问题专家在推特上形成了具有一定密度的社会网络，形成了较为明显的核心—边缘结构。英国皇家国际事务所凯瑞·布朗，欧洲对外关系委员会马修·杜契泰尔和艾尔莎·卡尼亚影响力最高，分居第 1 至第 3 位。研究通过点度中心度和中间中心度的算法模型分别探究了智库专家关注网络中专家的信息的控制程度和可达程度。研究发现，三名专家的点度中心度和中间中心度指数同时位于前列，即这四位专家同时具有较高的点度中心度和中间中心度。不仅与很多其他网络行动者有直接的关联、处于网络相对中心的位置，而且具有通过积累有价值的资源，再利用自身的把关策略，阻隔一些在网络中并不传递价值或有悖于网络规则或网络利益的节点[1]的作用。

在派系研究方面，研究对英国智库专家的关注网络进行了凝聚子群分析，为了发现网络中的派系，即对网络权力的团结性和排斥性进行探究。研究发现，英国智

[1] Barzilai-Nahon K: "Toward a theory of network gatekeeping: A framework for exploring information control", *Journal of the American society for information science and technology*, 2008, pp.1493-1512.

库专家的社交网络可以分为 8 个派系，形成了由英国皇家国际事务所凯瑞·布朗和欧洲对外关系委员会的马修·杜契泰尔作为桥梁连接的两个派系。也就是说，范围较大的英国智库专家在推特上形成的网络中，存在更为团结的权力网络，在网络中的行动者互相构成了较为稳固的“三元体”的派系。

社交媒体时代，中国问题专家进驻国际社交网络发表观点，信息沟通，打造朋友圈，设置议题施加舆论影响。英国智库中国问题专家通过社交网络进一步影响英国对华政策，通过本文对四家英国智库中国问题专家社会网络的分析，厘清智库中国问题专家的核心节点、结构特征及其影响力、影响群体，为未来针对性、目的性地加强舆论引导、公共外交提供了参考。

# 新浪微博热门话题事件传播的生命周期研究

刘　悦*

**摘要：**随着互联网发展不断深化，我国网民数量增加，新浪微博作为最有影响力的社交媒体平台之一，已经成为了网络舆论的主要阵地。本研究选取了2017年内35个不同的热门话题新闻事件，在新浪微博上抓取在一定时间内提及样本事件关键词的共48万余条数据信息，以文献与网络信息老化研究中传统上使用的半衰期、普赖斯指数为理论基础，计算表示热门话题事件传播的关键时间节点的测度指标值——半衰期、普赖斯现时年龄、峰值年龄以及衰老年龄。其中，热门话题事件的关键词提及帖子数可在30小时前后达到峰值，热门话题事件在第一条微博发出后2天以内具有现时性作用，而对热门话题事件的关注一般会在18～25天左右的时间内消退。通过对新浪微博热门话题事件传播的生命周期的研究，可以在一定程度上预测网络舆情发展状况，从而正确引导舆论导向、为过热舆情降温、降低负面事件的影响。

**关键词：**微博；网络舆论；生命周期；测度指标

## 一、引　　言

根据中国互联网络信息中心（CNNIC）发布的第44次《中国互联网络发展状况统计报告》，截至2019年6月，我国网民规模达8.54亿，普及率已达61.2%。从1994年接入国际互联网，中国互联网经过二十五年的高速发展，从一个陌生的名词到现在相当数量的人工作生活依赖的工具、社会政治经济文化等正常运转的一

* 刘悦，同济大学艺术与传媒学院硕士研究生。

部分，势头不可谓不惊人。

由于互联网具有开放性、包容性以及互动性等特征，加之在现实世界缺乏发表意见和态度的渠道，公民更加倾向利用网络发声。随着网民队伍的一再壮大，网络这一虚拟空间内的信息传播、舆论发酵也极大地影响着现实社会，使得这些在互联网上得到关注、成为热门话题的事件的影响力不断扩大与深化，形成一个个“媒体奇观”。谈及这一情形的推手，就一定要提到“新浪微博”（以下简称“微博”）这一平台。新浪微博目前被视为国内最有影响力的微博平台之一，于 2009 年 8 月开始内测。根据 2019 年全年未经审计财报，截至 2019 年 12 月，微博月活跃用户首次进入 5 亿俱乐部，达到 5.16 亿，与 2018 年年末相比净增 5 400 万，其中移动端占比达 94%；日活跃用户达到 2.22 亿，较去年同期净增 2 200 万，其中包括大量政府机构、官员、企业、个人认证账号，开放的传播机制使其成为中国的“公共议事厅”。微博用户参与信息传播、事件评论时常常使用“# #”为自己的微博贴上标签，具有相同标签或提及相同关键词的微博聚集在一起，形成话题，参与量与搜索量巨大的话题就会成为所谓的“热门话题”。因此，热门话题中的事件往往就是网络世界中舆情温度最高的事件，涵盖政治经济、体育娱乐、社会公共事件等方方面面。微博上的网络舆论以热门话题标签下的多条微博形式出现，其中每一条微博都表达了不同的用户对于同一事件的多样的态度与评价。

伴随着互联网发展，网民数量增加，新浪微博成为网络舆论的主要阵地，这为研究热门话题生命周期提供了平台的可能性，同时赋予生命周期研究以重要意义。从理论研究层面来看，在对微博的研究进行分析后可以发现，舆论在这一平台上传播的生命周期的理论模型已经基本构建起来。在一定程度上，新闻事件作为微博热门话题出现，其在微博上的话题热度能持续多久，也就意味着这条新闻在微博平台上的舆论热度。然而，单独特定一条微博的生命周期受到其发布时间、发布用户、话题属性等方面的影响，很难对其生命周期下一个确切的结论，想要了解某一事件在微博平台上的完整生命周期必须去研究它所在的话题的生命周期。目前对于微博生命周期的研究着重于单独某一条微博内容的寿命，通过数据统计测其半衰期，但是对于微博热门话题生命周期的讨论与研究在国内仍然比较少。就现实意义而言，这些引起网民热议的话题事件固然具有促进我国政治民主化进程、促成公共领域形成等积极作用，但同时微博具有的互动性、开放性、匿名性等特性，以及受众媒介素养良莠不齐、互联网行业还没有得到有效规范，“把关”难度增大，极端民粹主义、网民群体极化、网络暴力、网络低俗文化等现象的涌现让网络世界蒙上了挥之不去的阴霾。因此，通过对于热门话题事件传播的生存周期的实证研究，在一定程度上预测网络舆论的衰退周期，来引导舆论正确发展，对过热舆情降温、降低负面事件的影响、弘扬社会正能量具有重要意义。

由于微博话题的特殊性，无法确定最后一次提及话题关键词的时刻，或者说没有任何一条微博帖子会再提及该话题的可能性为零。因此，基于前人研究，本文对“生命周期”这一概念定义为：热门话题事件从第一次被提及的时刻至失去效用价值或生命力的时刻之间的时间区间的长度。具体测度指标将在第二部分的“生命周期的测度指标”中详细进行阐释。

## 二、文献综述与研究方法

信息生命周期目前常被用来作为社交媒体的信息老化的测度指标。在社交媒体的信息生命周期问题上，国内外学者积累了一定的研究成果。国外对社交媒体的信息老化研究开始于 20 世纪 90 年代，主要是以推特为主要研究对象，对其中的热门话题的生命周期进行研究。国内研究中已有学者提到了“微博寿命”（life span），但没有对它进行确切定义。北京师范大学刘晓娟教授等认为微博生命周期（或称微博寿命）指的是微博的存活时间，并将其定义为：自微博发布到其最后一次被评论之间的时间差。[1] Shoubin Kong 等认为微博生命周期指在微博转发序列完整的前提下，一条微博的被转发数达到 95%总转发数时需要的时间。[2]

在传统文献老化规律研究领域，已经形成了以半衰期（Half-Life）和普赖斯指数（Price Index）为主要指标，以负指数模型、巴尔顿-凯普勒老化方程、布鲁克斯老化方程等为方法的研究体系。[3] 在网络信息老化的领域，继承和借鉴了文献老化

[1] 刘晓娟、王昊贤、张爱芸：《微博信息生命周期研究》，《图书情报工作》2014 年第 1 期，第 72—78＋100 页。

[2] Kong Shoubin, Feng Ling, Sun Guozhen: “Predicting lifespans of popular tweets in Microblog”, Proceedings of the 35th International ACM SIGIR Conference on Research and Development in Information Retrieval.New York: ACM, 2012: 1129-1130.

[3] 段宇峰：《网络信息资源老化规律研究》，《图书情报知识》2005 年第 4 期，第 28—30 页。

研究的诸多思路，以半衰期、普莱斯指数等为主要的测度指标与计算方法进行研究。张瑞在《信息老化综述》一文中提到某网站的普赖斯指数＝（发表时间不超过某段时间的被引网页数量/被引网页总数）×100%。[1] 张洋教授基于科学家贝尔纳（J.D. Bernal）提出的“历时半衰期”以及巴尔顿和开普勒提出的“共时半衰期”概念，提出社会化媒体信息传播的历时半衰期与共时半衰期的概念定义。[2] 本文也将会把半衰期的相关概念作为进行热门话题事件生命周期研究的测度指标进行讨论与分析。

目前关于微博信息生命周期的研究成果，主要集中于生命周期模型构建、不同话题类型事件的舆论生命周期比较等方面。《论新媒体舆论的生命周期理论模型》一文中综合舆论形成的相关理论和新媒体舆论事件的实际发展情况，将新媒体舆论的形成、演变过程分为四个阶段：①议题出现期；②新媒体舆论存活期；③新媒体舆论归纳整合期；④新媒体舆论消散期。[3] 并据此建立“新媒体舆论的议题出现、存活、整合、消散模型”。《中文社会化媒体信息老化的计量分析》一文通过对微博中不同话题内容的量化研究与内容分析，得出结论：微博中娱乐类信息的半衰期值最高，科技、社会类信息半衰期值紧跟其后。[4] 由于不同的测量方法、研究对象以及研究时间、时代环境不同，微博信息生命周期的数据出现了非常明显的差异，但是以上比较结果能够得出一个共同的结论：不同网络平台的信息半衰期也有很大差别。

一方面，目前国内对微博的研究缺乏对微博话题本身及其代表的事件的网络舆论半衰期的研究，限于对热门话题下某条或某几条特定微博的评论、转发、点赞等数据的半衰期值分析，不能很好地反映热点事件舆情的生命周期变化；另一方面，近两年，互联网发展在国内再掀高潮，日新月异的变化使得以往的研究的学术价值下降，但是却没有有价值的文献对近两年的网络舆情发展进行新的研究。

本文根据新华社、央视、中国经济网等媒体对 2017 年新闻事件的总结，按照七个不同的主题分类各五个，共选取其中的 35 个新闻事件作为样本（表 1），以这些事件为关键词在微博上进行搜索，抓取提及这些事件关键词的帖子的时间、发布用户、内容等数据信息。再对这些数据进行整理清洗等，最终共获取 48 万余条微博

---

[1] 张瑞：《信息老化研究综述》，《科技情报开发与经济》2008 年第 23 期，第 95—97 页。
[2] 张洋，卢桥：《中文社会化媒体信息老化的计量分析》，《情报杂志》2015 年第 3 期，第 77—84 页。
[3] 匡文波：《论新媒体舆论的生命周期理论模型》，《杭州师范大学学报（社会科学版）》2014 年第 2 期，第 112—117 页。
[4] 张洋，卢桥：《中文社会化媒体信息老化的计量分析》，《情报杂志》2015 年第 3 期，第 77—84 页。

的相关数据。之后,以本文研究使用的四个测度指标计算衡量样本的生命周期的关键时间节点,探索热门话题传播的生命周期测度方式。

表 1  2017 年度新闻事件样本列表

| 序号 | 事件标题 | 主题分类 | 发生时间 |
|---|---|---|---|
| 1 | 香港回归祖国 20 周年大会 | 政治 | 7 月 1 日 |
| 2 | 朱日和沙场阅兵 | | 7 月 30 日 |
| 3 | 《民法总则》正式施行 | | 10 月 1 日 |
| 4 | 美国总统特朗普访华 | | 11 月 8 日 |
| 5 | 中国共产党与世界政党高层对话会 | | 11 月 30 日 |
| 6 | "债券通"开通 | 经济 | 7 月 3 日 |
| 7 | 联通混改 | | 7 月 8 日 |
| 8 | 厦门金砖峰会 | | 9 月 3 日 |
| 9 | 营业税正式废止 | | 10 月 30 日 |
| 10 | 比特币期货上线 | | 12 月 11 日 |
| 11 | 巴塞罗那恐袭 | 国际 | 8 月 17 日 |
| 12 | 拉斯维加斯枪击案 | | 10 月 1 日 |
| 13 | 美国退出教科文组织 | | 10 月 12 日 |
| 14 | 津巴布韦政变 | | 11 月 15 日 |
| 15 | 美国承认耶路撒冷为以色列首都 | | 12 月 6 日 |
| 16 | 章莹颖失踪 | 社会 | 6 月 9 日 |
| 17 | 杭州保姆纵火案 | | 6 月 22 日 |
| 18 | 李文星案 | | 8 月 2 日 |
| 19 | 四川九寨沟地震 | | 8 月 8 日 |
| 20 | 陕西榆林孕妇坠楼死亡 | | 8 月 31 日 |
| 21 | 复兴号高铁首发 | 科技 | 6 月 26 日 |
| 22 | 无人驾驶汽车上五环 | | 7 月 5 日 |
| 23 | 港珠澳大桥主体贯通 | | 7 月 7 日 |
| 24 | 长征二号一箭三星发射成功 | | 9 月 29 日 |
| 25 | 发现新引力波 | | 10 月 16 日 |

（续表）

| 序号 | 事件标题 | 主题分类 | 发生时间 |
|---|---|---|---|
| 26 | 国乒退赛 | 体育 | 6 月 23 日 |
| 27 | 第十三届全运会开幕 | | 8 月 27 日 |
| 28 | 国足无缘俄罗斯世界杯 | | 9 月 5 日 |
| 29 | 女排再夺大冠军杯 | | 9 月 10 日 |
| 30 | 北京 2022 冬奥会、冬残奥会会徽发布 | | 12 月 15 日 |
| 31 | 薛之谦高磊鑫复合 | 娱乐 | 9 月 8 日 |
| 32 | 李晨求婚 | | 9 月 16 日 |
| 33 | 鹿晗关晓彤公布恋情 | | 10 月 8 日 |
| 34 | 宋慧乔宋仲基举行婚礼 | | 10 月 31 日 |
| 35 | 奚梦瑶摔跤 | | 11 月 20 日 |

需要特别说明的是，由于提及热门话题微博的数量庞大，本文直接以新闻事件标题为关键词在微博平台上进行搜索。虽然因为网民在微博上对这些新闻事件发表意见与态度时不一定提及这些关键词或只提及部分，也就是说本文进行关键词搜索的方式只能得到一部分的数据，但是正如这种搜索方式在一定程度上类似抽样分析，从这一部分的数据可以推断出该话题整体的情况，能够反映该新闻事件在微博平台上舆论的传播的总体趋势。

同样出于样本数量巨大的考虑，结合之前关于微博生命周期研究的相关结论，本文在抓取数据时将观测时刻设定在提及该话题的第一条帖子发布时刻后 120 天的相同时刻。

## 三、四种测度指标值分析与比较

在科学文献老化计量测度研究中，以半衰期、普赖斯指数、中值引文年龄(Median Citation Age)为主要指标的三种传统的测度指标已经得到了广泛应用。目前网络信息生命周期的研究基本继承和借鉴了文献老化研究的诸多思路，包括测度指标和测度方法等。本文在传统文献老化计量研究的基础上，根据网络信息，特别是新浪微博热门话题的特点，对以上提及的三种传统的文献老化测度指标进行借鉴与发展，同时根据数据收集到的新浪微博热门话题每日发布数提出了新的测度指标——峰值年龄以及衰老年龄。

### (一) 半衰期

根据已有研究中半衰期的研究与计算方法，本文在研究中将微博热门话题事件的半衰期指标分为"历时半衰期""共时半衰期"以及"半衰期趋势比"三个值。

在同一热门话题下，自第一条帖子发布至观测时刻止，提及该话题关键词的帖子数量到达一半时，从第一条帖子发布时刻到这一时刻的时间长度为"历时半衰期"，这一时刻到观测时刻的时间长度为微博热门话题的"共时半衰期"(图 1)。另外，用历时半衰期值比共时半衰期值得到半衰期趋势比。

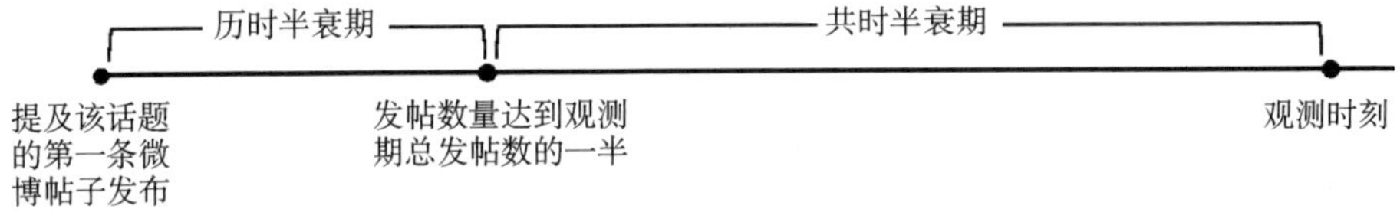


图 1 半衰期概念图示

其中，历时半衰期表现了热门话题在最初进行传播的一段时间内容的初始速度，数值越小，表示在热门话题中的事件发生初期传播越迅猛；共时半衰期表现了传播趋势，数值越小说明趋势越强；趋势比用来表现热门话题的阶段性传播趋势——这一比值越小，说明在观测时刻该热门话题的传播热度越低，反之比值越大，该热门话题的传播趋势越强。在本研究中，设定半衰期趋势比的值小于 0.1 时，视为该事件在微博上的传播结束。

以数学定义来看三个与半衰期有关的概念，假设第一条帖子发布时刻为 $t_0$，观测时刻为 $t_n$，四个月期间提及该热门话题的帖子总数为 $n$，提及该话题关键词的帖子数量到达一半的时刻为 $t_i$，共时半衰期为 $T_s$，历时半衰期为 $T_d$，半衰期趋势比为 $k$，则

$$T_s = t_n - t_i,$$

$$T_d = t_i - t_0,$$

$$k = T_d / T_s。$$

现以收集到的热门话题事件"国乒退赛"为例进行计算方法的说明。

在微博搜索输入关键词“国乒退赛”，提及这一关键词的第一条帖子发布于2017年6月23日00:06，根据上述研究方法，设定观测时刻为这一时刻后的第120天同时刻，即2017年10月21日00:06，在这一时间区间内共收集到23 013条数据。根据上文对半衰期的定义，发帖数量的一半为11 506.5，取整为11 507。在收集到的数据中，第11 507条帖子发布于2017年6月25日11:29。那么可得

历时半衰期=[2017年6月25日11:29]−[2017年6月23日00:06]
=59.383小时，

共时半衰期=[2017年10月21日00:06]−[2017年6月25日11:29]
=2 820.617小时，

半衰期趋势比=历时半衰期/共时半衰期=59.383/2 820.617=0.021。

表2 #国乒退赛#半衰期计算示例

| 第一条帖子发布时刻 | 发帖总量 | 发帖半数 | 发帖半数时刻 | 观测时刻 | 历时半衰期(h) | 共时半衰期(h) | 半衰期趋势比 |
|---|---|---|---|---|---|---|---|
| 2017-06-23 00:06 | 23 013 | 11 507 | 2017-06-25 11:29 | 2017-10-21 00:06 | 59.383 | 2 820.617 | 0.021 |

根据上述计算方法对样本事件的半衰期测度值进行分析，可得

表3 半衰期结果

| 序号 | 事件标题 | 共时半衰期(单位:时) | 历时半衰期(单位:时) | 趋势比(单位:时) |
|---|---|---|---|---|
| 1 | 《民法总则》正式施行 | 2 601.183 | 278.817 | 0.107 |
| 2 | 朱日和沙场阅兵 | 2 652.817 | 227.183 | 0.086 |
| 3 | 中国共产党与世界政党高层对话会 | 2 803.667 | 76.333 | 0.027 |
| 4 | 香港回归祖国20周年大会 | 2 839.933 | 40.067 | 0.014 |
| 5 | 美国总统特朗普访华 | 2 844.650 | 35.350 | 0.012 |
| 6 | 鹿晗关晓彤公布恋情 | 1 810.33 | 1 069.67 | 0.591 |
| 7 | 宋慧乔宋仲基举行婚礼 | 2 728.35 | 151.580 | 0.056 |
| 8 | 薛之谦高磊鑫复合 | 2 748.83 | 131.170 | 0.048 |
| 9 | 李晨求婚 | 2 784.68 | 95.320 | 0.034 |

（续表）

| 序号 | 事件标题 | 共时半衰期（单位：时） | 历时半衰期（单位：时） | 趋势比（单位：时） |
|---|---|---|---|---|
| 10 | 奚梦瑶摔跤 | 2 785.22 | 94.780 | 0.034 |
| 11 | 国乒退赛 | 2 820.617 | 59.383 | 0.021 |
| 12 | 北京 2022 冬奥会、冬残奥会会徽发布 | 2 841.000 | 39.000 | 0.014 |
| 13 | 国足无缘俄罗斯世界杯 | 2 854.600 | 25.400 | 0.009 |
| 14 | 第十三届全运会开幕 | 2 858.517 | 21.483 | 0.008 |
| 15 | 女排再夺大冠军杯 | 2 861.200 | 18.800 | 0.007 |
| 16 | 章莹颖失踪 | 2 306.78 | 573.220 | 0.248 |
| 17 | 杭州保姆纵火案 | 2 600.283 | 279.717 | 0.108 |
| 18 | 李文星案 | 2 759.27 | 120.730 | 0.044 |
| 19 | 陕西榆林孕妇坠楼死亡 | 2 778.97 | 101.030 | 0.036 |
| 20 | 四川九寨沟地震 | 2 832.800 | 47.200 | 0.017 |
| 21 | 复兴号高铁首发 | 2 743.383 | 136.617 | 0.050 |
| 22 | 发现新引力波 | 2 833.833 | 46.167 | 0.016 |
| 23 | 港珠澳大桥主体贯通 | 2 846.467 | 33.533 | 0.012 |
| 24 | 无人驾驶汽车上五环 | 2 872.467 | 7.533 | 0.003 |
| 25 | 长征二号一箭三星发射成功 | 2 877.833 | 2.167 | 0.001 |
| 26 | 营业税正式废止 | 1 443.65 | 1 436.350 | 0.995 |
| 27 | 联想混改 | 2 834.80 | 179.780 | 0.020 |
| 28 | 厦门金砖峰会 | 2 801.100 | 78.900 | 0.028 |
| 29 | “债券通”开通 | 2 818.167 | 61.833 | 0.022 |
| 30 | 比特币期货上线 | 2 828.250 | 51.750 | 0.018 |
| 31 | 津巴布韦政变 | 2 486.30 | 393.70 | 0.158 |
| 32 | 美国承认耶路撒冷为以色列首都 | 2 797.833 | 82.167 | 0.029 |
| 33 | 拉斯维加斯枪击案 | 2 846.017 | 33.983 | 0.012 |
| 34 | 巴塞罗那恐袭 | 2 847.08 | 32.920 | 0.012 |
| 35 | 美国退出教科文组织 | 2 853.183 | 26.817 | 0.009 |

对样本事件的半衰期数据进行分析，其中半衰期趋势比均值为 0.064，中位数为 0.088，共时半衰期均值为 2 710.123 小时，中位数为 2 803.667 小时，历时半衰期均值为 174.013 小时，中位数为 76.333 小时。排除半衰期值列表中 10%的极值区间，半衰期趋势比均值为 0.042，共时半衰期均值为 2 769.356 小时，历时半衰期均值为 115.314 小时。

### （二）普赖斯现时年龄

传统文献老化研究中，普赖斯指数的计算方法为

普赖斯指数＝五年内新文献引用总量/总引用量。

以常用于文献老化研究的普赖斯指数的概念定义与计算方法为理论基础，本文在进行微博热门话题生命周期研究时，将微博热门话题的普赖斯指数定义为该话题下帖子发布时刻不超过某段时间的帖子数量和到观测时刻为止帖子总数的百分比。

一般说来，普赖斯指数越大，文献的历时半衰期就越小，文献老化的速度就越快。结合网络中环境瞬息万变、信息量巨大的特点以及经验，对于微博热门话题而言，普赖斯指数与现时性程度的关系与文献的相反，也就是说，微博热门话题的普赖斯指数的值越小，其现时性作用越强。

生命周期是一个时间长度的数值，因此从这个定义出发，根据数学基础知识，可以得知当给定一个普赖斯指数的值，可以推算出来普赖斯指数为这个给定的值的时刻。普赖斯指数划分档案性文献区间和现时性文献区间的数值指标分别为 22%～39%和 75%～80%。那么，根据上文关于热门话题普赖斯指数与现时性程度的描述分析，在进行计算时，本文将这个普赖斯指数的值给定为 20%。当微博热门话题的普赖斯指数为 20%时，将这一时刻定义为普赖斯现时时刻，从提及该话题的第一条微博帖子发布时间到这一时刻的时间长度定义为普赖斯现时年龄（图 2）。

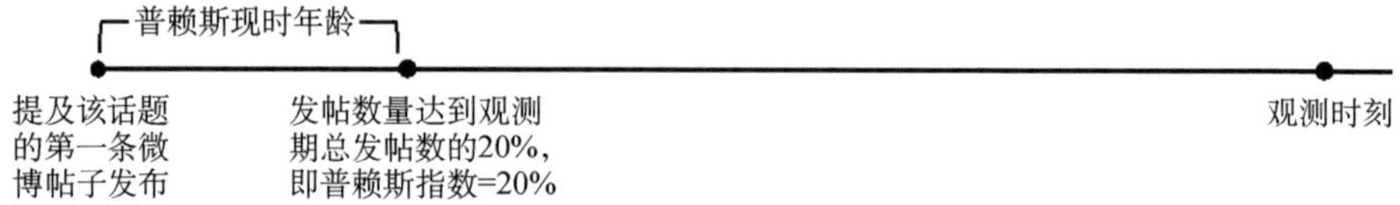


图 2　普赖斯现时年龄概念图示

以数学定义来表示普赖斯现时年龄，假设第一条帖子发布时刻为 $t_0$，帖子总数为 $n$，普赖斯指数为 $P$，并设定其为 20%，普赖斯现时时刻为 $t_p$，在这一时刻的发帖数量为 $n_p$，普赖斯现时年龄为 $T_p$，则

$$n_p = n \times P = n \times 20\%,$$

$$T_p = t_p - t_0。$$

现以收集到的热门话题事件“四川九寨沟地震”为例进行计算方法的说明。

在微博搜索输入关键词“四川九寨沟地震”，提及这一关键词的第一条帖子发布于 2017 年 8 月 8 日 21:31，根据上述研究方法，设定观测时刻为这一时刻后的第 120 天同时刻，即 2017 年 12 月 6 日 21:31，在这一时间区间内共收集到 66 360 条数据。普赖斯指数设定为 20%，则在普赖斯现时时刻发帖数量为 13 272。在收集到的数据中，第 13 272 条帖子的发布时间为 2017 年 8 月 9 日 15:39，那么可得

普赖斯现时年龄=[2017 年 8 月 9 日 15:39]-[2017 年 8 月 8 日 21:31]
=18.133 小时。

表 4　#四川九寨沟地震#普赖斯现时年龄计算

| 第一条帖子发布时刻 | 发帖总量 | 普赖斯现时时刻发帖数量 | 普赖斯现时时刻 | 普赖斯现时年龄(h) |
|---|---|---|---|---|
| 2017-08-08 21:31 | 66 360 | 13 272 | 2017-08-09 15:39 | 18.133 |

根据上述计算方法对样本事件的普赖斯现时年龄测度值进行分析，可得

表 5　普赖斯现时年龄结果

| 序号 | 事件标题 | 普赖斯指数现时时刻 | 普赖斯指数现时年龄 |
|---|---|---|---|
| 1 | 美国总统特朗普访华 | 2017/11/9 12:58 | 12.950 |
| 2 | 香港回归祖国 20 周年大会 | 2017/7/1 17:17 | 17.283 |
| 3 | 中国共产党与世界政党高层对话会 | 2017/12/1 22:00 | 39.717 |
| 4 | 朱日和沙场阅兵 | 2017/8/2 9:25 | 81.383 |
| 5 | 《民法总则》正式施行 | 2017/10/1 13:39 | 12.933 |

（续表）

| 序号 | 事件标题 | 普赖斯指数现时时刻 | 普赖斯指数现时年龄 |
|---|---|---|---|
| 6 | 奚梦瑶摔跤 | 2017/11/21 11:29 | 14.550 |
| 7 | 李晨求婚 | 2017/9/17 7:47 | 31.783 |
| 8 | 薛之谦高磊鑫复合 | 2017/9/9 10:36 | 30.283 |
| 9 | 宋慧乔宋仲基举行婚礼 | 2017/10/31 18:18 | 28.050 |
| 10 | 鹿晗关晓彤公布恋情 | 2017/10/10 4:52 | 40.867 |
| 11 | 女排再夺大冠军杯 | 2017/9/10 20:51 | 16.017 |
| 12 | 第十三届全运会开幕 | 2017/8/28 8:41 | 13.683 |
| 13 | 国足无缘俄罗斯世界杯 | 2017/9/6 3:40 | 19.483 |
| 14 | 北京 2022 冬奥会、冬残奥会会徽发布 | 2017/12/15 23:07 | 2.717 |
| 15 | 国乒退赛 | 2017/6/24 9:58 | 33.867 |
| 16 | 四川九寨沟地震 | 2017/8/9 15:39 | 18.133 |
| 17 | 陕西榆林孕妇坠楼死亡 | 2017/9/6 10:07 | 93.800 |
| 18 | 李文星案 | 2017/8/3 16:53 | 33.050 |
| 19 | 杭州保姆纵火案 | 2017/6/27 3:00 | 104.550 |
| 20 | 章莹颖失踪 | 2017/6/20 20:41 | 224.817 |
| 21 | 长征二号一箭三星发射成功 | 2017/9/29 13:21 | 0.500 |
| 22 | 无人驾驶汽车上五环 | 2017/7/5 14:48 | 3.767 |
| 23 | 港珠澳大桥主体贯通 | 2017/7/7 14:26 | 13.250 |
| 24 | 发现新引力波 | 2017/10/16 22:21 | 22.350 |
| 25 | 复兴号高铁首发 | 2017/6/27 11:24 | 27.017 |
| 26 | 联想混改 | 2017/8/18 20:48 | 60.950 |
| 27 | 比特币期货上线 | 2017/12/12 10:13 | 27.050 |
| 28 | “债券通”开通 | 2017/7/3 17:40 | 8.767 |
| 29 | 厦门金砖峰会 | 2017/9/4 15:30 | 37.667 |
| 30 | 营业税正式废止 | 2017/12/7 11:00 | 131.050 |
| 31 | 美国退出教科文组织 | 2017/10/13 6:19 | 10.983 |

（续表）

| 序号 | 事件标题 | 普赖斯指数现时时刻 | 普赖斯指数现时年龄 |
|---|---|---|---|
| 32 | 巴塞罗那恐袭 | 2017/8/18 8:24 | 8.900 |
| 33 | 拉斯维加斯枪击案 | 2017/10/3 9:59 | 19.833 |
| 34 | 美国承认耶路撒冷为以色列首都 | 2017/12/7 8:28 | 32.100 |
| 35 | 津巴布韦政变 | 2017/11/17 0:30 | 49.650 |

样本事件的普赖斯现时年龄均值为 37.821 小时，中位数为 27.017 小时。排除普赖斯现时年龄值列表中 10%的极值区间，均值为 31.118 小时。

### （三）峰值年龄

根据以匡文波教授的《新媒体舆论——模型、实证、热点及展望》一书为代表等诸多网络舆论生命周期理论模型的研究，新媒体舆论蝴蝶效应的生命周期都经历了酝酿期、爆发期、消解期这样一个周期规律。也就意味着，随着时间的推移，热门话题下的相关帖子在事件发生初期数量快速增加，在某一时刻达到峰值后，关注度下降，影响力衰减，最终提及该话题的日发帖数趋近为零。本文将从提及该话题的第一条帖子发布时间到发帖数量达到峰值的时刻之间的时间区间长度定义为峰值年龄（图 3）。

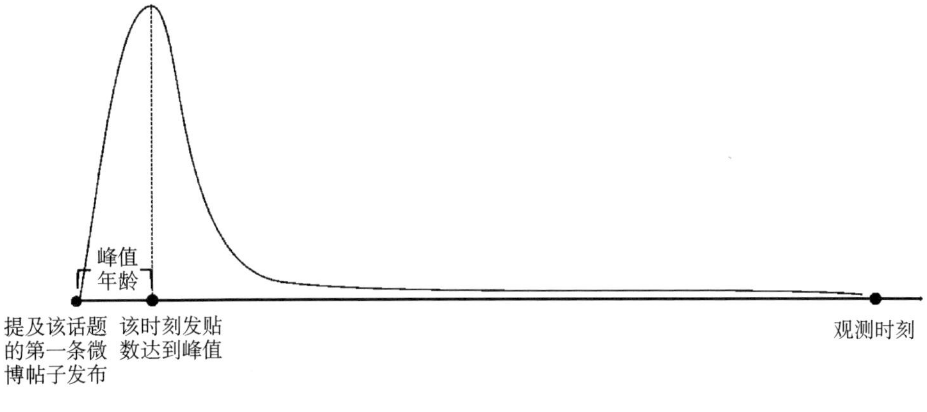


图 3　峰值年龄概念图示

峰值年龄表明了该话题最活跃的时刻，即生命力最旺盛的时刻，相当于人一生中的青壮年阶段，可以在一定程度上反映一个热门话题的生命周期。

以数学定义来表示峰值年龄，假设第一条帖子发布时刻为 $t_0$，帖子总数为 $n$，在 $t_w$ 这个时刻，发帖数量 $n_w$ 达到整个观测时期内的最高点，峰值年龄为 $T_w$，则

$$T_w = t_w - t_0。$$

现以收集到的热门话题事件“拉斯维加斯枪击案”为例进行计算方法的说明。

在微博搜索输入关键词“拉斯维加斯枪击案”，提及这一关键词的第一条帖子发布于 2017 年 10 月 2 日 14:09，根据上述研究方法，设定观测时刻为这一时刻后的第 120 天同时刻，即 2018 年 1 月 30 日 14:09，在这一时间区间内共收集到 15 482 条数据。在收集到的数据列表中，经过统计分析，在 2017 年 10 月 3 日 10:01 发帖数量达到峰值，在这一时刻共有 24 条提及该话题的帖子发布，那么可得

峰值年龄=[2017 年 10 月 3 日 10:01]－[2017 年 10 月 2 日 14:09]
=19.867 小时。

表 6 ＃拉斯维加斯枪击案＃峰值年龄计算

| 第一条帖子发布时刻 | 发帖数量峰值 | 峰值时刻 | 峰值年龄(h) |
| --- | --- | --- | --- |
| 2017-10-02 14:09 | 24 | 2017-10-03 10:01 | 19.867 |

根据上述计算方法对样本事件的普赖斯现时年龄测度值进行分析，可得

表 7 峰值年龄结果

| 序号 | 事件标题 | 峰值时刻 | 峰值年龄 |
| --- | --- | --- | --- |
| 1 | 美国总统特朗普访华 | 2017/11/9 13:42 | 13.683 |
| 2 | 香港回归祖国 20 周年大会 | 2017/7/1 9:17 | 9.283 |
| 3 | 中国共产党与世界政党高层对话会 | 2017/12/3 21:13 | 86.933 |
| 4 | 朱日和沙场阅兵 | 2017/7/30 9:39 | 9.617 |
| 5 | 《民法总则》正式施行 | 2017/10/1 8:37 | 7.900 |
| 6 | 奚梦瑶摔跤 | 2017/11/20 22:01 | 1.083 |
| 7 | 李晨求婚 | 2017/9/16 1:12 | 1.200 |
| 8 | 薛之谦高磊鑫复合 | 2017/9/8 4:19 | 0.000 |
| 9 | 宋慧乔宋仲基举行婚礼 | 2017/10/31 14:09 | 23.900 |

（续表）

| 序号 | 事件标题 | 峰值时刻 | 峰值年龄 |
|---|---|---|---|
| 10 | 鹿晗关晓彤公布恋情 | 2017/10/8 13:26 | 1.433 |
| 11 | 女排再夺大冠军杯 | 2017/9/10 20:32 | 15.700 |
| 12 | 第十三届全运会开幕 | 2017/8/28 16:39 | 21.650 |
| 13 | 国足无缘俄罗斯世界杯 | 2017/9/6 1:08 | 16.950 |
| 14 | 北京 2022 冬奥会、冬残奥会会徽发布 | 2017/12/15 21:16 | 0.867 |
| 15 | 国乒退赛 | 2017/6/23 21:59 | 21.883 |
| 16 | 四川九寨沟地震 | 2017/8/8 21:59 | 0.467 |
| 17 | 陕西榆林孕妇坠楼死亡 | 2017/9/6 15:54 | 99.583 |
| 18 | 李文星案 | 2017/8/2 17:00 | 9.167 |
| 19 | 杭州保姆纵火案 | 2017/6/23 12:58 | 18.517 |
| 20 | 章莹颖失踪 | 2017/7/3 22:35 | 538.717 |
| 21 | 长征二号一箭三星发射成功 | 2017/9/29 13:04 | 0.217 |
| 22 | 无人驾驶汽车上五环 | 2017/7/5 16:49 | 5.783 |
| 23 | 港珠澳大桥主体贯通 | 2017/7/7 11:10 | 9.983 |
| 24 | 发现新引力波 | 2017/10/16 22:12 | 22.200 |
| 25 | 复兴号高铁首发 | 2017/6/27 9:40 | 25.283 |
| 26 | 联想混改 | 2017/8/27 16:37 | 272.767 |
| 27 | 比特币期货上线 | 2017/12/12 10:13 | 27.050 |
| 28 | “债券通”开通 | 2017/7/4 8:57 | 24.050 |
| 29 | 厦门金砖峰会 | 2017/9/4 12:12 | 34.367 |
| 30 | 营业税正式废止 | 2017/12/4 10:27 | 58.500 |
| 31 | 美国退出教科文组织 | 2017/10/12 21:55 | 2.583 |
| 32 | 巴塞罗那恐袭 | 2017/8/18 0:50 | 1.333 |
| 33 | 拉斯维加斯枪击案 | 2017/10/3 10:01 | 19.867 |
| 34 | 美国承认耶路撒冷为以色列首都 | 2017/12/7 10:02 | 33.667 |
| 35 | 津巴布韦政变 | 2017/11/19 21:50 | 118.983 |

峰值年龄表示了这个话题事件在微博上传播热度最高的时刻，对样本事件的

峰值年龄数据进行分析，均值为 44.43 小时，中位数为 16.95 小时。排除峰值年龄值列表中 10%的极值区间，均值为 30.87 小时。

**（四）衰老年龄**

1. 源起

在第二部分的测度指标部分，对本文采取的与传统不同的测度指标——衰老年龄，进行了概念定义。

传统的三个测度指标——半衰期、普赖斯指数现时时刻以及峰值年龄都是根据提及该话题的微博的时间等特征信息反映该话题的活跃程度，即生命力相对旺盛的时刻，从而达到推测话题生命周期的效果。任何一个热门话题引发的网络舆论的演变发展都符合舆论酝酿期、爆发期、消解期这样的周期规律。因此，仅凭活跃期的数据来说明微博热门话题的生命周期不够完整和严密，无法准确表达话题舆论开始消解的年龄。本文在前人研究的基础上，从该话题中日发帖数入手，结合实证研究中日发帖数折线图，提出一个新的测度指标——衰老年龄，以期得到话题事件的网络舆论在微博这一平台上开始消解的时间。

2. 生命周期理论模型实证分析

为更加明晰地看出话题热度的变化趋势以及对整个生命周期阶段的划分，本文将样本事件的数据以日期为横轴坐标、日发帖数为纵轴坐标，绘制其日发帖数变化折线图。在此按照事件所属的主题选取了七个样本事件的折线图（图 4）。

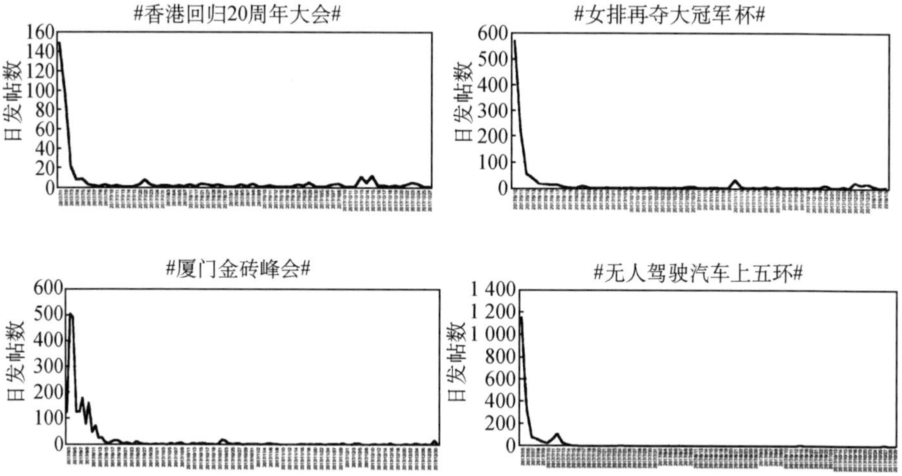

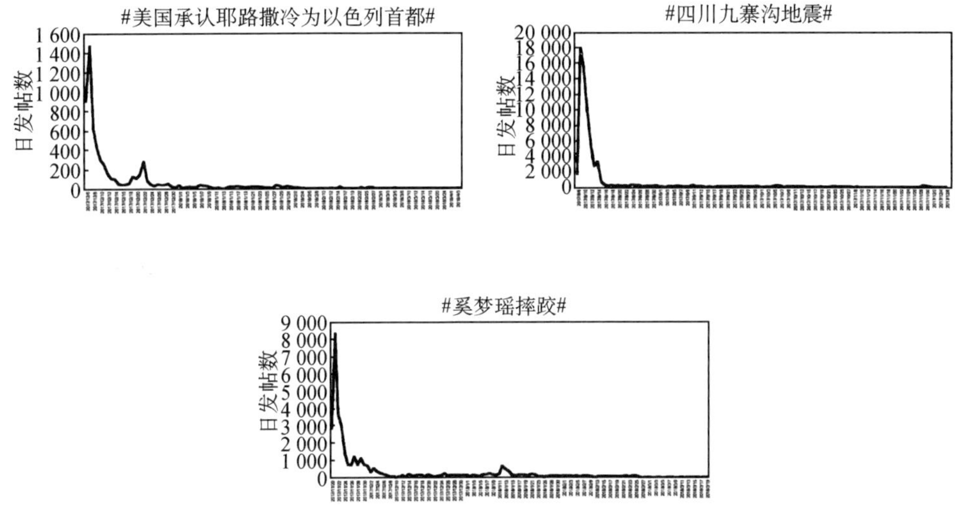


图 4　样本事件日发帖数折线图

由折线图可以明显看出，这些事件均包含酝酿期、爆发期以及消解期。而其日发帖数下降至接近 $x$ 轴的位置，即趋近于零的时间，本文将其视为该话题事件的舆论开始消解的时间点。通过对样本事件折线图的反复验证，得出这个时间点为当日日发帖数低于平均日发帖数的约 1/3 时的时刻。

3. 概念定义

根据上文实证分析及前人研究的理论基础，本文将微博热门话题的衰老年龄定义为：

在日发帖数的峰值之后的某一日期 $t_a$，从 $t_a$ 起之后连续的日发帖数 $d$ 均低于日平均发帖数 $d_0$ 的 1/3，这一日期 $t_a$ 与提及该话题的第一条帖子的发布时间 $t_0$ 的日期相差天数即为微博热门话题的衰老年龄 $T_a$。用数学公式可表示为

$$T_a = t_a - t_0。$$

衰老年龄数值越大，说明该话题的生命力越强，寿命越长；反之，数值越小，表示这个热门话题的传播趋势越弱，生命周期越短。

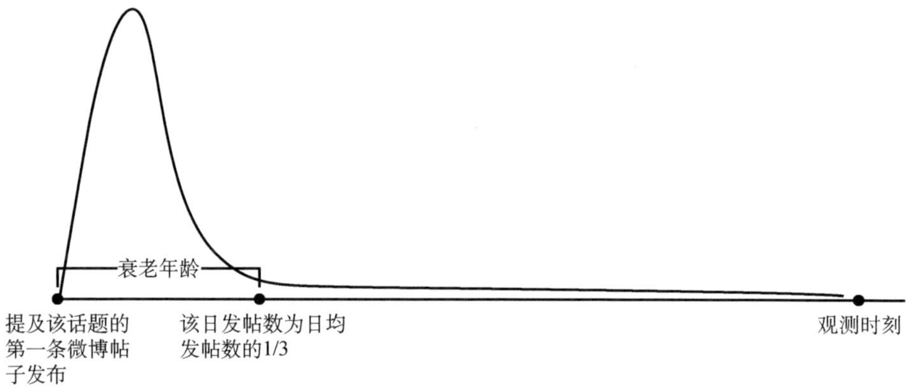


图 5 衰老年龄图示

4. 计算示例

现以收集到的热门话题事件“美国承认耶路撒冷为以色列首都”为例进行计算方法的说明。

在微博搜索输入关键词“美国承认耶路撒冷为以色列首都”，提及这一关键词的第一条帖子发布于 2017 年 12 月 6 日 00:22，根据上述研究方法，设定观测时刻为这一时刻后的第 120 天同时刻，即 2018 年 4 月 5 日 00:22，在这一时间区间内共收集到 6 332 条数据。根据上文对衰老年龄的定义，日均发帖数为 52.767 条，则衰老日发帖数取整为 18 条。在收集到的数据中，发现在 2017 年 12 月 31 日起连续日发帖数小于等于 18 条，即这一数值为衰老日期，与提及该话题的第一条帖子发布日期的时长为 25 天，即衰老年龄为 25 天。

衰老年龄 =[2017 年 12 月 31 日]−[2017 年 12 月 6 日]=25 天。

表 8 #美国承认耶路撒冷为以色列首都#衰老年龄计算示例

| 第一条帖子发布时刻 | 发帖总量 | 日均发帖数 | 衰老日均发帖数 | 衰老日期 | 衰老年龄(天) |
|---|---|---|---|---|---|
| 2017-12-6 00:22 | 6 332 | 52.767 | 18 | 2017-12-31 | 25 |

5. 应用于样本的结果

根据上述计算方法对样本事件的半衰期测度值进行分析，可得

表9　衰老年龄结果

| 序号 | 事件标题 | 衰老年龄(天) |
|---|---|---|
| 1 | 《民法总则》正式施行 | 12 |
| 2 | 朱日和沙场阅兵 | 57 |
| 3 | 中国共产党与世界政党高层对话会 | 9 |
| 4 | 香港回归祖国20周年大会 | 12 |
| 5 | 美国总统特朗普访华 | 15 |
| 6 | 鹿晗关晓彤公布恋情 | 114 |
| 7 | 宋慧乔宋仲基举行婚礼 | 49 |
| 8 | 薛之谦高磊鑫复合 | 23 |
| 9 | 李晨求婚 | 48 |
| 10 | 奚梦瑶摔跤 | 18 |
| 11 | 国乒退赛 | 7 |
| 12 | 北京2022冬奥会、冬残奥会会徽发布 | 22 |
| 13 | 国足无缘俄罗斯世界杯 | 5 |
| 14 | 第十三届全运会开幕 | 18 |
| 15 | 女排再夺大冠军杯 | 12 |
| 16 | 章莹颖失踪 | 48 |
| 17 | 杭州保姆纵火案 | 78 |
| 18 | 李文星案 | 25 |
| 19 | 陕西榆林孕妇坠楼死亡 | 13 |
| 20 | 四川九寨沟地震 | 19 |
| 21 | 复兴号高铁首发 | 19 |
| 22 | 发现新引力波 | 15 |
| 23 | 港珠澳大桥主体贯通 | 21 |
| 24 | 无人驾驶汽车上五环 | 11 |
| 25 | 长征二号一箭三星发射成功 | 5 |
| 26 | 营业税正式废止 | 12 |
| 27 | 联想混改 | 43 |
| 28 | 厦门金砖峰会 | 23 |

（续表）

| 序号 | 事件标题 | 衰老年龄(天) |
|---|---|---|
| 29 | “债券通”开通 | 12 |
| 30 | 比特币期货上线 | 21 |
| 31 | 津巴布韦政变 | 42 |
| 32 | 美国承认耶路撒冷为以色列首都 | 25 |
| 33 | 拉斯维加斯枪击案 | 13 |
| 34 | 巴塞罗那恐袭 | 15 |
| 35 | 美国退出教科文组织 | 15 |

全部样本事件衰老年龄均值为 25.6 天，中位数为 18 天；排除衰老年龄列表中 10%的极值区间，衰老年龄均值为 22 天。

### （五）小结

将本文采用的四种测度指标计算方式应用于样本事件，可以得出以下结论：

(1) 由于热门话题在传播初期的初始速度不同，因而在半衰期及峰值年龄方面得到的数值差异性较大。传播最快的事件可在一小时内达到时刻发帖数的峰值，一般来说，热门话题事件的关键词提及帖子数可在 30 小时前后达到峰值。

(2) 热门话题事件保有现时性的时间一般在 1.3～1.6 天，也就是说，一个事件在第一条微博发出后 2 天以内，其现时性作用便不再显著。

(3) 对热门话题事件的关注一般在 18～25 天左右的时间内消退，提及该话题的日发帖数会在这个时间区间内明显降低。

## 五、结　　语

在社会学研究中，美国冲突论的代表学者 L.A.科塞提出了“社会安全阀”的概念，指的是各个社会都存在着这样一类制度或习俗，它作为解决社会冲突的手段，能为社会或群体的成员提供某些正当渠道，将平时蓄积的敌对、不满情绪及个人间的怨恨予以宣泄和消除，从而在维护社会和群体的生存、维持既定的社会关系中，发挥类似“安全阀”的功能。喻国明教授曾经指出：“对于在网上‘吐口水’等行为，我们应该持一种相对宽松和开明的态度，不能将已经有限的社会安全阀关闭……过度抑制舆论的多样性表达只会让危机暂时后延，其结果只会使压力和危机以更加猛烈的方式爆发出来。”由此看出，微博上关于热门话题事件的意见和态度的发表是能够快速真实民意舆情，为社会公共事件等的解决提供意见和建议，有利于维护公共利益与社会福祉。

但是，另一方面，我们也不能忽视像“网络暴民”“赛博极端民粹主义”等现象的存在。根据凯斯·桑斯坦在《网络共和国》一书中对于“群体极化”的描述，可以发现在新浪微博上确实存在着这一现象：网民一开始拥有自己既定的价值判断与倾向，在经过发帖、看帖、讨论等一系列过程后，他们的判断偏向趋向一致，虽然想法可能与原先一致，但从表达形式上更加极端了。由于互联网的开放性、包容性以及互动性等特质，更加放大了这种极端倾向发生的比例。如果设想更加严重的后果，可能会造成网络上的“极端民粹主义”，网民自诩站在价值判断的顶端，认为自身怀抱人民至上原则与平民关怀倾向，不辨是非，造成舆情走向极端，危害社会正常秩序与发展。

本研究发现，热门话题事件的关键词提及帖子数可在 30 小时前后达到峰值，现时性作用存在于首条帖子发布后的 2 天内，而网民一般会在 18～25 天的时间内逐渐失去该事件的关注热情。同时可以注意到，主题分类、网民关注度等因素对人们“集体遗忘”这些热门话题事件的周期具有一定的影响。

1925 年法国社会学家莫里斯·哈布瓦赫(Maurice Halbwachs)首次完整地提出“集体记忆”，在随后的几十年里，这种“群体里或现代社会中人们所共享、传承以及一起建构的事或物”成为了社会学及社会心理学领域的热门话题，人们往往出于对美好生活的向往和愿望构筑集体记忆，来弥补自己处于现实世界的空虚和不满。但是，从热门话题事件在微博上的传播的过程，可以看出，比起集体记忆，人们更持续不断进行的是“集体遗忘”。即使热门话题事件在传播初期的广度、深度、速度多么惊人，由于层出不穷的事件不断转移着人们的视线，加之人们对于事物的关注度“保鲜期”总是有限，在这个信息爆炸、注意力缺乏的时代，“集体遗忘”比起“集体记忆”更让人熟悉。

站在传播学角度，于我们而言更熟悉的可能是 1972 年唐纳德·肖(Donald Shaw)和麦克斯威尔·麦克姆斯(Maxwell McCombs)提出的议程设置理论，认为大众传播可能无法决定人们怎么想，却可以影响人们想什么。那么，通过对微博热门话题事件的生命周期的实证研究，非常重要的意义便在于大量的样本事件及数据分析可以构建起一个预测数据库，结合对于生命周期影响因素的研究，从而为如何通过“反向议程设置”影响人们不去想什么，如何实现“集体遗忘”可能给社会造成危害并且营造舆情消极、紧张氛围的事件，如何引导净化网络舆论环境、实施有效的网络舆论引导提供思路。

# 新浪微博公共事件中"舆论热岛"效应研究：基于神经网络的理论与实证分析

王雨晨*

**摘要**：随着移动互联技术的发展，微博舆情凭借其广泛的用户群体和长期稳定的活跃度，成为网络舆情研究中一个极其重要的组成部分。以2018年新浪微博若干公共事件为例，利用爬虫工具抓取2018年媒体用户博文内容和热度数据，借助神经网络进行文本内容相似度计算，对热门公共事件的爆发与单位时间内其他相似报道集中出现之间的关系进行分析，并提出"舆论热岛"效应假设。通过统计学验证得出，中心事件的出现，造成了事件发生前后单位时间内媒体发布内容的显著差异。

**关键词**：微博舆论；舆论热岛；网络议程设置

## 一、引论：问题的提出

中国互联网络信息中心（CNNIC）在北京发布的第43次《中国互联网络发展状况统计报告》显示，截至2018年12月31日，我国网民规模达8.29亿，手机网民规模达8.17亿，手机接入率高达98.6%。互联网和移动互联技术的接入和普及，不仅改变了受众获取信息的行为方式，也提供了自由讨论、公开发表的信息平台，网络舆情日益成为舆论发展的晴雨表。其中，新浪微博凭借其较高的知名度、坚实的受众基础、广泛活跃的意见领袖群体以及多元及时的发布手段，已成为众人获取信

* 王雨晨，同济大学艺术与传媒学院硕士研究生。

息、展开讨论的热门平台，微博舆论也成为网络舆论研究中不可或缺的重要一环。作为网络信息空间的主体之一媒体报道，为了适应平台属性和受众喜好也呈现出了不同的特点。根据观察，当某一热门事件爆发后，在较长时间范围内会出现来源于多家媒体的相似报道密度升高的现象，而该热门事件的热度也随着相似报道密度增加而持续上升，在单位时间内“霸屏”，形成“舆论热岛”。本文通过研究新浪微博热门事件热度和相似报道密度的关系，探究微博“舆论热岛”效应的形成机制，希望能为互联网时代下媒体议程设置提供具有参考价值的意见。

“舆论热岛”描述了一种出现在热门事件后的相似报道频发的现象，议程设置理论可以解释相关报道集中出现的成因，但对于和热门事件相关性不高，甚至不具有相关性的事件在报道方式上的相似性表达，议程设置理论似乎不能有效地阐释其内在机制。因此，针对这一现象，我们基于网络议程设置理论，大胆地提出“舆论热岛”效应的假设。同时，“舆论热岛”效应研究中，我们试图从另一种舆情分析角度来推进：从相关性到相似性，也就是从以中心事件为核心的相关报道研究拓展到同中心事件无直接相关性的间接相似性的研究范畴。相关性和相似性是一对极为混淆的概念，学界关于热门事件相关报道的研究，不论是从情感分析还是语义分析，所涉文献数量众多。而针对相似报道在热门事件爆发后延迟性、集中性的出现的现象，目前所得到的研究成果比较薄弱。“舆论热岛”效应假设正是从相似报道角度入手，探究该现象形成机制和内在动因。

## 二、研究回顾与分析

媒介和网络中的同质化、趋同化问题是具有深刻内涵的传播和文化命题。在争夺注意力的信息时代，即便世界风向瞬息万变，但能进入媒介议程的新闻信息却少之又少。同时，肩负着整合事实、引导舆论之任的新闻媒体，往往需要广泛的同类新闻形成规模，达到引导舆论的功能，这也就导致了类同信息的集中爆发。[1]

目前国内学者对于网络传播中信息同质化研究，多是从受众的角度出发，探讨受众偏好、情绪偏好对于所接触信息趋同化的影响，而对于信息本源同质化的研究

[1] 肖栋：《新媒体时代时事新闻同质化探析》，《新闻传播》2017 年第 13 期，第 74—76 页。

则鲜有涉足。而正如邵培人[1]谈到的,暴露给受众的信息空间本身,很可能就是类同信息内聚的。对于媒介传播中社会信息和公众“议程”的相似性,亦是经典的“议程设置”理论所关注的焦点之一。“议程设置功能”作为一种理论假说,首次出现在美国传播学家马克斯韦尔·麦库姆斯和唐纳德·肖的论文中,于 1972 年发表在《舆论季刊》,题目为“大众传媒的议程设置功能”。1968 年美国总统选举期间,麦库姆斯和肖在北卡罗来纳州通过随机抽样对犹豫未决的选民进行调查,并分析这些选民经常用来为选举活动做准备内容的新闻媒介是如何编排这一事件,即查普希尔研究,这项研究标志着议程设置理论的起源。麦库姆斯等人在后续研究中继续丰富了议程设置理论的内涵,他们认为“议程设置是显要性转移的理论,换句话说,大众传媒描述的重要世界观被转移到我们的思想中,成为我们思想中的形象,其核心是媒体形象的最重要部分变得对公众可见,亦即大众媒介描绘的关于世界的重要图画转移到我们头脑中,成为我们头脑中的图画”[2]。

随着媒介技术的不断发展,尤其是以互联网技术为代表的新兴媒介变革浪潮的推动下,移动互联促使了新媒体的诞生。新媒体,凭借其技术优势实现了海量信息存储以及信息的远程实时传播和深度交互式传播,颠覆性地改变了人们对于获取信息的认知,进而改变了人们对于“拟态世界”的认知。在社会化传播下,信息传播主体泛化,打破了原有信息传播的局限,瓦解了传统倒金字塔式的信息传播模式,从而导致一种去中心化、分散化、多元化、个性化的媒介传播生态圈的构建。[3]信息传播的高频互动性成为一大特点,新媒体赋予受众更多的话语权,受传双方地位不再固化。目前,无论是议程设置功能的研究还是网络议程设置理论,学者们更多的目光放置在网络对于传统媒体议程设置功能的放大或削减方面,认为网络议程设置效果的显著性依靠传统媒体的推波助澜得以实现;而没有深入研究网络自身发起的议程设置功能的显著性以及受众议程设置对于媒体议程的影响。

舆论是舆情的一个重要组成部分,也是舆情在某一方面的集中表现。网络舆

---

[1] 邵培仁:《新闻媒体同质化的根源及突破》,《传媒评论》2014 年第 4 期,第 41—42 页。

[2] 马克斯韦尔·麦库姆斯:《议程设置:大众媒介与舆论》,郭镇之,徐培喜译,北京:北京大学出版社,第 81 页。

[3] 欧阳赵岚:《“都有麦克风”时代——网络传播中受众主体性和能动性的提高》,《传播力研究》2018 年第 22 期,第 246 页。

情是指在互联网上传播的、对某一“焦点”“热点”话题,受众所表现的有一定影响力、带倾向性的言论情况。[1] 网络舆论虽属于“舆论”范畴中的一个分支,但呈现着截然不同的特点。传统舆论的形成往往需要经历一段较长的发酵时间才成气候,这是其自身属性中,缺乏实时反馈、传播信息与接收信息之间的时间差造成的。而网络舆论在形成和传播的过程中,呈现出发酵快、畸变强、蔓延快的特点。[2] 以微博新闻为例,在新闻事件发生后,位于现场的网民会立刻通过手机客户端将现场的图片、视频加以文字说明上传网络,通过互联网强大的传播能力,网络舆论在极短的时间内迅速膨胀,并引发各方激烈的讨论和专业新闻媒体从业人员的跟进关注。这一场网络舆论持续升温、持续讨论的过程,也就是舆论风暴形成的过程。

在网络舆论蝴蝶效应中,也提到了关于舆论风暴的内容。网络舆论蝴蝶效应强调的是,舆论中的“微内容”经过了传统媒体与网络媒体的协同叠加报道,加之扩散性的多元传播方式,对多元传播主体形成集聚性的刺激,从而形成具有持续性和影响力的社会舆论风浪。其中,对于传统媒体与网络媒体协同报道过程中的报道内容是不加区分的,是一种从传播效果层面考察媒体在热点事件形成过程中,起到的作用或功能的探究。而“舆论热岛”效应假设则是在已知为热点事件的前提下,在认知层面对于事件热度和媒体报道内容选择上的探究,聚焦热点事件发生前后的信息内容。“舆论热岛”效应截取了特定事件形成的舆论风暴,并分析其中媒体舆论的内容构成。

一方面,目前国内对于网络议程设置的研究停留在对相关报道的内容分析,而对相关报道和相似报道不加以区分研究。同时,对于新浪微博的研究更多地侧重微博舆情中的情绪研究,缺乏对于微博舆情宏观现象,如笔者提出的“舆论热岛”效应的研究。另一方面,随着互联网的深度普及和微博用户规模的壮大,微博平台使用现状、微博舆情特点以及舆情传播机制都存在巨大的变化,使得原有的相关研究学术价值下降,而针对新现象、新特点的学术研究青黄不接。因此对于新浪微博热门事件产生的“舆论热岛”效应的研究具有现实意义。

---

[1] 李弼程:《网络舆情分析——理论、技术与应对策略》,国防工业出版社,第 41 页。

[2] 李畅:《论新媒体环境下网络舆论的特点及引导方式》,《黔南民族师范学院学报》2018 年第 38 期,第 118 页。

## 三、“舆论热岛”效应

### (一) 概念界定

由于受众议程对媒介议程的影响和媒介间议程设置的共振效应,某一中心事件发生后,在单位时间内引发媒体发布同中心事件无因果关系但内容表达相似的事件报道密度迅速升高,使得该中心事件热度显著高于其他事件,在较长时间范围内局部事件热度显著的现象,我们称之为“舆论热岛”效应。“舆论热岛”效应打破了正常的信息布局,由于相似报道和中心事件热度相互影响,在单位时间内,形成舆论小气候,冲淡或覆盖其他信息对受众的影响。“舆论热岛”效应的核心假设为,中心事件热度与相似报道密度存在正相关关系,即中心事件的热度越高,相似报道密度就越高。该假设包含两层概念,一是中心事件的发生,造成了事件发生前后单位时间内,媒体发布内容与中心事件描述相似性的显著差异;二是中心事件发生后单位时间内,媒体发布内容差异的显著性受中心事件热度影响。

1. 拟态环境

“拟态环境”是美国新闻工作者沃尔特·李普曼提出的一个重要理论,其内涵为“大众媒介,为受众营造了一个经过二次加工的舆论信息环境,在一定程度上影响着受众的思考方式和信息内容的选择”。在本研究中涉及的“拟态环境”又可称为微“拟态环境”,指的是经过重构的真实信息环境的缩影。

2. 中心事件与相似报道

中心事件一般是由微博热议事件组成,涉及的事件类型十分广泛,包括政治、经济、娱乐、社会等多种类型,在某种条件上可与微博热门事件重合。中心事件及其热度是“舆论热岛”效应产生的核心动因,中心事件的热度越高,“舆论热岛”效应就越明显。

相似报道是相对于中心事件的概念而言,包括在时间维度上落后于中心事件,又与中心事件的事件主体、过程、描述、因果关系有重合部分,但并非是中心事件后续发展的内容;还包括报道事件本身与中心事件相关性较弱,但在语言表达、内容结构上存在间接相似性的报道。需要明确的一点是,这里提到的相似报道与相关事件报道略有不同。在范围上,相关事件报道涵盖的事件类型大于相似报道。相关事件报道包含对中心事件本身的进程性、背景性、发展性的报道以及与中心事件发生无因果关系但事件属性、因果结构类似的事件报道两部分。由于相关事件报道中含有与中心事件热度存在有显著因果关系的部分，因此在舆论热岛效应假设中，我们仅探讨中心事件热度与相似报道二者的关系。

**（二）研究设计**

1. 构建新浪微博微“拟态环境”

本文分别以“新闻媒体”为主要关键词，以“新闻”“周刊”“日报”“电视台”为次要关键词进行检索，再以“机构认证”为标准进行二次筛选，分别得到微博机构认证用户中粉丝数量前 50 位的微博账号；然后汇总各子表，以粉丝数量为参考进行排序，形成最终内容抓取的目标对象。用八爪鱼工具，借助 XPath 路径语言进行抓取。

2. 获取样本事件

本文以“2018 年百度沸点年度榜单”“新浪微博年度盘点”“大事记盘点：2018 年国际热点大事件”和“大事记盘点：2018 年国内热点大事件”四个事件总结类榜单为基础，综合整理出不同话题类型 15 个事件，作为本研究中心事件。再以中心事件名称为关键词检索，整理形成中心事件的事件描述。在得到微博媒体账号发布内容和中心事件描述后，借助 Python 语言，基于机器神经网络学习，对两组文本进行内容相似度计算。

3. 热度因子与相似度因子

1）热度因子

在本研究中，热度因子由三个维度的衡量指标组成。

一是微博话题阅读量，即微博用户浏览话题的总量，在一定程度上可以反应该话题事件的热度。值得注意的是，阅读量并不是在话题产生的一段时候后固定不变的，而是随着时间不断变化。因此本文所列出的阅读量以观测时间实时数据为准。

二是讨论量，即微博用户转发话题或发布带有话题标签的博文的数量。如果说阅读量体现的是受众对话题事件的关注，那么讨论量则反映出受众对于话题事件的参与和态度的表达。同阅读量类似，讨论量也随时间变化，因此也以观测时间实时数据为准。

三是相对热度。阅读量和讨论量均在不同维度上体现了话题热度,但由于两个指标量级不同,因此,通过将阅读量和讨论量加权平均的方法,得到相对热度指标。

2）相似度因子

根据上文对相似报道的定义可知,相似报道是在内容上与中心事件的事件主体、事件过程、事件描述、事件因果关系有重合部分的相似性表达,但并非是对中心事件后续发展的相关报道。因此,不能简单地将文本内容相似性分析所得相似度结果作为相似度因子。在本研究中,将从两个维度尽可能去除中心事件相关报道相似度值对于研究的影响。

(1) 时间维度

美国学者斯蒂芬·芬克曾提出“危机生命周期”理论,热门事件的舆论传播包含“潜伏期”“爆发期”“持续期”和“衰落期”四个阶段。也就是说,对于热门事件本身的报道经历着从缓慢增长,到急速增加再到逐渐衰退的过程。那么,如果去掉对中心事件集中报道时间范围内的相似度数据,则可以从很大程度上降低中心事件相关报道对相似度因子的影响。在《突发事件生命网络舆论演化与引导研究》一文中,对事件的集中报道时长约为 7 天[1];而在《新浪微博热门话题事件传播的生命周期研究》一文中,事件话题的峰值年龄约为 30.87 小时。因此,本文将分别去除样本数据中,中心事件发生后 3 天数据平均值作为相似度因子 1;去除中心事件发生后 7 天的相似度数据平均值作为相似度因子 2。

(2) 相似度阈值

一般情况下,关于中心事件本身或者事件后续发展的报道,与中心事件描述具有较高的相似度,这时可以通过设定阈值,清洗掉阈值以上的部分数据,也可以实现降低中心事件相关报道相似度值对于相似度因子的影响。本文将采用机器处理辅助人工处理的方式,设定阈值,去除样本数据中阈值以上的相似度数据,并计算其平均值作为相似度因子 3。

---

[1] 昂娟:《突发事件生命周期网络舆论演化及引导研究——以“魏则西事件”和“雷洋事件”为例》,《大理大学学报》2018 年第 3 期,第 56—60 页。

### (三)“舆论热岛”效应假设验证

1. 假设一:中心事件造成了事件发生前后单位时间内媒体发布内容与中心事件描述相似性的显著差异

媒体发布内容与中心事件描述相似性可以转化为样本数据的相似度数据平均值来检验,而中心事件发生前后单位时间的限制条件,则可以用事件发生前后30天的相似因子来对应。通过将中心事件发生30天前的相似度数值平均值分别与相似度因子1、相似度因子2、相似度因子3进行配对样本t检验,得到结果如表1所示。

表1 相似度与相似因子相关性

| | | 成对差分 | | | | | t | df | Sig.(双侧) |
|---|---|---|---|---|---|---|---|---|---|
| | | 均值 | 标准差 | 均值的标准误 | 差分的95%置信区间 | | | | |
| | | | | | 下限 | 上限 | | | |
| 对1 | 30天前相似度和相似度因子1 | −0.0029187 | 0.0044745 | 0.0011553 | −0.005396666 | −0.0004407 | −2.526 | 14 | 0.024 |
| 对2 | 30天前相似度和相似度因子1 | 0.0032998 | 0.0043266 | 0.0011171 | 0.000903786 | 0.0056958 | 2.954 | 14 | 0.010 |
| 对3 | 30天前相似度和相似度因子3 | 0.0035039 | 0.0055135 | 0.0014235 | 0.000450664 | 0.0065572 | 2.461 | 14 | 0.027 |

如表1成对样本检验表显示,Sig.(双侧)即 $P$ 值均小于显著性水平0.05,意味着有95%的置信度认为中心事件发生前后两组数据的差异具有统计学意义,即中心事件的发生,造成了事件发生前后单位时间内媒体发布内容的显著差异。

那么,我们就可以认为假设一成立,即中心事件造成了事件发生前后单位时间内媒体发布内容与中心事件描述相似性的显著差异。

2. 假设二:热度因子与相似度因子存在相关关系

我们用热度因子来表示中心事件的热度,用中心事件发生后媒体报道内容与中心事件描述的平均相似度,来呈现单位时间内媒体发布内容的情况。根据假设,我们需要验证相似因子的变化规律与热度因子的变化规律是否存在可以拟合的部分,即存在相关关系。通过将阅读量、讨论量、相对热度与相似因子进行皮尔逊相关性分析，得到结果如表 2 所示。

表 2　阅读量等与相似因子相关性

| | | 相似度因子 1 | 相似度因子 2 | 相似度因子 3 |
|---|---|---|---|---|
| 阅读量 | 皮尔逊相关性 | 0.589* | 0.602* | 0.801** |
| | 显著性（双侧） | 0.021 | 0.018 | 0.000 |
| | N | 15 | 15 | 15 |
| 讨论量 | 皮尔逊相关性 | 0.530* | 0.571* | 0.765** |
| | 显著性（双侧） | 0.042 | 0.026 | 0.001 |
| | N | 15 | 15 | 15 |
| 相对热度 | 皮尔逊 相关性 | 0.589* | 0.602* | 0.801** |
| | 显著性（双侧） | 0.021 | 0.018 | 0.000 |
| | N | 15 | 15 | 15 |

*. 在 0.05 水平（双侧）上显著相关。
**. 在.01 水平（双侧）上显著相关。

如表 2 所示，有 99%的把握说明阅读量、讨论量、相对热度与相似因子 3 存在相关关系；有 95%的把握说明阅读量、讨论量、相对热度与相似因子 1、相似因子 2 存在相关关系。

在进行相关分析并获得结果后，我们通过多元线性回归分析进一步研究变量之间的规律变化，并通过回归方程的形式描述和反映这种关系。在本研究中，我们将相对热度作为因变量，将相似因子 1、相似因子 2 和相似因子 3 作为自变量，采用逐步回归策略筛选，得到结果如表 3 所示。

表 3　模型汇总

| 模型 | R | R 平方 | 调整 R 平方 | 标准 估计的误差 | Durbin-Watson |
|---|---|---|---|---|---|
| 1 | 0.802[a] | 0.644 | 0.616 | 0.295566 | 1.645 |

a. 预测变量：（常量），相似度月后阈值。
b. 因变量：相对热度。

如表 3 所示，Durbin-Watson 参数为 1.645，说明样本数据比较接近于正态分布，具有回归分析的前提。调整 R 平方为 0.616，反映了回归方程对样本数据的拟合程度。也就是说，样本数据中有 61.6%的数据可以被回归方程所解释。

表 4 回归方程显著性检验

| 模型 | | 平方和 | df | 均方 | F | Sig. |
|---|---|---|---|---|---|---|
| 1 | 回归 | 2.052 | 1 | 2.052 | 23.485 | 0.000[b] |
| | 残差 | 1.136 | 13 | 0.087 | | |
| | 总计 | 3.187 | 14 | | | |

a. 因变量：相对热度。
b. 预测变量：（常量），相似度月后阈值。

表 4 为回归方程显著性检验的结果，回归方程显著性检验的 F 统计量的观测值为 23.485，其对应的概率 $P$ 值近似于 0。说明解释变量全体与被解释变量间存在显著的线性关系，选择线性模型具有合理性。

那么，我们就可以认为假设二成立，热度因子与相似度因子存在相关关系。

至此，通过对样本数据的清洗、分析、检验，结果表明：中心事件的发生，造成了事件发生前后单位时间内，媒体发布内容与中心事件描述相似性的显著差异；中心事件发生后单位时间内，媒体发布内容差异的显著性受中心事件热度影响。

## 四、结论与展望

本文提出新浪微博公共事件中"舆论热岛"效应的假设，并通过数据抓取、文本分析、数据清洗等工作，对样本事件热度因子与样本内容相似度因子进行统计学检验，初步验证了该假设并得到如下结论：其一，中心事件的出现，造成了事件发生前后单位时间内媒体发布内容的显著差异；其二，中心事件热度越高，相似报道密度越强。"舆论热岛"效应的形成是一个循序渐进的过程，主要可以分为舆论风暴形成、"舆论热岛"形成两部分。

### 1. 舆论风暴的形成

根据上文对中心事件的定义，中心事件位于"舆论热岛"的中心，其事件本身已经具备相当的热度。在中心事件发生前，"拟态环境"中的信息热度区域平衡。在信息空间中不断地有新鲜的信息出现，由于其新鲜性和发布机制的推送原则，借助媒体账号主体拥有的粉丝数和影响力，以及媒体账号主体之间发布内容的重合性，当新近报道出现，短时间内具有一定的热度。但并非所有新近报道都能成为中心事件。当每一则新近报道都经历这种相似的热度周期,其中任何一则报道的热度都不具备持久性和显著性,因此信息空间中的热度分布趋于稳定。然而,当某一事件的热度在短时间内迅速增长,广泛吸附受众注意力,从而引发持续的关注和讨论,该事件则发展成为中心事件;围绕中心事件形成的反复讨论、多重热度发酵的现象,则暗示着舆论风暴的形成。

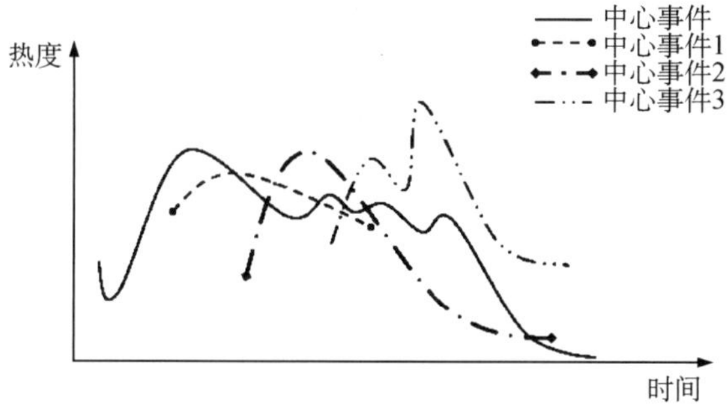


图 1 "舆论热岛"示意图

2. "舆论热岛"的形成

舆论风暴是具有一定持续性、影响力和巨大社会能量的舆论风浪。[1] 在舆论风暴的推动下,中心事件凭借其热度,成为短时间内的舆论中心。虽然事件的发展不具备可预测性,但事件发展的结果是可知的。在经过几轮媒体报道后,中心事件的来龙去脉已经可以基本摸清,而受众的注意力由于舆论风暴的效果仍停留中心事件上。根据议程设置理论的假设,"议程设置是一个关于显要性转移的理论,亦即大众媒介描绘的关于世界的重要图画转移到我们头脑中,成为我们头脑中的图画。核心是在媒体图像中的显著成分将成为观众的画面的突出部分。"[2]在公开形成的媒介议程中,中心事件占据支配性的地位。因此,与中心事件相关的事件报道的议程等级随着中心事件重要性的增强而提高,形成了对相似报道广泛、集中出现的现象。相似报道密度增加,反过来进一步增强了中心事件的热度,形成较长时间内的"信息霸屏"。在这种情况下,其他新近事件报道无法超越中心事件的支配

[1] 廖为民:《网络舆论波研究》,浙江大学出版社,第 57 页。

[2] 马克斯韦尔·麦库姆斯:《议程设置:大众媒介与舆论》,郭镇之、徐培喜译,北京大学出版社,2008 年,第 81 页。

性热度，分流受众注意力，造成较长时间内某一事件报道、相似报道密度升高，即“舆论热岛”形成。

3. 后续研究

媒体发布内容在中心事件发生单位时间前后的显著差异，一方面是由于相似报道密度增强造成的，另一方面也可能来自于非相关报道的相似性表达。在“舆论热岛”效应假设验证中，相似度因子以平均内容相似度数值作为基准，从宏观层面展现了媒体报道内容的情况，但从微观来看，非相关报道的相似性表达也可能涵盖于其中，对于这一假设分支的研究，还需要进一步的数据支持和假设验证。

鉴于微博舆论作为网络舆论具有代表性的组成部分，该研究同样能投射到这一更广泛的范畴中。虽然舆论具有高度不可控性，但舆论的根源来源于社情民意。因此，在进行网络舆论监控时，要重视热点事件舆论导向；对于网络新闻媒体而言，合理安排相似报道议程，防范极端舆论风暴的产生。

# 计算传播、智能传播与技术应用

# 基于用户—新闻协同表征的新闻推荐*

张一鸣　庞一统　佟佳宁　卫志华**

**摘要**：信息时代下的今天，由于信息过载等问题，个性化新闻推荐系统受到越来越多的关注，它能够帮助用户快速地找到感兴趣的新闻。已有的新闻推荐研究往往忽略了新闻的传播语境变化以及用户在短期兴趣的变化。针对这些问题，提出了一种基于用户—新闻协同表征的新闻推荐算法，具体而言，考虑新闻语境变化，使用新闻受众协同表征新闻；并提出利用卷积神经网络与注意力机制提取用户动态兴趣表征。实验结果表明，所提出的推荐方法与已有方法相比，在推荐效果上有明显提升。

**关键词**：新闻推荐；注意力机制；协同表征；短期兴趣；卷积神经网络

## 一、引　　言

### （一）个性化新闻推荐

随着互联网技术的快速发展，互联网成为人们获取信息的重要渠道，浏览在线讯息成为日常生活不可或缺的一部分。尽管大数据时代为人们提供了丰富的信息资源，但也带来了大量的冗余信息，识别和获取有效信息越来越困难。准确发现人们感兴趣和有用的信息，纾解信息爆炸带来的负面效应，是大数据时代亟待解决的问题。因此个性化推荐系统应运而生。

个性化推荐系统通过获取用户的喜好兴趣，在此基础上计算与用户喜好最为

* 基金项目：国家自然科学基金项目（No.61976160），主持人卫志华。

** 张一鸣、庞一统、佟佳宁，同济大学计算机科学与技术系硕士研究生；卫志华，同济大学计算机科学与技术系教授。

接近的物品,将符合用户兴趣喜好的物品推荐给相应用户。相较于传统的信息检索服务,推荐系统更个性化、更主动。个性化推荐系统依据用户的喜好,为用户提供“一对一”的个性化服务,从而使得用户不需要频繁地进行参与,极大地减少了用户搜索信息的代价和成本。目前,个性化推荐已应用于诸多领域,如电子商务、新闻资讯、视频媒体平台、社交网络平台等。典型应用如各类电商网站,通过用户的购买历史及浏览数据为其推荐相关商品。同样,视频平台如优酷、网飞等使用推荐系统,为用户推荐其感兴趣的视频内容。

其中,个性化新闻推荐是个性化推荐的延伸领域之一,具体鲜明的特色。相比于商品推荐,新闻推荐具有时效性高和数据海量的特点:在线的新闻服务平台已经成为了非常热门的电子新闻阅读渠道,每时每刻都有数以万计的新闻文章出现,海量的新闻为用户带来了严重的信息过载。人们往往需要最新的资讯,大量文章随着时间推移“失效”。因此,个性化新闻推荐技术对于在线新闻平台来说非常重要,这样不仅能够帮助用户快速找到对其有价值的信息,而且另一方面也能间接提高在线新闻平台的用户活跃度,进一步带来更大的商业价值和经济效益[1]。

如今,包括“今日头条”在内的众多在线新闻平台,均具备个性化推荐的功能,并且个性化推荐的效果日益成为平台的重要竞争力,对保证用户存量和提升平台流量具有重要影响。个性化新闻推荐,利用互联网技术,提高了对用户、新闻特点的获取准确率,能更好地为不同用户推荐感兴趣的新闻,正如“今日头条”APP 所说:“投其所好,送其需要。”对普通民众而言,利用个性化新闻推荐服务获取感兴趣的资讯信息已成为日常生活不可缺少的部分。同时,新闻资讯与社会舆论、政治生活等紧密相关,个性化新闻推荐会间接影响社会舆论等,对社会发展产生深远影响,在美国大选中就能看到个性化新闻推荐的身影。

因此,对个性化新闻推荐的研究是一项极具商业价值和社会意义的工作。

### (二) 新闻推荐发展情况

新闻推荐作为推荐系统的一个子任务,自然也可以使用通用的推荐系统推荐技术以及算法,进行新闻用户表示的学习以及候选新闻的排序。

---

[1] 朱满洲:《基于协同过滤的个性化新闻推荐系统的设计与实现》,南京理工大学,2019。

通用的推荐系统主要由三个过程组成：①对用户建模推荐：系统根据用户的显式信息或隐藏信息，对用户进行建模，如点击、浏览等行为；②同时对物品信息进行建模；③对用户兴趣与物品进行匹配建模，找到用户可能感兴趣的物品，最后推荐给用户。推荐算法的好坏是决定推荐效果的优劣的核心因素。

对于新闻推荐而言，传统的推荐算法主要包括：基于内容的推荐（Content-Based Recommendation，CBR）、基于协同过滤的推荐（Collaborative Filtering Recommendations，CF）和混合推荐算法[1]。

基于内容的新闻推荐算法的基本思想是，通过机器学习或者自然语言处理领域的方法对新闻信息（如标题、正文等）进行特征描述，给用户推荐与他们喜欢的物品在内容上比较相似的新闻。依据用户历史已浏览的新闻，在一系列候选推荐新闻中进行特征分析，选择与用户已选择对象特征相似的对象进行推荐[2]。传统的方法有向量空间模型、TF-IDF 等权重模型，通过夹角余弦、内积等方式计算相似度。计算相似度评分后，将相似度较高的新闻推送给用户。CBR 依赖新闻的特征提取方法，近年来，随着深度学习和自然语言处理的发展，特征提取效果飞速提升，如 Bert，XLNet 等词嵌入模型[3]的提出使新闻文本信息提取越来越全面，尤其是保留了语义信息，在自然语言处理各领域都得到非常优秀的效果，这些技术推动了 CBR 推荐效果提升。该算法简洁、直接，推荐结果直观，易于理解，且无需用户对新闻的评价信息。但是，其未能充分考虑用户的个性化，对用户兴趣缺乏理解，严重受限于特征提取方法的优劣。

与基于内容的新闻推荐相比，协同过滤的新闻推荐算法考虑了用户个性化，也是当前应用最为广泛的算法，其基本思想为：喜欢相似新闻的用户兴趣也相似，或具有相似兴趣的用户喜欢的新闻也相似。CF 具体可以分为基于用户的协同过滤算法、基于新闻的协同过滤算法和基于模型的协同过滤算法。相较于其他算法，CF 具有以下优点：第一，对待推荐的新闻对象无明确要求，对于一些抽象复杂的对象也可以进行推荐；第二，只需要用户提供一些显式或隐式的历史信息即可，所依

[1] 夏培勇：《个性化推荐技术中的协同过滤算法研究》，中国海洋大学，2011。

[2] Pazzani M J："A Framework for Collaborative, Content-Based and Demographic Filtering", *Artificial Intelligence Review*, 1999, 13(5-6), pp.393-408.

[3] Yang Z, Dai Z, Yang Y, et al: *XLNet*: "Generalized Autoregressive Pretraining for Language Understanding", arxivpre printar xiv:1906.08237,2019.

赖的信息较少，不涉及用户的自身属性[1]。然而，在新闻平台中，可能存在严重的数据稀疏性的问题，大量新闻的交互记录缺失。同时对于新用户，由于缺少相应信息，无法为之进行推荐，即存在冷启动问题。这些问题影响着 CF 算法的推荐效果。

基于内容的新闻推荐方法和基于协同过滤的新闻推荐方法各有其优缺点。现有的系统大部分是一种混合系统，它结合二者算法和模型的优点，又克服它们的缺点。如 Huang L W 等[2]使用了并行式混合推荐方法，首先利用基于内容的方法计算用户对新闻的喜好评分，然后《基于协同过滤的个性化新闻推荐系统的设计与实现》一文[3]提出的基于协同过滤方法的评分，从而得到最终的预测评分。

近年来随着深度学习和机器学习技术的快速发展，越来越多学者尝试引入深度学习技术进行新闻推荐算法的研究，涌现了大量效果优异的新算法，基于深度学习的新闻推荐技术逐渐成为研究的主流。

传统的推荐方法，都采用浅层模型进行预测，很难有效地学习到深层次的用户和新闻的隐性表示。而使用深层神经网络构建推荐模型能够更好地学习利用用户和新闻二者交互的高阶非线性特征。并且，利用深度学习模型能够融合广泛的多源异构数据，包括社会化关系、用户或新闻属性等，能够学习到更加抽象的用户和新闻的深层表征[4]。具体而言，基于深度学习的新闻推荐可以分为三类：基于深度学习构建深度用户新闻特征的方法、基于深度学习提取深度交互关系的方法以及基于深度学习引入辅助信息的方法。如使用卷积神经网络（Convolutional Neural Networks, CNN）对用户浏览历史及新闻进行建模[5]；如利用向量外积构建用户—新闻交互图，使用 CNN 进行高阶交互关系的提取[6]；引入知识图谱，基

[1] 夏培勇：《个性化推荐技术中的协同过滤算法研究》，中国海洋大学，2011.

[2] Huang L W, Jiang B T, Lv S Y, et al.: "Survey on deep learning based recommender system", *Chinese Journal of Computers*, 2018, 41(7): 1619-1647.

[3] 朱满洲：《基于协同过滤的个性化新闻推荐系统的设计与实现》，南京理工大学，2019.

[4] Huang L W, Jiang B T, Lv S Y, et al.: "Survey on deep learning based recommender system", *Chinese Journal of Computers*, 2018, 41(7), pp.1619-1647.

[5] Khattar D, Kumar V, Varma V, et al: *Weave&Rec: a word embedding based 3-D convolutional network for news recommendation*, Proceedings of the 27th ACM International Conference on Information and Knowledge, Torino, Oct 22-26, 2018, New York: ACM, 2018, pp.1855-1858.

[6] He X, Du X, Wang X, et al: *Outer Product-based Neural Collaborative Filtering*, 2018.

于图嵌入将知识向量融入到 CNN 中用于新闻建模，并设计注意力来建模用户的多样化兴趣[1]。

### （三）问题与解决方法

深度学习技术为个性化新闻推荐带来了新的研究方向，越来越多基于深度学习的新闻推荐系统涌现出来，推荐效果有了很大提升，成为学界和业界当前研究的主流，然而仍然存在许多有待解决的问题。

（1）新闻动态性：在线新闻平台中新闻更新速度飞快，一篇新闻对用户的吸引程度随着时间不断变化，新闻受众也会发生变化，即新闻的语境会发生改变。现有的新闻推荐模型往往视新闻信息为静态信息，并不能反映新闻的语境改变。

（2）用户短期兴趣建模复杂性：用户的阅读兴趣往往包括长期兴趣和短期兴趣两方面，长期兴趣比较稳定，反映用户对某些主题或内容的长期喜好；而短期兴趣变化快，不确定因素很大，仅仅反映当前一段时间内用户对某些新闻内容的好奇。在进行个性化推荐时，需要综合考虑用户兴趣的两个方面。海量资讯的环境下，用户的短期阅读兴趣会随着时间快速变化，受多种不确定因素影响。例如，用户关闭应用隔一段时间后再打开应用浏览新闻时阅读兴趣可能就已经发生了很大变化。因此对用户短期兴趣建模的复杂性很高，这增大了新闻推荐系统的个性化推荐难度，也会影响推荐的效果。

对于新闻动态性的问题，我们提出基于用户—新闻动态协同的新闻推荐，利用用户—新闻的协同表示来反映新闻语境的变化情况。具体而言，我们研究使用新闻浏览历史表征用户，使用语境关联用户表征新闻，通过卷积神经网络和注意力机制对用户和新闻表征进行深度特征学习，构建出能够适应新闻语境变化的推荐模型。

对于用户兴趣变化不确定性问题，我们在基于用户—新闻动态协同的新闻推荐模型的基础上，引入时间感知的自注意力机制，提出了基于时间感知的自注意力机制的新闻推荐模型。该模型考虑时间因素带来的用户兴趣变化，同时利用矩阵

[1] Wang H W, Zhang F Z, Xie X, et al: "DKN: deep knowledge-aware network for news recommendation", Proceedings of the 2018 World Wide Web Conference, Lyon, Apr 23-27, 2018, New York: ACM, 2018, pp.1835-1844.

分解技术融入用户总体兴趣特征,实现对用户兴趣不确定性和稳定性的平衡。大量实验对比分析表明,我们提出的推荐模型能够有效提升新闻推荐的精度和质量。

## 二、相关理论与技术

近年来随着机器学习和深度学习的迅速发展,神经网络技术得到学界和业界的广泛关注和研究,大量研究成果和应用技术不断涌现。其在图像识别、自然语言理解以及模式识别等领域发挥了重要角色,越来越多的学者开始在推荐系统中引入神经网络技术,亦取得了非常显著的成果,借助神经网络等深度学习技术来扩展和推动推荐算法的研究已经成为学术界的共识。下面介绍我们工作中涉及的相关模型算法,这些模型是下文工作开展的重要基础。

### (一) 卷积神经网络模型

近年来,卷积神经网络(Convolutional Neural Network, CNN)引起大家广泛重视,最初被应用于图像分类,随后被推广到模式识别、图像处理等多个领域。下面将会介绍 CNN 的相关技术知识。

(1) 卷积层:在 CNN 卷积层中,首先会选择一个局部区域 filter,用这个 filter 去扫描整张图片。filter 所圈起来的所有节点会被连接到下一层的一个节点上。当 filter 扫到其他位置计算输出节点时 CNN 网络中的权值是共用的[1]。CNN 中引入了多核卷积,用每个卷积核来学习提取原图中的不同特征。

(2) 激活函数:在神经网络中,为了非线性能力,在每一层后添加一个激活函数。常见的激活函数有 sigmoid、tanh、ReLu、LeakyReLu 等[2-3]。

(3) 池化层:其具体操作与卷积层的操作基本相同,只取对应位置的最大值、平均值等(最大池化、平均池化),并且不经过反向传播的修改。加池化层可以提高

---

[1] Li H, Zhe L, Shen X, et al: "A convolutional neural network cascade for face detection", *Computer Vision & Pattern Recognition*, 2015.

[2] Andrew L. Maas, Awni Y. Hannum and Andrew Y. Ng: *Rectified Nonlinearities Improve Neural Network Acoustic Models*, 2013, ICML.

[3] He K, Zhang X, Ren S, et al: "Delving deep into rectifiers: Surpassing human-level performance on image net classification", Proceedings of the IEEE international conference on computer vision, 2015, pp.1026-1034.

精度,降低了特征图的维度并且一定程度上避免过拟合。

(4) 全连接层:用于将最后的输出映射到线性可分的空间。通常卷积网络的最后会将得到的长方体矩阵平摊(flatten)成一个长向量,送入全连接层配合输出层进行分类。

(5) 归一化函数:归一化函数 softmax 用于多分类过程中,它将多个神经元的输出,映射到(0, 1)区间内,对应为概念用于分类操作。

假设有数组 $V$, $V_i$ 表示 $V$ 中的第 $i$ 个元素,那么元素的 softmax 值就如下公式所示:

$$S_i = \frac{e^{V_i}}{\sum_j e^{V_j}} \quad \text{(公式 1)}$$

### (二) 注意力机制

注意力模型可以理解为:当我们观察一样物体的时候,我们现时刻关注点一定是该物体的某一处,即当我们目光从一处转移到另一处时,我们的注意力也随之发生变化。换句话说,当我们用语言来描述某个事物时,我们现时刻所用的词句与该事物对应的应该是该事物的某一部分,随着词句的变化,所描述的部分也在变化。这也就说明了,当我们观察或描述一个物体时,我们对于此物体的各处的注意力是不一样的。

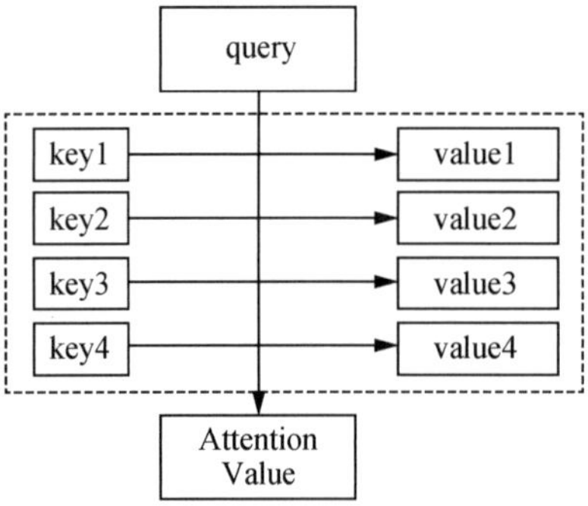


图 1 键-值结构

由此,可以引出注意力机制(Attention Mechanism)的原理,即给定一个序列,计算其与输出向量的匹配或者相似程度,计算结果越高就说明是越关注的点。此外注意力计算只限于这个给定的序列,与网络模型无关。

注意力计算函数的本质可以视为一个查询(query)到一系列键(key)-值(value)对的映射,结构如图 1 所示。

由图 1 可是看出,在计算注意力 $n$ 时主要分为三步:第一步是对查询(query)与每个键(key)进行相似程度计算,常见的函数包括点乘、拼接或者感知机等;第二步是利用 softmax 函数对第一步得到的计算结果进行归一化,得到对应的值(value);最后一步是进行加权求和,得到最后的结果。

注意力的计算公式如下：

$$\alpha_t = \mathrm{softmax}(f(Q, K_t)) = \frac{\exp(f(Q, K_t))}{\sum_{t'} \exp(f(Q, K_{t'}))} \qquad (公式 2)$$

$$f(Q, K_t) = \begin{cases} Q^T K_t \\ Q^T W_\alpha K_t \\ W_\alpha [Q; K_t] \\ v_\alpha^T \tanh(W_\alpha Q + U_\alpha K_t) \end{cases} \qquad (公式 3)$$

$$\mathrm{attention}(Q, K, V) = \sum_t \alpha_t V_t \qquad (公式 4)$$

注意力当前作为一种非常热门的思想，可以和多种模型进行结合，其中大部分都依赖编码器-解码器（Encoder-Decoder）框架。该框架是当前深度学习（deep learning）很常见的框架，结构如图 2 所示。

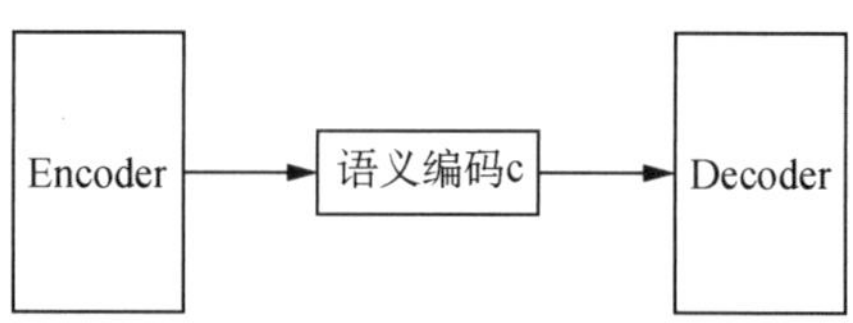


图 2 编码器-解码器结构

该框架分为两个阶段：编码和解码。在编码阶段，要获取各个时刻 hidden layer 的状态，并通过这些状态，生成语义编码向量 $c$。在解码阶段，对于给定的语义向量 $c$ 以及已经生成好的序列 $y_1$，$y_2$，…，$y_{t-1}$ 来预测下一个输出的单词 $y_t$。

对于当前的任何模型和思想，都有其优点和缺点，当然注意力机制也不例外。

注意力机制具有以下优点：

（1）可以通过一步就对全局的关联进行获取。

（2）根据注意力机制一步获取全局关联的特性，我们可以看出，注意力机制是对序列的每个元素与其他元素进行对比，在此过程中，各个元素之间的距离是平等对待的。与之对比，RNN 框架的每步递推是层层递进，它与输入的序列顺序相关，则注意力得到的长期依赖关系要更好，尤其是对于较长的序列。

(3) 注意力机制的每一步运算是与之前的运算无关的，则可以与其他模型并行处理，比如:CNN。而 CNN 是通过层叠每次获取的局部信息来捕获全局的联系，从而增强视野。

(4) 注意力相对于相同条件下的 CNN 和 RNN，计算更简单，模型复杂度小，参数少，也可以通过并行计算减少训练时间。

然而，注意力机制的优点在某些情况下也是缺点，注意力机制的优点(2)中，可以看出其计算并不是“距离感知”的，即无法获取序列信息。在自然语言处理的很多任务中，序列信息是非常重要的且无法忽略的，由此只使用注意力机制势必会造成信息缺失。

注意力机制一般分为软注意力(Soft Attention)和硬注意力(Hard Attention)。

传统的注意力机制就是我们所说的软注意力。其过程是利用确定的相似度计算来得到编码隐藏层的状态。并且，软注意力是参数化的，即软注意力可以求导，也可以被嵌入到模型中并直接训练，梯度传播过程中，可以进行过注意力模块，反向传播到模型的其他模块中。

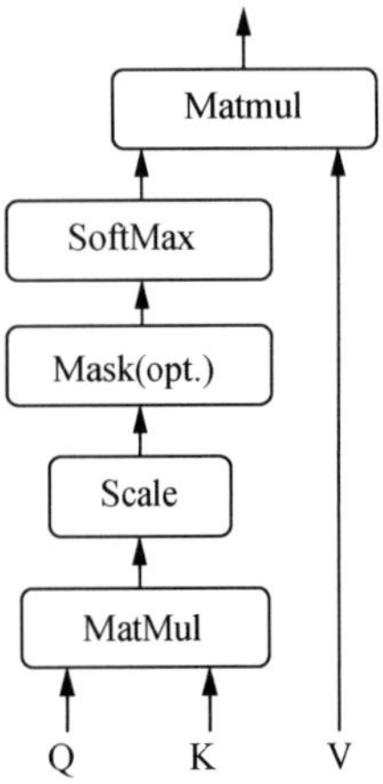

图 3 缩放点积注意力结构[1]

相反，硬注意力相对于传统的注意力机制最大的不同为，它是一个随机过程。在计算时，不会对 Encoder 的隐藏层的输出作为输入，而是利用概率随机采样隐藏层状态中的一部分来进行计算。而对于梯度传播过程，需要采用蒙特卡洛随机采样的方法来估算该某块梯度，随后再传播到其他模块。

最常见的注意力机制是自注意力(Self-Attention)。自注意力由谷歌团队提出，已成功应用于机器翻译，其包括了缩放点积注意力(Scaled dot-product Attention)和多头注意力(Multi-head Attention)[2]。其中，多头注意力也是由多个缩放点积注意力组成。接下来，我们介绍一下缩放点积注意力，其结构如图 3 所示。

[1] Vaswani, Ashish, et al, *Attention is all you need*, Advances in neural information processing systems. 2017.

[2] Vaswani, Ashish, et al, *Attention is all you need*, Advances in neural information processing systems. 2017.

对于缩放点积注意力来讲，查询 $Q$(Query)、键 $K$(Key)、值 $V$(Value)三个矩阵均来自同一输入。首先我们要计算 $Q$ 与 $K$ 之间的相似度，计算方法是采用点乘。为了防止其结果过大，需要除以一个尺度标度 $\sqrt{d_k}$，$d_k$ 向量的维度大小。之后利用 softmax 对结果进行归一化，然后再乘以矩阵 $V$ 就得到权重求和的表示。该操作可以表示为：

$$\text{Attention}(Q, K, V) = \text{softmax}\left(\frac{QK^T}{\sqrt{d_k}}\right)V \qquad \text{（公式 5）}$$

## 三、用户—新闻动态协同的新闻推荐算法

### （一）问题重述

个性化新闻推荐形式化定义为：对于给定的用户集 $U$ 和新闻集 $V$，以及用户历史点击新闻的交互矩阵 $Y$，目标是构建出一个函数 $\mathscr{F}(\cdot)$ 能够预测用户对于其未点击过的新闻的点击概率 $\hat{r}_{d,e}$：

$$\hat{r}_{d,e} = \mathscr{F}(d, e \mid \Theta) \qquad \text{（公式 6）}$$

其中，$\Theta$ 即为需要训练的参数。根据预测出的点击概率，选择更符合其兴趣、点击概率高的新闻推荐给用户。

接下来将具体介绍我们基于用户—新闻动态协同思想设计的两个新闻推荐模型。动态协同，顾名思义，就是动态的获取用户—新闻的交互记录。因为，用户—新闻交互随着时间在不断更新，我们提取最近交互记录来进行训练和预测。接下来要介绍的两个模型不仅利用了用户—新闻动态协同的思想，也使用了当前深度学习先进算法，比如：CNN、Attention 等。其中，第二个算法是分析第一个算法的不足进行的改进，同时在真实数据集上取得了很好的效果。

在本文中，我们用大写加粗字母（如 $\boldsymbol{M}$）和小写加粗字母（如 $\boldsymbol{v}$）分别表示矩阵和向量。此外，使用非粗体字母表示标量（例如 $x$）。

### （二）基于用户—新闻动态协同表征的新闻推荐模型

大数据时代下，在线新闻更新速度飞快，一篇新闻对用户的吸引程度随着时间

不断变化，新闻受众也会发生变化，即新闻的语境会发生改变。现有的新闻推荐模型往往视新闻信息为静态信息，并不能反映新闻的语境改变。例如，在屠呦呦获取诺贝尔奖前后，其科研相关的新闻资讯的受众会有明显的变化，随着舆论环境的变化，更多非医学专业的读者也会被吸引阅读。已有的推荐算法通常认为新闻是静态信息，忽略了新闻语境变化带来的影响。

为了解决上述问题，我们尝试利用新闻的动态性，提出基于用户—新闻动态协同表征的新闻推荐。具体而言，我们提出动态注意力卷积网络模型（Dynamic Attentive Convolution Neural Network，DACNN），首先从新闻的点击历史中提取特征作为新闻的动态表示，从用户的浏览历史中提取特征作为用户的动态表示。动态表示得到的特征矩阵包含序列信息，反映用户兴趣的变化和新闻读者的变化。基于这种动态表示，DACNN 引入一个内注意力的卷积神经网络（Inner-Attention CNN，Inner-ACNN）来学习用户—新闻的交互。内注意力的卷积神经网络可以捕捉序列信息，学习新闻的变化和用户的兴趣，得到新闻和用户的高阶向量。最后，利用余弦相似度计算用户点击新闻的概率，然后根据分值为用户生成个性化的新闻推荐列表，DACNN 模型的框架如图 4 所示。

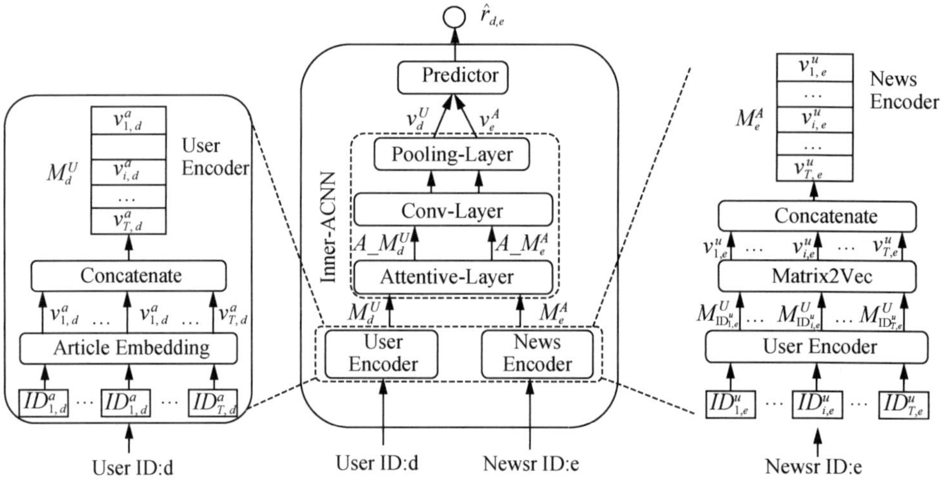


图 4 DACNN 框架图

1. 用户—新闻协同表征

该部分主要介绍我们提出的协同表示方法。我们根据用户的浏览历史和新闻的点击历史获取用户和新闻的特征表示。这种方法可以充分利用新闻和用户的动态特性。具体而言，新闻特征可以由点击新闻的用户特征表示为矩阵。此外，该表示方法简单有效，可推广到其他推荐任务。动态表示有三个主要部分：第一部分是文章嵌入模块；第二部分是用户编码器，通过用户点击的历史新闻动态地建模用户的特征矩阵；第三部分是新闻编码器，它利用新闻的点击历史动态地对新闻的特征矩阵进行编码。

(1) 文章嵌入模块：文章嵌入（Article Embedding）是新闻推荐模型的基本组成部分。它将新闻的基本属性转换为嵌入向量，并将嵌入向量输入模型中进行计算。新闻最重要的属性是文本信息，即标题、正文内容和关键词。我们将不同的向量组合成一个长向量来表示新闻。

(2) 用户编码器：用户编码器对用户的兴趣特征进行编码。需要注意的是，网络新闻具有很强的时效性，用户的兴趣变化非常快。因此，我们设置了一个大小为 $T$ 的时间窗口，从用户的浏览历史中获取最新的 $T$ 新闻来代表用户当前的兴趣特征。

对于用户 $d$，假设最近的 $T$ 个新闻按升序时间排列为 $\{ID_{1,d}^a, ID_{2,d}^a, \cdots, ID_{T,d}^a\}$。$ID_{i,d}^a$ 是第 $i$ 条新闻的 ID。由 AEM 生成的对应向量为 $v_{1,d}^a$，$v_{2,d}^a$，$\cdots$，$v_{T,d}^a$。用户 $d$ 的特征可以通过将这些向量连接到一个矩阵中来表示 $M_d^U$，根据时间序列。

(3) 新闻编码器：如上所述，同一文章的用户组可能在不同的时间发生变化。传统的静态新闻编码器是基于文本嵌入方法来获取特征向量的。与此相反，我们提出了一种利用最近点击新闻的用户特征动态编码新闻数据的新方法。给定文章 $e$，将时间窗口同样设为 $T$，得到最近的 $T$ 个读过这条新闻的用户 $\{ID_{1,e}^u, \cdots, ID_{T,e}^u\}$，其中 $ID_{i,e}^u$ 是这篇文章在时间窗口中的第 $i$ 个读者；通过用户编码器，得到了新闻特征矩阵 $\{M_{ID_{1,e}^u}^U, M_{ID_{T,e}^u}^U\}$。

为了构建新闻特征矩阵，我们将用户矩阵转换为向量，并将这些向量连接到新闻矩阵中。我们通过将用户矩阵的每个行向量加上权值得到这个向量。权重的分配方法有三种：平均权重、基于新闻流行程度的权重，以及基于浏览后所花时间的权重。对于第 $j$ 个用户，向量可以表示为 $v_j^u$，平均加权方法如下：

$$v_j^u = \frac{\sum_i^T m_{j,i}}{T} \qquad \text{(公式 7)}$$

其中，$m_{j,i}$ 表示矩阵 $m_j$ 的第 $i$ 行向量。基于流行度法的权重如下：

$$v_j^u = \sum_i^T \alpha_i m_{j,i} \quad \alpha_i = \frac{pop_i}{\sum_k^T pop_k} \qquad \text{(公式 8)}$$

其中，$pop_k$ 是第 $k$ 篇新闻的流行度。

新闻动态表示是保证神经网络在新闻推荐中的有效性的关键。与现有的动态表示方法相比，我们认为这种动态表示方法在三个方面更有优势：首先，新闻表示方法比其他方法可以编码更多的文本和交互信息；其次，可以利用用户点击该新闻的功能来反映新闻的动态；此外，这种表示方法是可扩展的，可以用于其他推荐场景。

2. 内注意力的卷积神经网络

在这一部分中，我们提出内注意力的卷积神经网络（Inner-ACNN），在研究用户和新闻的特征矩阵的基础上，对用户和新闻之间的交互进行建模。值得指出的是，在特征矩阵中包含着丰富的新闻特征、序列和交互信息。Inner-ACNN 适合于处理矩阵数据，内注意机制通过序列信息来获取上下文特征。结构如图 5 所示。

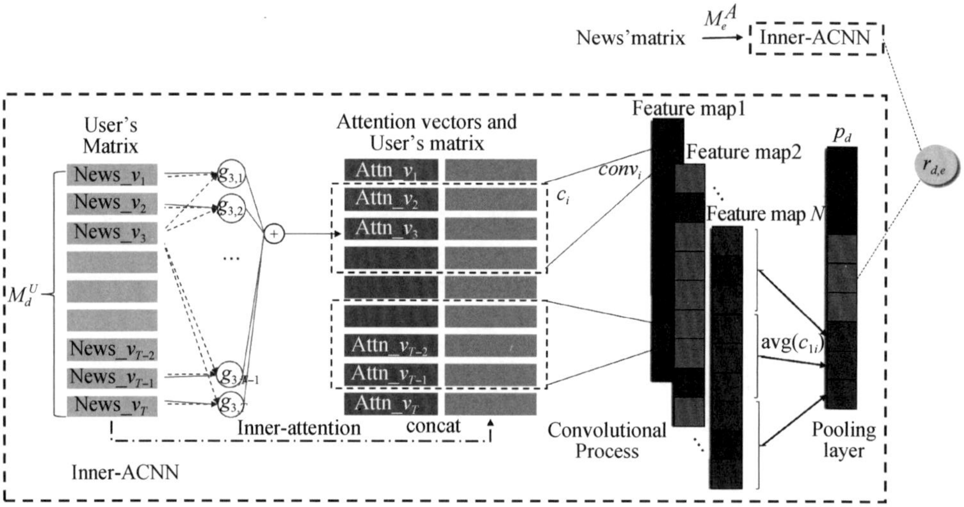


图 5 内注意力的卷积神经网络

如图 5 所示,Inner-ACNN 在嵌入层和卷积层之间包括一个内部注意层。给定用户矩阵 $\boldsymbol{M}_d^U$ 和新闻矩阵 $\boldsymbol{M}_e^A$,我们采用共享权重设计网络,$\boldsymbol{M}_d^U$ 和 $\boldsymbol{M}_e^A$ 通过同一个 Inner-ACNN 网络一一处理。具体而言,内部注意力层通过计算每个向量之间的重要性系数来提取特征矩阵的上下文信息。然后,将由内在注意生成的向量与原始特征矩阵进行整体级联,并输入卷积层。最后,Inner-ACNN 输出用于预测点击概率的特征向量。

直观地说,为了从特征矩阵中学习上下文特征以更好地表示用户和新闻,我们提出在输入矩阵和 CNN 之间使用内注意力机制。因此,可以将 $\boldsymbol{Attn\_v}_i$ 表示为用户矩阵 $\boldsymbol{News\_v}_j$ 中向量的上下文向量,计算方式如下:

$$\boldsymbol{Attn\_v}_i = \sum\nolimits_{i \neq j} \alpha_{i,j} \cdot \boldsymbol{News\_v}_j \qquad (公式 9)$$

$$\alpha_{i,j} = \frac{\exp(score(\boldsymbol{News\_v}_i, \boldsymbol{News\_v}_j))}{\sum_{j'} \exp(score(\boldsymbol{News\_v}_i, \boldsymbol{News\_v}_{j'}))} \qquad (公式 10)$$

$$score(\boldsymbol{News\_v}_i, \boldsymbol{News\_v}_j) = \boldsymbol{W}_a^T \tanh([\boldsymbol{W}_u \boldsymbol{News\_v}_i \oplus \boldsymbol{W}_v \boldsymbol{News\_v}_j]) \qquad (公式 11)$$

其中,$\alpha_{i,j}$ 是注意力权重,需要保证 $\alpha_{i,j} \geqslant 0$,并且 $\sum\nolimits_j \alpha_{i,j} = 1$。

从上面可以看出,我们将 $\boldsymbol{News\_v}_i$ 和 $\boldsymbol{News\_v}_j$ 与系数矩阵 $\boldsymbol{W}_u$ 和 $\boldsymbol{W}_v$ 相对相乘。然后将它们利用 tanh 激活函数进行处理。最后使用 softmax 归一化函数得到各向量的注意力权重,我们将注意力处理 $\boldsymbol{Attn\_v}_i$ 与原始文本向量 $\boldsymbol{News\_v}_i$ 连接起来,并将结果输入到后面的卷积层,如下所示:

$$\boldsymbol{c}_i = \boldsymbol{Attn\_v}_i \oplus \boldsymbol{News\_v}_i \qquad (公式 12)$$

卷积层和池化层:为了从矩阵中学习用户—新闻交互,在我们的模型中使用经典的 KimCNN[1]。卷积层利用一个宽度为 $n$,长度为 $d$ 的滑动窗口从上到下进行操作。具体来说,卷积操作计算如下 $\boldsymbol{W} \in \mathbb{R}^{nd \times h}$:

$$conv_i = f(\boldsymbol{W} \cdot c_{i:n} + b) \qquad (公式 13)$$

[1] Kim, Yoon, *Convolutional neural networks for sentence classification*, 2014, arxiv preprint arxiv: 1408.5882.

其中函数代表非线性激活函数，我们采用正则线性单元函数(ReLu)。$\boldsymbol{c}_{i:n}$ 表示序列向量的拼接。

在 Inner-ACNN 中，根据经验，我们采用了单层卷积来防止多层卷积可能会造成大量的信息丢失。同时，Inner-ACNN 采用了共享权设计，即 CNN 层和关注层的权值对于用户和新闻输入是相同的。共享权操作可以减少训练参数的数量，保证模型的有效性。另外，我们对卷积得到的向量利用平均池化操作来提取信息，得到最终的特征向量 $\boldsymbol{p}$ 。

3. 训练方法

为了得到最终的预测推荐分数，我们使用余弦函数作为预测器：

$$\hat{r}_{d,e}=cosine(p_d,p_e)=\frac{\sum_k p_{d,k}p_{e,k}}{\sqrt{\sum_k p_{d,k}^2}\sqrt{\sum_k p_{e,k}^2}} \quad \text{(公式 14)}$$

其中，对于用户 d 和候选新闻 e，最终的交互特征 $p_d$，$p_e$ 是由用户矩阵 $M_d^U$ 和新闻矩阵 $M_e^A$ 通过 Inner-ACNN 得来。之后，采用余弦函数来计算两个特征向量的相似性，输出分数 $\hat{r}_{d,e}$ 是预测点击概率的概率值。

我们建立三元组形式的训练数据，$D:=\{(u,p,n)\mid p\in y_u^{+}\hat{}n\notin y_u^{+}\}$，其中 $y_u^{+}$ 表示用户已经点击过的正样例集合，$y_u^{-}$ 则是用户未点击过的副样例集合。损失函数设计如下：

$$\arg\min_{\theta}\sum_{(u,i,j)\in D}\max\{0,m-(cosine(p_u,p_i)-cosine(p_u,p_j))\}+\lambda\Omega(\theta) \quad \text{(公式 15)}$$

其中超参数 $\lambda$ 控制 L2 正则化的大小，防止过拟合。超参数 $m$ 控制正样例和负样例之间差异大小。我们采用梯度下降的方法来更新参数以完成模型的训练。

### (三) 基于时间感知自注意力机制的新闻推荐模型

基于用户—新闻协同动态表示的新闻推荐模型虽然考虑了新闻语境的改变，然而在具体实现时直接使用用户向量来表征新闻，忽略了新闻本身的语义信息。同时，对用户单纯使用历史点击的新闻矩阵表示，并没有考虑用户阅读兴趣变化的不确定性。海量资讯的环境下，用户的阅读兴趣也会随着时间快速变化，变化的不确定性越来越大。用户关闭应用隔一段时间后再打开应用浏览新闻时阅读兴趣可能就已经发生了很大变化。这种不确定性增大了新闻推荐系统的个性化推荐难度，也会影响推荐的效果。

在此基础上，我们提出基于时间感知自注意力机制的新闻推荐模型（Time-aware Self-Attention Neural News Recommendation, T-ANN）：对于新闻表征，同时考虑新闻语义与语境的变化，使用与新闻相关的用户浏览特征信息反映语境特点，利用注意力机制对其融合用于表征新闻；对于用户表征，考虑时间因素带来的用户兴趣变化不确定性，提出时间感知的自注意力模型对用户近期点击新闻的序列进行处理，减弱时间变化带来的不确定性，最后得到用户短期兴趣特征向量。为了综合考量用户短期兴趣和长期兴趣，我们引入了矩阵分解技术，通过对用户完整点击历史的学习得到隐含向量，以表征长期兴趣。最后融合这两种特征向量计算用户对候选新闻的点击概率。模型架构如图 6 所示。

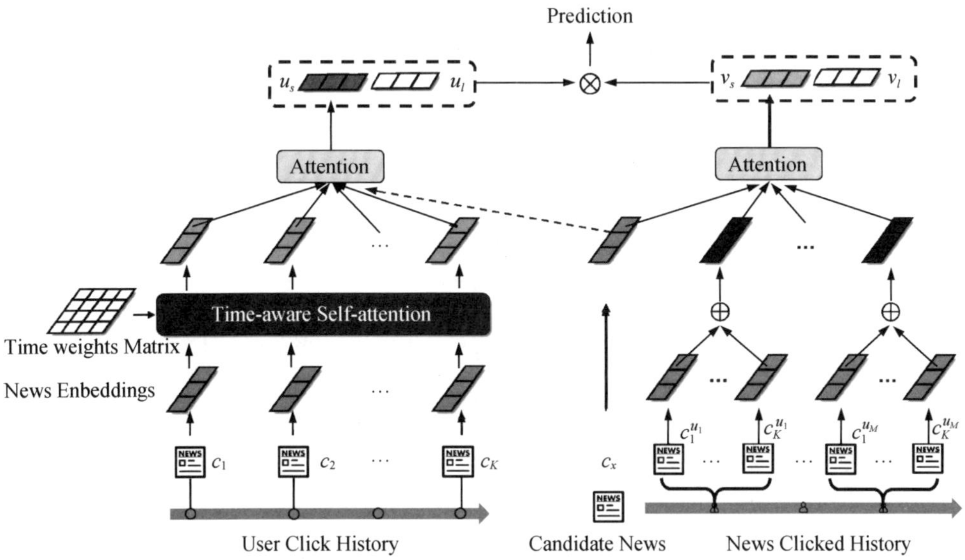


图 6　T-ANN 模型框架图

1. 新闻表征

对于候选新闻 $c_x$，近期浏览过 $c_x$ 的用户集合为 $U_x=\{u_1, u_2, \cdots, u_M\}$，其中用户 $u_i$ 近期浏览过的新闻集合为 $C_i=\{c_1^{u_i}, c_2^{u_i}\cdots, c_K^{u_i}\}$。我们通过新闻嵌入层即可获得每个新闻的嵌入表示，即向量表示形式。关于如何构建更好的新闻嵌入，已有很多工作，且不是本文的研究内容，我们仅采用预训练的词向量模型进行表征，在实验分析中会有所提及，在此不做讨论。

候选新闻 $c_x$ 的嵌入表示即为 $\boldsymbol{e}_x$，包含新闻本身的语义信息。对于 $c_x$ 相关的用户 $U_x$，我们利用新闻嵌入平均求和的方式得到每个用户的表示：

$$\boldsymbol{e}'_{u_k} = \sum_{i=1}^{K} \boldsymbol{e}_i^{u_k} / K \quad (公式 16)$$

其中，$\boldsymbol{e}_i^{u_k}$ 表示用户 $u_k$ 点击过的第 $i$ 个新闻的向量表示。$\{\boldsymbol{e}'_{u_1}, \cdots, \boldsymbol{e}'_{uM}\}$ 表征用户近期浏览新闻的文本特征，表明当前新闻 $c_x$ 读者的阅读特点，间接反映新闻 $c_x$ 的语境。对于序列 $\{\boldsymbol{e}_x, \boldsymbol{e}'_{u_1}, \cdots, \boldsymbol{e}'_{uM}\}$，我们利用注意力机制进行处理，对于序列中每个向量 $\boldsymbol{e}'_i$，进行以下计算：

$$a_i^e = \boldsymbol{q}^w \tanh(\boldsymbol{W}_c \times e'_i + \boldsymbol{w}_b) \quad (公式 17)$$

$$\alpha_i^e = \frac{\exp(a_i^e)}{\sum_{j=1}^{M+1} a_j^e} \quad (公式 18)$$

其中，$\boldsymbol{W}_c$，$\boldsymbol{w}_b$ 为权重和偏置参数，$\boldsymbol{q}^w$ 为注意力查询向量，是模型的参数。$\alpha_i^e$ 表示序列中第 $i$ 个向量的注意力权重。最后对于新闻 $c_x$ 的特征表征为：

$$\boldsymbol{v}_s = \sum_{i=1}^{M+1} \alpha_i^e \boldsymbol{e}'_i \quad (公式 19)$$

该表征即蕴含候选新闻本身的文本信息，也包括了当前的语境信息。

2. 基于时间感知自注意力机制的用户表征

对于用户 $d$，其近期浏览过的新闻序列为 $C_d = \{c_1, c_2, \cdots, c_K\}$，按照时间升序排列，即对应的点击时间序列为 $T_d = \{t_1, t_2, \cdots, t_K\}$，其中 $t_i < t_{i+1}$。通过新闻嵌入层得到相应的新闻向量序列 $\{\boldsymbol{e}_1, \cdots, \boldsymbol{e}_K\}$，与新闻表征的做法一致。

为了从新闻序列中建模用户短期兴趣，我们提出了基于时间感知自注意力机制，考虑时间因素对用户兴趣的影响。具体而言，基于时间感知的自注意力机制考虑时间因素的两个方面：时间顺序信息，时间间隔信息。

对于时间顺序信息，我们尝试将其进行编码融入到文本向量中，文本向量维度大小为 $h$，时间顺序向量中各个维度上的计算如下：

$$PE(pos, 2i)=sin(pos/10\ 000^{2i/h}) \quad (公式 20)$$

$$PE(pos, 2i+1)=cos(pos/10\ 000^{2i+1/h}) \quad (公式 21)$$

其中，$pos \in [1, k]$ 即为时间顺序，最后得到的时间顺序编码即为 $PE_{pos}$，我们将该编码加入文本向量中：

$$\_\boldsymbol{e}_i=\boldsymbol{e}_i+PE_i \quad (公式 22)$$

对于时间间隔信息：$T_\Delta=\{\Delta_1, \Delta_2, \cdots, \Delta_K\}$，其中 $\Delta_i=t_i-t_{i-1}$，$\Delta_1=0$。我们考虑在计算注意力权重时，引入时间间隔权重，减弱与当前向量时间间隔较大的向量对注意力的影响。序列中每个向量按照以下方式进行注意力计算：

$$\alpha_{i,j}=\frac{w_{i,j}^{\Delta}\exp(\_\boldsymbol{e}_i^T\boldsymbol{Q}^w\_\boldsymbol{e}_j)}{\sum_{m=1}^{K}w_{i,m}^{\Delta}\exp(\_\boldsymbol{e}_i^T\boldsymbol{Q}^w\_\boldsymbol{e}_m)} \quad (公式 23)$$

$$\boldsymbol{e}_i'=\sum_{j=1}^{K}\alpha_{i,j}\_\boldsymbol{e}_j \quad (公式 24)$$

其中，$\boldsymbol{Q}^w$ 为投影参数，是模型的参数。而 $w_{i,j}^{\Delta}$ 表示第 $i$ 个向量对第 $j$ 个向量的时间间隔权重，权重设置的原则如下：当第 $i$ 个新闻与第 $j$ 个新闻之间存在相邻时间间隔 $\Delta_k$ 大于或等于阈值 $\Delta_{threshold}$，设置 $w_{i,j}^{\Delta}=w_{j,i}^{\Delta}=q<1$，否则 $w_{i,j}^{\Delta}=w_{j,i}^{\Delta}=1$。形式化表示如下：

$$if\ \exists k \in (i, j] \wedge \Delta_k \geqslant \Delta_{threshold},\ then\ w_{i,j}^{\Delta}=w_{j,i}^{\Delta}=q<1$$

$$if\ \nexists k \in (i, j] \wedge \Delta_k \geqslant \Delta_{threshold},\ then\ w_{i,j}^{\Delta}=w_{j,i}^{\Delta}=1$$

其中，$q$ 为权重值，通过上述权重设置，可以实现对时间间隔因素的考虑，削弱其对用户短期兴趣建模的负面影响。例如，用户在点击新闻 $i$ 与新闻 $j$ 之间，存在一段的时间间隔(隔了一个小时又开始浏览新闻)，这种情况下，用户短期兴趣可能存在变化，我们提出的注意力机制在提取新闻 $i$ 时，会设置 $w_{i,j}^{\Delta}=q<1$，弱化新闻 $j$ 对新闻 $i$ 的注意力影响。同样地，在计算新闻 $j$ 时，也会设置 $w_{j,i}^{\Delta}=q<1$。

通过时间感知的自注意力机制，我们得到了新的新闻特征序列：$\{\boldsymbol{e}_1', \cdots, \boldsymbol{e}_K'\}$，该序列考虑了时间因素给用户短期兴趣建模带来的影响。我们利用注意力机制，对该序列进行特征提取，在计算时考虑候选新闻特征的影响 $\boldsymbol{e}_x$，具体的计算方法如下：

$$\boldsymbol{d}_x = \tanh(\boldsymbol{W}_x \times \boldsymbol{e}_x + \boldsymbol{w}_x) \quad \text{（公式 25）}$$

$$\boldsymbol{d}_i = \tanh(\boldsymbol{W}_u \times \boldsymbol{e}'_i + \boldsymbol{w}_u) \quad \text{（公式 26）}$$

$$\alpha_i^u = \frac{\exp(\boldsymbol{q}^u(\boldsymbol{d}_x + d_i))}{\sum_{j=1}^{M+1} a_j^e} \quad \text{（公式 27）}$$

其中，$\boldsymbol{W}_u$，$\boldsymbol{w}_u$，$\boldsymbol{W}_x$，$\boldsymbol{w}_x$ 为权重和偏置参数，$\boldsymbol{q}^u$ 为注意力查询向量，是模型的参数。$\alpha_i^u$ 表示序列中第 $i$ 个向量的注意力权重。最后对于用户 $d$ 的短期兴趣特征表征为：

$$\boldsymbol{u}_s = \sum_{i=1}^{K} \alpha_i^u \boldsymbol{e}'_i \quad \text{（公式 28）}$$

3. 融合预测

在上述特征建模的基础上，我们引入了矩阵分解技术，将矩阵分解得到的用户和新闻隐含特征向量 $\boldsymbol{u}_l$，$\boldsymbol{v}_l$，与用户短期兴趣特征 $\boldsymbol{u}_s$ 以及新闻向量 $\boldsymbol{v}_s$ 相结合：

$$\hat{r} = \sigma(concat(\boldsymbol{u}_s, \boldsymbol{u}_l)^{\mathrm{T}} \cdot \mathrm{concat}(\boldsymbol{v}_s, \boldsymbol{v}_l)) \quad \text{（公式 29）}$$

其中，$\sigma(\cdot)$ 为 sigmoid 函数，concat( · )函数表示向量连接，$\hat{r} \in [0, 1]$ 表示用户对候选新闻的点击概率。矩阵分解的计算过程利用了更多的用户点击记录，从全局反映了用户的长期兴趣特征。这种表示方式综合考虑了用户长期兴趣和短期兴趣的特点。

4. 训练方法

模型的训练依赖预训练的矩阵分解模型，在预训练的矩阵分解模型的基础上，按照以下损失函数进行模型的整体训练：

$$\arg\min_{\theta} \sum_{(u, i, j) \in D} (\hat{r}_{u, i} - \hat{r}_{u, j}) + \lambda \Omega(\theta) \quad \text{（公式 30）}$$

与 DACNN 相同，我们采用成对学习的方式构建数据集。在具体的训练中，为了增强推荐模型的鲁棒性，我们在迭代计算损失的过程中按照一定概率将矩阵分解得到的用户和新闻隐含特征向量 $\boldsymbol{u}_l$，$\boldsymbol{v}_l$ 设置为全零向量。在模型实际应用时可能存在新用户或新闻，并没有相应的隐含特征向量，通过这种概率掩码设计，可以避免新用户或新闻带来的负面影响。

## 四、实验结果与分析

在两个不同规模的新闻数据集上进行了实验，我们将通过实验对比体现出基于不确定性优化的深度学习模型确实在新闻推荐效果上有了很大的提升。

### （一）实验设置

1. 实验数据集

Globo：该数据集来自于巴西最受欢迎的资讯平台 Globo.com，包括 30 多万个用户，在 46,033 个不同的文章上近 300 万次点击。同时，该数据集提供了经过预训练的文章嵌入模型。平均每个用户点击过 9.25 篇文章，数据集的详细信息列在表 1 中。从表 1 可以看出，数据集非常稀疏。

Adressa[1]：该数据集由 Adressea visen 等挪威新闻出版社和挪威科技大学共同发布，数据是从 www.adresseavisen.no 新闻网站中采集。在我们的实验中，使用了其小规模的数据集，包含近 300 万条用户新闻点击记录。其统计数据如表 1 所示。与 Globo 相比，Adressa 数据集中的用户平均点击的新闻量要少于 Globo。我们使用挪威语的 Glove 预训练模型来构建新闻嵌入表示，具体而言，我们对文章标题和关键词进行嵌入表示，并将其平均求和用来表示一个新闻。

表 1　数据集统计

| 属性 | Globo | Adressa |
| --- | --- | --- |
| 用户数目 | 322 897 | 640 503 |
| 新闻数目 | 46 033 | 20 428 |
| 交互数目 | 2 988 181 | 2 817 881 |
| 平均每个新闻交互的用户数目 | 64.91 | 137.94 |
| 平均每个用户交互的新闻数目 | 9.25 | 4.40 |
| 稠密度 | 0.0201% | 0.0215% |

[1] Gulla, Jon Atle, et al, *The Adressa dataset for news recommendation*, Proceedings of the international conference on web intelligence, 2017.

2. 评估策略

我们采用推荐算法研究中常用的“留一法”(Leave-One-Out)进行实验效果评估,即选取用户最近一次浏览中的物品构成测试集,其余数据构成训练集,利用训练集完成推荐算法的推荐功能,再利用测试集中的物品检验推荐效果的优劣。

我们选取命中率(Hit Ratio)与归一化折损累积增益(Normalized Discounted Cummulative Gain,NDCG)以及曲线下方面积大小(Area Under Curve,AUC)来综合指标衡量推荐算法的优劣[1]。命中率主要衡量算法的召回率,指标越大,那么推荐性能越好。NDCG是一种衡量排序质量的评价指标,该指标综合考虑了所有元素的相关性,直接反映推荐列表的推荐质量,指标越大,推荐列表排序质量越高。而AUC同样考察排序质量。本文将主要依靠这三个指标综合考量推荐算法的效果。我们选择传统的基于内容的新闻推荐,以及近年来学术会议中出现的优秀的新闻推荐方法等作为基线实验,与我们提出的模型进行效果对比。

**(二) 实验结果**

实验结果如表2所示,从表中可以看到,我们提出的两个模型DACNN和T-ANN,推荐性能明显优于其他模型。与目前先进的新闻推荐方法相比,我们的模型在大多数评价指标上取得了显著的提升。值得一提的是,我们的模型T-ANN在NDCG指标上提升更加明显。可以见得,用户—新闻动态协同的思想是很有意义的。

表2 对比实验结果

| *Datasets* | Methods | HR@K | | | NDCG@K | | | AUC |
|---|---|---|---|---|---|---|---|---|
| | | $K=5$ | $K=10$ | $K=20$ | $K=5$ | $K=10$ | $K=20$ | |
| *Globo* | CB[2] | 0.2236 | 0.3278 | 0.4813 | 0.1536 | 0.1870 | 0.2256 | 0.7146 |
| | BPR-MF | 0.7601 | 0.8245 | 0.8921 | 0.5145 | 0.5527 | 0.5732 | 0.9185 |
| | ConvNCF | 0.8439 | 0.9260 | 0.9587 | 0.6548 | 0.6819 | 0.6902 | 0.9612 |

[1] Wang Y, Wang L, Li Y, et al, *A Theoretical Analysis of NDCG Type Ranking Measures*, Journal of Machine Learning Research, 2013, 30:25-54.

[2] Pazzani, M.J., Billsus, D, *Content-based recommendation systems*. In: The adaptive web, pp.325-341. Springer.

（续表）

| *Datasets* | Methods | HR@K | | | NDCG@K | | | AUC |
|---|---|---|---|---|---|---|---|---|
| | | $K=5$ | $K=10$ | $K=20$ | $K=5$ | $K=10$ | $K=20$ | |
| *Globo* | DeepFM[1] | 0.7559 | 0.8223 | 0.8398 | 0.5489 | 0.5701 | 0.5745 | 0.8779 |
| | NAML[2] | 0.3301 | 0.4370 | 0.6342 | 0.1950 | 0.2276 | 0.2774 | 0.8041 |
| | LSTUR-ini[3] | 0.4635 | 0.5383 | 0.7483 | 0.3172 | 0.3728 | 0.3906 | 0.8106 |
| | **DACNN** | **0.8328** | **0.9207** | **0.9723** | **0.6832** | **0.7118** | **0.7250** | **0.9632** |
| | **T-ANN** | **0.9048** | **0.9428** | **0.9631** | **0.8168** | **0.8264** | **0.8291** | **0.9601** |
| *Adressa* | CB | 0.0715 | 0.1434 | 0.2826 | 0.0411 | 0.0641 | 0.0988 | 0.5644 |
| | BPR-MF | 0.6895 | 0.8919 | 0.9721 | 0.4618 | 0.5280 | 0.5488 | 0.9535 |
| | ConvNCF | 0.6901 | 0.8895 | 0.9724 | 0.4719 | 0.5368 | 0.5583 | 0.9550 |
| | DeepFM | 0.8457 | 0.9013 | 0.9101 | 0.5334 | 0.5549 | 0.5573 | 0.9250 |
| | NAML | 0.2601 | 0.3511 | 0.5561 | 0.1486 | 0.1788 | 0.2289 | 0.7708 |
| | LSTUR-ini | 0.4517 | 0.5136 | 0.6943 | 0.3513 | 0.3781 | 0.3974 | 0.8012 |
| | **DACNN** | **0.7888** | **0.9292** | **0.9876** | **0.5486** | **0.5949** | **0.6099** | **0.9694** |
| | **T-ANN** | **0.8745** | **0.9324** | **0.9869** | **0.6723** | **0.6834** | **0.6893** | **0.9667** |

DACNN 与 T-ANN 都用了动态的矩阵表征用户和新闻，从结果上看，这种表征效果非常好。另外 T-ANN 效果比 DACNN 更好，两者的区别在于，T-ANN 考虑到时间因素，加入了矩阵分解从而可以获取用户的长期兴趣，而且是利用多个注意力计算，注意力机制可以更好地把握元素与元素之间的关系，相关性更高的元素所占权重更高；而 DACNN 利用的是 CNN 来提取新闻和用户的各自特征。可以得出结论，对于新闻推荐，时间因素不能忽略，相邻的交互记录对于不同的时间间隔，不能同等对待；长短期兴趣相结合效果更好；而且对于矩阵表征，注意力机制比 CNN 获取的信息更多，效果更好。

---

[1] Guo, H., Tang, R., Ye, Y., Li, Z., He, X., *Deepfm: a factorization-machine based neural network for ctr prediction*, 2017, arXiv preprint arXiv:1703.04247.

[2] Wu, C., Wu, F., An, M., Huang, J., Huang, Y., Xie, X., *Neural news recommendation with attentive multi-view learning*, 2019, arXiv preprint arXiv:1907.05576.

[3] An, Mingxiao, et al, *Neural news recommendation with long-and short-term user representations*, Proceedings of the 57th Annual Meeting of the Association for Computational Linguistics, 2019.

基于矩阵分解的方法，如 BPR-MF 和 ConvNCF，得到了很好的结果。我们假设每个用户看到的文章平均数量较大的数据可能更适合基于矩阵分解的方法。另外，NAML 算法的效果并不是很好，我们分析可能是文章的 embedding 上的选取不太适合这个模型。

## 五、总　　结

本文主要介绍了我们基于用户—新闻动态协同的新闻推荐研究工作，针对新闻语境的变化，提出了用户—新闻动态协同表征的方法，并利用自注意卷积神经网络进行建模。并在基于用户—新闻动态协同的新闻推荐模型的基础上，提出了基于时间感知自注意力机制的新闻推荐模型。该方法考虑了时间因素给用户短期兴趣建模带来的干扰，提高了对用户兴趣建模的有效性。我们将在公开的新闻推荐数据集上进行模型的性能测试，实验结果表明，我们提出的模型在推荐精度和排序质量上都有模型的提升。

# 基于 TF-IDF 和 Word2Vec 的一种短文本分类方案*

唐剑锋　邱　娟　陆　坤**

**摘要**：本文探讨了一种基于 TF-IDF 和 Word2Vec 的短文本分类方案。在数据清洗阶段，首先利用正则过滤掉无用符号，接着利用停用词库过滤掉无用字段，再使用名词库，匹配专有名词、姓名、地名，目的是要解决分词库的词库里可能词库不全，导致无法分词的情况。接下来使用 Jieba 库进行分词处理，最后使用 TfidfVectorizer 库提取 TF-IDF 高的关键词入库。在数据聚类阶段，由于要处理的数据量巨大，使用 multiprocessing 库，即用多进程来进行处理。然后取出 TF-IDF 处理过后的所有数据，取第一篇文章对所有文章进行比对。接着使用 cosine_similarity 库进行余弦相似度计算。最后是相似度在 60%以上的属于一类，将相关的 ID 相继存入 MongoDB 数据库，同时删除原数据库中已经聚类的 ID。经过在 3 000 万条微博数据的实验，实践证明该方案能很好地实现微博等短文本的分类工作。

**关键词**：正则过滤；停用词；多进程；TF-IDF；Word2Vec；余弦相似度

## 一、引　　言

目前，使用最广泛的文档表示方法几乎都基于词袋法(Bag of Word, BOW)。词袋法将文档看成是一些词的集合，在该集合中，每个词的出现是相互独立的，且

* 基金项目：国家自然科学基金青年项目“社交网络互动中用户‘信息窄化’机理分析：基于微博的数据挖掘”(项目编号：71804126)。

** 唐剑锋，同济大学软件学院教师；邱娟，同济大学软件学院博士研究生；陆坤，大连理工大学软件学院副教授。

不考虑词的顺序、语法和语义等信息。它将一篇文档表示成与训练词汇集合相同维度的向量,向量中每个位置的值即是该位置所代表的词在文档中出现的次数,并且随着新词汇的增加,文档向量维度也会增加。

虽然词袋法在传统分类器上的分类效果不错,比如目前比较成熟的分类技术:最近邻分类(KNN)、贝叶斯分类、支持向量机(SVM)等,但它依旧存在几个主要问题:

(1) 维度太高,文本向量的维数与训练数据集中出现的所有单词的数目一样多,这样容易出现所谓的"维度灾难"现象。

(2) 一篇普通文档只有 1 000 个词左右,而词向量的维度却能达到 10 万,利用率仅为 1%,所以基于 BOW 表示的文档向量非常稀疏,不利于一些自然语言处理任务。

(3) 词袋法无法很好地表示一篇文档的语义,它假设词与词之间相互独立,并不考虑词与词之间的关系。

随着深度学习的发展,基于神经网络的自特征抽取的词向量表示方法越来越受业界和学界的关注。Mikolov 等人在 2013 年提出了 Word2Vec 模型用于计算词向量。Word2Vec 模型利用词的上下文信息将一个词转化成一个低维实数向量,越相似的词在向量空间中越相近。将词向量应用于自然语言处理非常成功,已经被广泛应用于中文分词、POS Tagging、情感分类等。

然而一篇文档由无数词构成,如何利用词向量有效地表示一篇文档是当前的一个难点,常见的方法有对一篇文档所包含的所有词向量求平均值、对词向量聚类以及 doc2vec 模型。但这些方法并未重视单个词对整个文档的影响力。针对这个问题,本文在 Word2Vec 的基础上,利用 TF-IDF 算法对每篇文档中的分词进行加权,并在 3 000 万条微博数据组成的实验语料库上进行测试,测试结果验证了该方法的有效性。

## 二、数据清洗部分

### (一) 专有名称介绍

1. Python 编程语言

Python 是一种跨平台的计算机程序设计语言,是一个高层次的结合了解释性、编译性、互动性和面向对象的脚本语言，最初被设计用于编写自动化脚本(shell)。随着版本的不断更新和语言新功能的添加，越多地被用于独立的、大型项目的开发。

2. MongoDB 数据库

MongoDB 是一个基于分布式文件存储的数据库，由 C++ 语言编写，旨在为 WEB 应用提供可扩展的高性能数据存储解决方案。

MongoDB 是一个介于关系数据库和非关系数据库之间的产品，是非关系数据库当中功能最丰富，最像关系数据库的。它支持的数据结构非常松散，是类似 json 的 bson 格式，因此可以存储比较复杂的数据类型。Mongo 最大的特点是它支持的查询语言非常强大，其语法有点类似于面向对象的查询语言，几乎可以实现类似关系数据库单表查询的绝大部分功能，而且还支持对数据建立索引。

3. Jieba 库

(1) jieba 库的分词原理是利用一个中文词库，将待分词的内容与分词词库进行比对，通过图结构和动态规划方法找到最大概率的词组。除此之外，jieba 库还提供了增加自定义中文单词的功能。

(2) jieba 库支持精确模式、全模式、搜索引擎模式 3 种分词模式。

精确模式：将句子最精确地切开，适合文本分析。

全模式：将句子中所有可以成词的词语都扫描出来，速度非常快，但是不能消除歧义。

搜索引擎模式：在精确模式的基础上，对长分词再次切分，提高召回率，适合搜索引擎分词。

安装：(cmd 命令行)pip　install jieba

jieba 分词依靠中文词库。利用一个中文词库确定汉字之间的关联概率，汉字间概率大的组成词组形成分词结果。除了分词，用户也可以添加自定义词组。

精确模式：把文本精确地切分开，不存在冗余单词。

全模式：把文本中所有可能的单词都扫描出来，有冗余。

搜索引擎模式：在精确模式基础上对长词进行再次切分。

jieba.Icut(s)　精确模式返回一个列表型的分词结果。

jieba.Icut(s,cut_all=True)　全模式返回一个列表型的分词结果，有冗余。

jieba.lcut_for_search(s)　搜索引擎模式返回一个列表型的分词结果，有冗余。

jieba.add_word(w)　向分词字典添加新词 w。

4. TfidfVectorizer 库

TfidfVectorizer 可以把原始文本转化为 tf-idf 的特征矩阵，从而为后续的文本相似度计算作好准备。TfidfVectorizer 库的几个关键参数如下：

token_pattern：这个参数使用正则表达式来分词，其默认参数为 r"(?u)\b\w\w+\b"，其中的两个\w 决定了其匹配长度至少为 2 的单词，默认值只匹配长度≥2 的单词。一般来说，长度为 1 的单词在英文中一般是无足轻重的，但在中文里，就可能有一些很重要的单字词，所以设置匹配规则为：token_pattern=r"(?u)\b\w+\b"。

max_df/min_df：[0.0，1.0]内浮点数或正整数，默认值=1.0。设置为浮点数时，过滤出现在超过 max_df/低于 min_df 比例的句子中的词语；正整数时，则是超过 max_df 的句子。一般过滤出现在超过 60%的句子中的词语，max_df=0.6。

stop_words：list 类型。直接过滤指定的停用词。比如 stop_words=["是"，"的"]。

vocabulary：dict 类型。只使用特定的词汇，这一参数的使用能帮助我们专注于一些词语，如我对文章中表达感情的一些特定词语(甚至标点符号)感兴趣，就可以设定这一参数。如 vocabulary={"我"：0，"呀"：1，"!"：2}。

**(二) 进行数据过滤，利用正则过滤无用符号**

s = ' * \/:?"<>|'　# 这 9 个字符在 Windows 系统下是不可以出现在文件名中的

str1 = '\巴拉<1"! 11【】>1 * hgn/p:?|'　# 样例

1. 提取感兴趣(想要)的字符

a = re.findall('[\u4e00-\u9fa5a-zA-Z0-9]+',str1,re.S)　# 只要字符串中的中文，字母，数字

a = "".join(a)

print(a)

结果如下：

巴拉 1111hgnp

2. 只去除不想要的，比如只去除不能作为文件名的字符

```
a = re.findall(r'[^\ * "/:? \\|<>]',str1,re.S)
a = "".join(a)
print(a)
```

结果如下：

巴拉 1!11【】1hgnp

**(三) 使用停用词库，过滤掉无用字段**

1. 停用词：出现次数最多的词是“的”“是”“在”这一类最常用的词，它们叫做“停用词”(stop words)，表示对找到结果毫无帮助、必须过滤掉的词。

如果某个词比较少见，但是它在这篇文章中多次出现，那么它很可能就反映了这篇文章的特性，正是我们所需要的关键词。假设我们把它们都过滤掉了，只考虑剩下的有实际意义的词。以长篇文章《中国的香猪养殖》为例，我们发现“中国”“香猪”“养殖”这三个词的出现次数一样多。因为“中国”是很常见的词，相对而言，“香猪”和“养殖”不那么常见，“香猪”和“养殖”的重要程度要大于“中国”。

2. 中文文本处理流程如下：

(1) 去除非中文字符。

(2) 去除停用词，使用现在网上一些公开的停用词库，例如哈工大停用词表、四川大学机器智能实验室停用词库等。本文中使用的是哈工大停用词表。

(3) 分词与词性标记(后面可以根据词性，指定去掉副词、名词、形容词等)。

示例代码如下：

```
#运用 jieba 进行分词和词性标注
words_lst=pseg.cut(chinese_only)
#去除停用词，存储分词后结果
words=[]
for word,flag inwords_lst:
if word not in stop_words and flag in ['v' ,'n']:
words.append(word)
proc_text=''.join(words)
```

**(四) 使用名词库，匹配专有名词、姓名、地名**

这一步的目的是要解决分词库的词库里可能词库不全，导致无法分词的情况。例如系统词库里没有“双十一”这个名词，就会被分割成“双”和“十一”。如果有篇文章说的是双十一的活动，如果被分成了“双”和“十一”，就会偏离文章的主体内容。现在有了“双十一”这个专有名称，就能更加精确地进行聚类。

**(五) 使用 Jieba 库进行分词处理**

分词库如下(因篇幅限制，只显示其中一小部分)(图 1)。

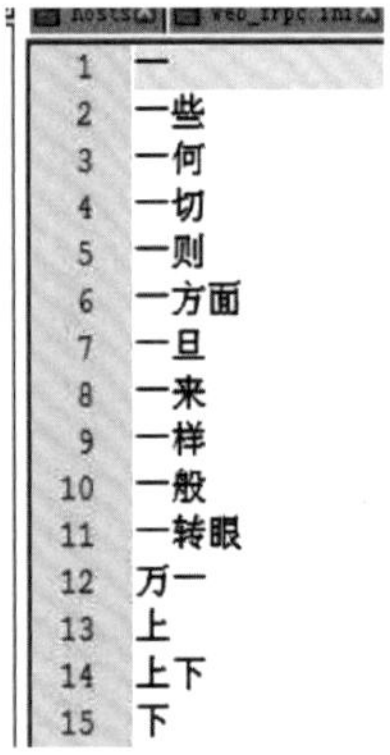


图 1　Jieba 分词库(部分)

**(六) 使用 TfidfVectorizer 库提取 TF-IDF 高的关键词进行入库**

1. 词频：如果某个词很重要，它应该在这篇文章中多次出现。我们进行“词频”(Term Frequency，TF)统计。

2. IDF：以长篇文章《中国的香猪养殖》为例，最常见的词(“的”“是”“在”)给予最小的权重，较常见的词(“中国”)给予较小的权重，较少见的词(“香猪”“养殖”)给予较大的权重。这个权重叫做“逆文档频率”(Inverse Document Frequency，IDF)，它的大小与一个词的常见程度成反比。

3. TF-IDF：将“词频”(TF)和“逆文档频率”(IDF)两个值相乘，得到了一个词的 TF-IDF 值。某个词对文章的重要性越高，它的 TF-IDF 值就越大。所以，排在最前面的几个词，就是这篇文章的关键词。

具体实现步骤如下：

(1) 计算词频

词频(TF)=某个词在文章中的出现次数

文章有长短之分,为了便于不同文章的比较,做"词频"标准化。

词频(TF)=某个词在文章中的出现次数/文章总词数

或 词频(TF)=某个词在文章中的出现次数/拥有最高词频的词的次数

(2) 统计某个词在文章中的出现次数

这时,需要一个语料库(corpus),用来模拟语言的使用环境。

逆文档频率(IDF)=log(语料库的文档总数/包含该词的文档总数+1)

(3) 计算 TF-IDF

TF-IDF=词频(TF) * 逆文档频率(IDF)

可以看到,TF-IDF 与一个词在文档中的出现次数成正比,与该词在整个语言中的出现次数成反比。

所以,自动提取关键词的算法就是计算出文档的每个词的 TF-IDF 值,然后按降序排列,取排在最前面的几个词。

表 1 文档中相关词的 TF-IDF 值

| 包含该词的文档数(亿) | | IDF | TF-IDF |
|---|---|---|---|
| 中国 | 61.2 | 0.614 | 0.0201 |
| 香猪 | 0.465 | 2.803 | 0.0644 |
| 养殖 | 0.917 | 2.307 | 0.0581 |

从表 1 可见,"香猪"的 TF-IDF 值最高,"养殖"其次,"中国"最低。如果还计算"的"字的 TF-IDF,那将是一个极其接近 0 的值。

所以,如果只选择一个词,"香猪"就是这篇文章的关键词。

## 三、数据聚类部分

### (一) 专有名称

1. Python 库

前文已提及,此处不再赘述。

2. cosine_similarity 库

余弦相似度用向量空间中两个向量夹角的余弦值作为衡量两个个体间差异的大小。相比距离度量，余弦相似度更加注重两个向量在方向上的差异，而非距离或长度上的差异。

与欧几里德距离类似，基于余弦相似度的计算方法也是把用户的喜好作为 n-维坐标系中的一个点，通过连接这个点与坐标系的原点构成一条直线（向量），两个用户之间的相似度值就是两条直线（向量）间夹角的余弦值。因为连接代表用户评分的点与原点的直线都会相交于原点，夹角越小代表两个用户越相似，夹角越大代表两个用户的相似度越小。同时在三角系数中，角的余弦值是在[－1，1]之间的，0°角的余弦值是 1，180 角的余弦值是－1。

借助三维坐标系来看下欧氏距离和余弦相似度的区别：

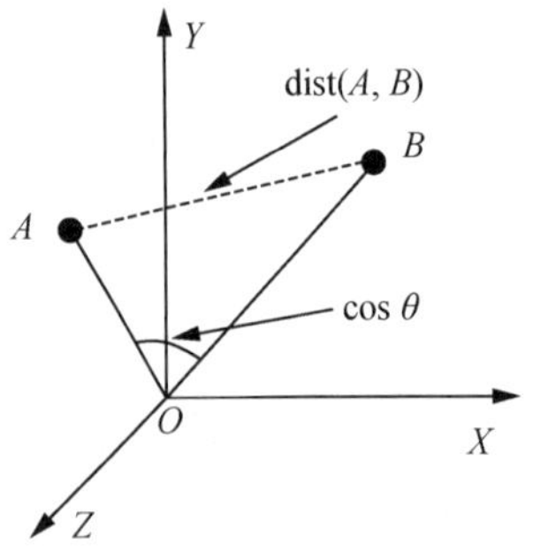


图 2　余弦相似度示意图

从图 2 可以看出，距离度量衡量的是空间各点间的绝对距离，跟各个点所在的位置坐标（即个体特征维度的数值）直接相关；而余弦相似度衡量的是空间向量的夹角，更加体现在方向上的差异，而不是位置。如果保持 $A$ 点的位置不变，$B$ 点朝原方向远离坐标轴原点，那么这个时候余弦相似度 $\cos\theta$ 是保持不变的，因为夹角不变，而 $A$、$B$ 两点的距离显然在发生改变，这就是欧氏距离和余弦相似度的不同之处。

根据欧氏距离和余弦相似度各自的计算方式和衡量特征，分别适用于不同的数据分析模型：欧氏距离能够体现个体数值特征的绝对差异，所以更多地用于需要从维度的数值大小中体现差异的分析，如使用用户行为指标分析用户价值的相似度或差异；而余弦相似度更多的是从方向上区分差异，而对绝对的数值不敏感，更多的用于使用用户对内容评分来区分用户兴趣的相似度和差异，同时修正了用户间可能存在的度量标准不统一的问题（因为余弦相似度对绝对数值不敏感）。

3. multiprocessing 库

multiprocessing 库用于进行 Python 的多进程编程。一般来说，编程语言要进行并发编程，多线程会比多进程优先考虑，因为多线程比多进程更省资源。但是由于 Python 底层的 GIL 的存在，导致了多线程编程时，实际上每个时刻只有一个线程在运行，也即只有一个核被利用起来，并没有起到并行的效果（此说法针对的是CPU 密集型的代码，如果是 I/O 密集型的，多线程还是会有效果的）。于是为了真正利用起来多核，Python 中需要使用多进程编程。

multiprocessing 包是 Python 中的多进程管理包。与 threading.Thread 类似，它可以利用 multiprocessing.Process 对象来创建一个进程。该进程可以运行在Python 程序内部编写的函数。该 Process 对象与 Thread 对象的用法相同，也有start()，run()，join()的方法。此外 multiprocessing 包中也有 Lock/Event/Semaphore/Condition 类（这些对象可以像多线程那样，通过参数传递给各个进程），用以同步进程，其用法与 threading 包中的同名类一致。所以，multiprocessing 的很大一部分与 threading 使用同一套 API，只不过换到了多进程的情境。

有关如何使用 python 写多进程程序的步骤如下：

（1）创建多进程

t = multiprocessing.Process(target = run_process)

t.start()

（2）等待进程结束

t.join()

（3）创建 pipe

(p1, p2)=multiprocessing.Pipe()

data = p1.read()

p2.send(data)

（4）创建锁

多进程下面的锁多用来限制对某些文件的访问，用法如下：

l = multiprocessing.Lock()

l.acquire()

l.release()

（5）创建信号量

信号量是进程同步的好方法，实际使用的机会也很多，用法如下：

a = multiprocessing.Semaphore(0)

```
a.acquire()
a.release()
```

（6）信号处理

multiprocessing 库是真正的多进程，用 ps aux 检测的时候可以发现确实有多个进程在运行。同样，发送给 parent 的信号也会发送给子进程，所以一般来说，信号函数都是公用的，

```
signal.signal(signal.SIGINT, sig_process)
```

（二）由于数据量巨大，我们需要用多进程来进行处理，我们使用 multiprocessing 库。

（三）取出 TF-IDF 处理过后的所有数据，取第一篇文章，对所有文章进行比对。比对一轮循环需要大概 6～10 分钟。

过滤和分词的主要实现方法如下：

```
list= []
ID= []
for j in res:
#过滤所有字符
If j['字段 5 '] ! = None
        doc= res.sub('a-zA-Z0-9'!"#$%&\'()*+,-./:;<=>?@,。?★、…【】《》？“”‘’！[\\]^_`{|}~\s]+',"",j['字段 5]')
#进行精确分词
list.append(jieba.cut(doc, cut_all=True))
ID.append(j['ID'])
```

提取 TF-IDF 权重高的关键词，主要实现方法如下：

```
vector = TfidfVectorizer(stop_words=corpus)  #传递停用词代码
sql = []
for k in range(len(list)):
    doc = ""
#拼接分词后的分词
for j in list[k]:
```

```
        doc = doc + j + ' '
    try:
    tfidf = vector.fit.transform([doc])   #使用拼接后的分词
    except:
    print(k,doc,'无法进行分词')
    continue
    wordlist = vector.get_feature_names()   #获取词袋模型中的所有词
    docs = ""
    for j in range(len(wordlist)):
    docs += wordlist[j] + ' '
    sql.append({"ID": ID[k],"value": docs})
    #把提取的关键词插入数据库
    keyword.insert_many(sql)
```

**(四) 用 Word2Vec 经典算法得到词向量**

通过借鉴 Bengio 提出的 NNLM(Neural Network Language Model)以及 Hinton 的 Log_Linear 模型,Mikolov 等提出了 Word2Vec 语言模型。Word2Vec 可以快速有效地训练词向量。Word2Vec 模型有两种,分别是 CBOW 模型以及 Skip-gram 模型。其中 CBOW 模型利用词 w(t)前后各 c(这里 c=2)个词去预测当前词;而 Skip-gram 模型恰好相反,它利用词 w(t)去预测它前后各 c(c=2)个词。

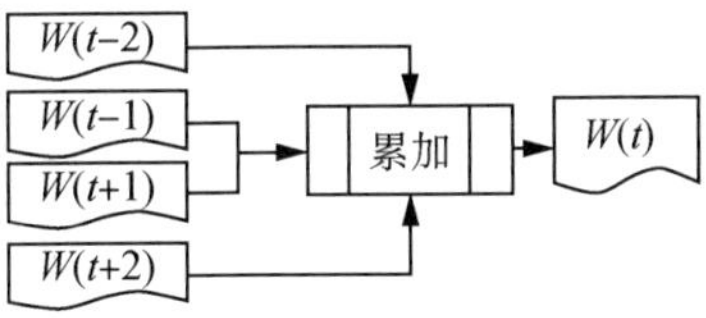


图 3　CBOW 模型

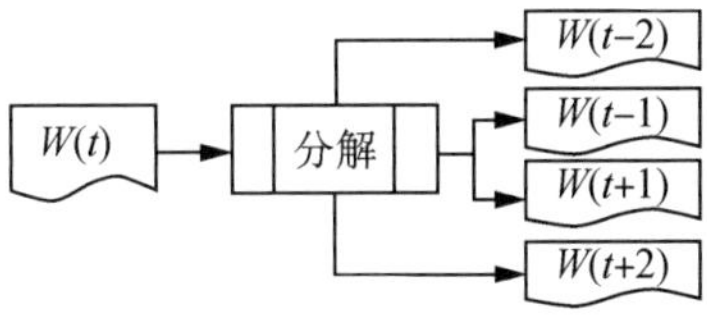


图 4　Skip-gram 模型

CBOW 模型的训练和 Skip-gram 模型的训练类似,本方案采用 CBOW 模型的训练过程。其中输入层是词 $w(t)$的上下文中的 $2c$ 个词向量,而投影层向量 $Xw$ 是这 2c 个词向量的累加和。输出层是以训练语料库中出现过的词作叶子节点,以

各词在语料库中出现的次数作为权值构造出的一棵 Huffman 树。在这棵 Huffman 树中，叶子节点共 $N(=|D|)$个，分别对应词典 D 中的词，非叶子节点为 $N-1$ 个。通过随机梯度上升算法对 Xw 的结果进行预测，使得 p(w|context(w))最大化，context(w)指词的上下文中的 2c 个词。

当神经网络训练完成时，即可求出所有词的词向量 w。当利用词向量表示一个词时，可以发现类似这样的规律："king"－"man"＋"woman"＝"queen"，可以看出词向量非常有利于表达词的语义特征。

**（五）使用 cosine_similarity 库进行余弦相似度计算**

TF-IDF 与余弦相似的应用包括用来找相似文章，需要用到余弦相似性。举例如下：

句子 A：我喜欢看电视，不喜欢看电影。

句子 B：我不喜欢看电视，也不喜欢看电影。

基本思路是：如果这两句话的用词越相似，它们的内容就应该越相似。因此，可以从词频入手，计算它们的相似程度。

1. 分词

句子 A：我/喜欢/看/电视，不/喜欢/看/电影。

句子 B：我/不/喜欢/看/电视，也/不/喜欢/看/电影。

2. 列出所有值

我，喜欢，看，电视，电影，不，也。

3. 计算词频

句子 A：我 1，喜欢 2，看 2，电视 1，电影 1，不 1，也 0。

句子 B：我 1，喜欢 2，看 2，电视 1，电影 1，不 2，也 1

4. 写出词频向量

句子 A：[1, 2, 2, 1, 1, 1, 0]

句子 B：[1, 2, 2, 1, 1, 2, 1]

我们可以通过夹角的大小，来判断向量的相似程度。夹角越小，就代表越相似。

假定 a 向量是$[x_1, y_1]$，$b$ 向量是$[x_2, y_2]$，那么可以将余弦定理改写成下面的形式：

$$\mathrm{sim}(X, Y) = \cos\theta = \frac{x_1 x_2 + y_1 y_2}{\sqrt{x_1^2 + y_1^2} \times \sqrt{x_2^2 + y_2^2}} \qquad \text{(公式 1)}$$

**(六) 相似度在 60%以上的属于一类,将相关的 ID 相继存入数据库,删除原数据库中已经进行聚类的 ID。**

## 四、实 验 结 果

原始数据的样例见图 5。

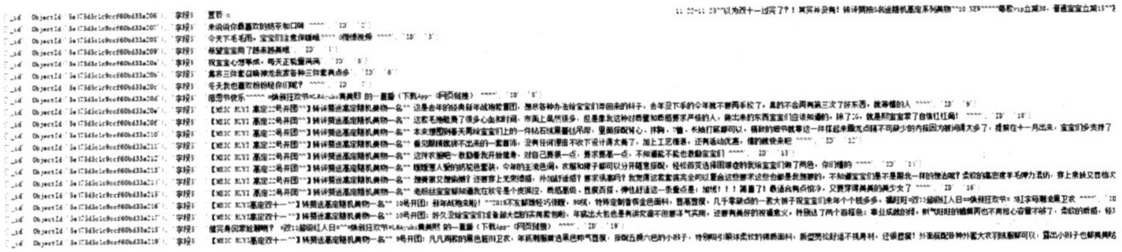

图 5

分词,TF-IDF 过滤后的数据样例见图 6。

图 6

聚类后的数据样例见图 7。

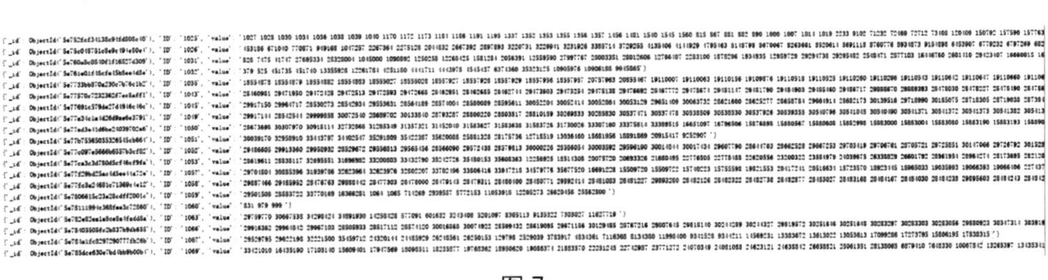

图 7

由图 7 可以看出，ID 1 025 和后面的 1 027 到 157 763 都是同一类别，用|分割。

实践证明，经过在 3 000 万条微博数据集上的实验，该方案能很好地实现微博等短文本的分类工作。

## 五、结　　语

本文探讨了一种基于 TF-IDF 和 Word2Vec 的短文本分类方案。

在数据清洗阶段，首先利用正则过滤掉到无用符号，接着利用停用词库过滤掉无用字段，再使用名词库，匹配专有名词、姓名、地名，目的是要解决分词库的词库里可能词库不全，导致无法分词的情况。接下来使用 Jieba 库进行分词处理，最后使用 TfidfVectorizer 库提取 TF-IDF 高的关键词入库。

在数据聚类阶段，由于要处理的数据量巨大，使用 multiprocessing 库，用多进程来进行处理。然后取出 TF-IDF 处理过后的所有数据，取第一篇文章对所有文章进行比对。接着使用 cosine_similarity 库进行余弦相似度进行计算。最后是相似度在 60%以上的属于一类，将相关的 ID 相继存入 MongoDB 数据库，同时删除原数据库种已经聚类的 ID。

经过在 3 000 万条微博数据的实验，实践证明该方案能很好地实现微博等短文本的分类工作。

**特别感谢：**

同济大学艺术与传媒学院徐翔教授团队提供了 3 000 万条微博的实验数据。

# 计算、智能与传播理论视域

# AI的可解释性与可靠性

## ——基于“理解”的人-机交流反思与技术逻辑想象

王　鑫*

**摘要**：可解释性要解决的问题是人能够知晓AI是如何判断。决策过程的不可解释是AI技术发展的瓶颈，研究可理解性的AI也是智能技术的发展趋势。可解释性的AI确保人-机交互中的可靠和安全。在人类信息传播中，决策过程的可解释是沟通的前提，可靠性也源于思考过程的可解释性，由此确保了沟通者之间的信任和安全。AI的进一步发展带来智能传播与人-机交互的多场景下的传播实践，这也提示了一个重要的问题：智能传播如何确保可靠与安全。由于AI难以具备人的具身经验，也难以从“效果历史”下进行认知和理解，因此，AI与人之间的交流和互动仍需要跨越巨大的理解“沟壑”。这需要构建与可解释AI发展相适应的技术逻辑、想象与研究路径。

**关键词**：AI；理解；交流；效果历史；具身认知

2020年3月，前微软副总裁沈向洋续聘清华大学时谈道：“AI就像一个黑匣子，能自己做出决定，但是人们并不清楚其中缘由。所以，我们目前需要做的就是将其打开，了解AI想表达的意思和可能会做出的决定。这就需要设计和构建‘负责任’的AI。”这里涉及一个问题，如果AI的行为是不能被解释的，是不透明的，仅仅是指令性而不是因果性的，那么随着AI越来越多的代替人类从事一些工作，确保AI的可靠性和安全性就尤为重要。“理解”恰恰是可解释性AI实现的重要的环

* 王鑫，辽宁大学新闻与传播学院教授。

节。对此，本文从“理解”入手，并从哲学和技术两个维度反思人-机交流的可能性以及局限性，虽然基于技术的创新可解决 AI 可解释性问题，但是如果不能将 AI 置入类人的社会化和具身认知的场景，那么这种理解和交流仍将困难重重。

## 一、当我们谈“理解”的时候，我们在谈些什么

“理解”是日常生活中人们普遍使用的一个词语，比如“我理解了你的想法”“我理解了你为什么这么做”“我理解了这个问题”。当我们这么去说的时候，实际上涉及理解内容的三个方面：“想法”（他者之思）、“做法”（他者之行）、“问题”（所行之事）。这里的“理解”，通常来讲，是知晓、明白和懂得的意思，是一个人（主体）对另一个人（所思、所行）或者对象的认识、把握并且施以行动显现理解的结果。理解的过程，伴随着感性的体验和理性的思考，通过感知、认识、思考、分析和综合实现对人、事、理、情的知晓。“理解”可以看作对“理”的剖解，进而实现对“理”的确认、通晓和掌握。如果这样对“理解”进行理解，则是遵循了西方二元论思维方式，预设了主体和客体，通过对形式因、质料因和动力因的分析，最终实现对事物或者规律的把握。

如果从中国传统思维方式来看，理解更接近于“悟”。“悟”是“我心”之活动，无论是“顿悟”还是“渐悟”，都是依靠人（心）的蓦然开醒或者循序渐进，进而达到心对理、事、情、物的照亮，同时也是理、事、情、物对心的敞开，这是一个“随物婉转、与心徘徊”的过程。虽然中西方思维不同，但是理解都是涉及和“心”（心理）有关的行为过程。中国古代的刘勰说“音实难知，知实难逢，逢其知音，千载其一乎？”（《文心雕龙·知音篇》）音乐实难理解，遇到可懂可知音乐的人就更难了，遇到能够懂得的人，千年能有一个吗？这里第一个“知”就是理解，是知晓、懂得、认识，“音乐实在是难以知晓”；第二个“知”，是知音，能够懂得音乐的人。可见，当我们谈理解的时候，就会涉及理解的主体、对象、过程、内容和方式。理解主体，人（心）；理解的对象，可能是另一个人（心），也可能是具体的事或者理；理解的通路（方式），或是感悟或者逻辑推理等。一般来讲，理解总是一个交互的过程，是往复和互动的，也是彼此打开的过程。因此，把“理解”看成是一个过程，一种意向性的活动，也是“心”对所要理解的“理、事、情、物”的抵达，这里就存在一个“目的因”。从心理学上来说，理解

是人的大脑对事物分析和综合，知其然，更要知其所以然。理解与感觉不同，感觉是借助于感官对外界因“感”而“觉”的过程，而理解往往与概念或者问题密切相关。感觉是借助身体对外界的刺激而产生的觉察，理解是借助人的理性，经过思维的过程而得到的判断。不过，这里需要区分一个问题，就是直觉和理解的差异和重叠。直觉是不依赖人的理性而直接察觉问题的本质，就是前面提到的“悟”，更接近现象学的直观；理解却是需要人的理性的参与，从简单到复杂，从模糊到清晰，从部分而勾连成整体，经过分析进而综合的过程。

当然，“理解”的通路是多面向的，或者依赖西方二元思维方式的认知，进而达到对事物的认识；或者如中国天然合一、心物合一的思维方式，不求认识，但是求融会、求体悟、求在“恍兮惚兮，其中有象；惚兮恍兮，其中有物”中觉察。可见，思维方式不同，“理解”的通路是不同的。一个人的经验、能力、智识、判断、技艺等，都决定了能否做到“理解”，在多大程度上理解，这其中伴随着复杂的感觉、知觉，以及理性思辨的过程。理解需要经验的内容，更需要逻辑上的自洽。据说理解有两个重要的标志，一是要从语言上能够清晰地解释所理解的对象，“凡是说的，就能说清楚”；另一是能够根据理解完成所有的行动，即如王阳明所说的“知而未行，是为未知”。学者陈嘉明认为“它（理解）是由理解者与被理解者双方的心理活动所构成的，其中被理解者的意向决定了该行动的意义；而理解者需要通过把握被理解者的意向来理解该行动的意义。通过这样的分析，我们看到‘意向’与‘意义’构成了行为理解的两个关键要素。此外，这一理解过程表现为一个心理活动的过程，即理解者想要‘把握’（理解）被理解者的过程。”[1]陈嘉明教授的分析，有一个重要的提示，即理解是一个心理过程，是一个意向性活动，而“认识”是一个事实过程，是对事物“真”的确认，二者是有区别的。笔者此前把心理过程和行动过程视为理解的“一体两面”，理解仍旧是以认识为先，也是“意向性”活动得以发生的前提。理解是需要行动来确认心理过程的合理性，这是心理过程现实化的体现，也即理解需要“内在现实”与“外在现实”。外在现实是意义的确认，内在现实是一种意向，也是抵达外在现实的过程。这也有助于我们去思考“沟通”的问题，有效的和理想化的沟通，就是彼此之间相互的理解，因此沟通也具有意向和意义。无论是人与人之间的沟通，还

[1] 陈嘉明:《理解的“理解”》,《哲学研究》2019 年第 9 期,第 118—125 页。

是人-机互动，都要做到彼此能够理解对方的话语、思想和行为，才能实现有效的沟通和执行。

理解是主体和对象（人、事、物、理）之间建立的桥梁。那么理解如何建立？就人与人之间的理解而言，需要建立情感、心意、见解和观念上的互通和一致，并在行动上体现这种互通和一致，所谓“同情共理”就是这一个意思。当然理解而未有相应的行动，也不是真正的理解；就人对“事”的理解而言，事在人为，说到底还是对人的理解，理解人就可以理解人所行所处之事；对物的理解，需要把握对象的内在机理和外在模态，实际上是科学的认识的过程。对是否实现“理解”的检验，在于主体是否可以重述被理解之事、物、情、理，并且能够对行动构成意义。因此，理解不仅需要语言的会意、精神的相连、情感的共通，还需要行动的相似或者一致。任何语言上的理解，如果没有落实到心智相合一，行动相一致，就无法谈及是真正的理解。因此，理解是在语言上的可解释，行动上的可确定和可靠。

当我们讨论“理解”的时候，预设了这个主体是“人”。那么如果这个主体是“机器”（AI）呢？能否按照人的理解去理解“人、事、物、理、情”？AI 能否通过与人的“沟通”，进入人（心），从而实现对人的理解？如果按照此前的分析，AI 更符合二元论思维下“理解”的过程和路径。笔者在《从 AI 到 AM：人工智能的知识观》以及《AI 技术与人类主体想象》两篇文章中对该问题有所涉及。AM（人工心智）技术构想就是要解决“理解”这个问题，突破 AI 不可解释、不可理解的瓶颈。所谓人工心智，“就是使机器具备对事物的感知、表征、概念和思维能力，使机器具有常识和直观的能力，具有像人一样的‘心灵’”。这种技术设想不同于基于神经网络模拟所进行的算法练习，而是使 AI 能够不断习得与人的思考和行为共生经验和模式，从而具备类人的思维。但是 AM 探索的是另一种技术路径，“通过建立人工心智模型来开启 AI 的类人思维，比如人机交际过程，就是共建交际意象，建立有意义可持续的交际行为。……只有当 AI 与人类发生交互行为，且这种交互行为并不是基于人为的技术预设和语料库的信息供给，而是 AI 自行获取语义信息，并能够在此基础上完成相对成熟的，符合人一般理解的完整表达过程，才可以说使人工智能具有‘类人’的思维”，[1]从而可以使 AI 能够处理复杂、多义和变动不居的意义交流和人类

[1] 王鑫、沙永锋：《从 AI 到 AM：人工心智的知识观》，《新闻与传播评论》2018 年第 6 期，第 41—50 页。

沟通。AM 的技术构想，不同于神经形态硬件的技术逻辑，也不同于人工直觉（凭直觉行动的人工智能），虽然这两者都有助于 AI 朝向更灵活、更高效和更人类化的目标发展，但是 AM 的技术设想和目标是使机器能够具备像人一样的“心灵”，能够处理常识问题，并通过理解实现人机交互行为。在 AM 的技术设想路径中，有两个关键问题，一是 AI 是否能够理解人类的常识；二是机器是否能够像“人”一样行为和思考。前者的问题在于，机器能否处理规则和边界模糊的信息，并且这些信息是在一个社会语境和历史变迁的背景之下，也即人具有某种“感觉结构”，但是机器如何与人具有相似的“感觉结构”？或者，没有社会化生活的机器是否能够具有相同的体验、感受、记忆、情感以及由此会通是各种复杂的内容，从而实现对人的理解，对常识问题的处理？图灵发明计算机，就是要将人从繁重的计算中解放出来，因此，计算机被制造出来的那一刻开始，“计算”就是它的宿命。现在 AI 的技术底座仍旧是计算为基础的，依靠超凡算法和统计试图理解人类施予的命令，所有进入 AI 的命令，都是在算法中实现，AI 对知识的获取不是障碍，但是对经验的获取是缺乏途径的，因此，AI 作为理解主体，是否能够理解人、事、物、理、情？AM 可能是一条路，至少目前深度学习和知识图谱的技术路径，都还不能实现 AI 可解释这一命题。

## 二、人-机双向互动与交流可否跨越“理解”的沟壑

2017 年，Google Brain 在 ICML Tutorial 中给出的一个可解释性的定义是：“Interpretation is the process of giving explanations to human”（理解是向人给出解释的过程），其意图是让机器按照人能够理解的方式给出解释。谷歌关于可解释性的定义的一个逻辑前提是人能够理解机器，那么这里的主体仍旧是人。如前所述，人的理解是心理活动和实际行为发生的过程。比如当一个人表述今天的温度是“零下 20 度”时，不难得出寒冷的理解，还有如何去保暖的进一步判断，穿什么样衣服、鞋子、户外逗留时间等，这是人的理解方式。这些理解是根据人的个体的经验形成的，不仅包括人的主观认知还包括身体的感触，也是经历和体验形成了规律性的认识和理解。因此，人-机能否实现双向互动的理解，有两个重要的问题需要解决。

### (一) AI 能否实现“效果历史”下的理解

伽达默尔认为,任何理解和解释都依赖理解者和解释者的前理解。“某某东西作为某某东西加以解释,这在本质上是通过先有、先见和先把握来起作用。解释从来就不是对某个先行给定的东西所作的无前提的把握。如果像准确的经典释文那样特殊地具体地解释喜欢援引‘有典可稽’的东西,那么最先的‘有典可稽’的东西无非只是解释者的不言自明的无可争议的先入之见。任何解释一开始就必须有这种先入之见,它作为随同解释就已经‘被设定了’的东西是先行给定了的,也就是说,是在先有、先见和先把握中先行给定了的。”[1]这里所说的“先有、先见和先把握”,至少有两层含义:第一,知识或是来自人的先验的部分,人不依赖经验而先天具有认知和判断的能力,因此可以理解和解释;第二,知识或是来自于经验,人的理解是因为以前的经验、习得和具体的生活内容,人可以依赖此前的经验并由此形成的解释框架,进行判断和理解。从人工智能的知识观来看,无论是符号主义下依赖人类能够理解的符号化知识系统(如语言符号系统)进行信息的组织和计算或者联结主义的机器模拟人脑工作的方式——通过学习神经元之间的连接强度来运作。显然人工智能的知识来源,或是掌握人类符号的意义或是模拟神经元的工作进行深度学习。前者的局限在于计算过程完全依赖符号间的严格匹配,很难克服符号间语义鸿沟的影响;后者的局限在于数值计算无法替代语义理解,其黑盒特性以及处理过程难以解释的先天缺陷,使得这种纯粹的数据驱动学习方式不仅结果不可解释而且学习过程也不可调控。可见,人工智能的知识构成,来自于人类的设定,设定的主旨并不是赋予人工智能所有的知识内容,而是一种学习的程序,人工智能可以通过自行计算和学习以扩展知识内容和理解边界,从而最大限度地实现可沟通和可解释。那这里就有一个先决条件,即人类创造了人工智能的怎样的学习程序?这可能就是属于人工智能的“先验”部分,即人类赋予了人工智能什么样的程序和学习方式?目前,弱人工智能可以在局域内实现精准性的操作和超越于人的能力,但是一旦超越了现有的设定,人工智能则会失去强大的能力。因为,计算机拥有的就是计算能力而不是思考能力,进入 AI 的所有指令,都可以转化为计算指令,这就是 AI 的先验能力。轻巧的人工智能,比如类似微软“小冰”和苹果“Siri”作

---

[1] 伽达默尔:《真理与方法》,洪汉鼎译,上海译文出版社,2005 年版,第 7 页。

为问答机器人虽然可以回答人类的问题，仍旧停留在较低的局域之内，用户体验的结果是经常出现答非所问。既然开发人工智能的技术逻辑和技术想象成为人工智能的“先验”的部分，如果不改变 AI 的先天的计算能力或者是技术路线，是否 AI 就不能具备类人的思考和理解，更无从谈及对人类相关经验的累积，而经验正是人构成其自身的重要的部分。

关于经验也需要一个简单的辨析，人的经验是一个复杂的组成部分，是一个人进入世界，不断地感知、认识、想象、思考和判断，并且与社会中不同的个体发生多样的关系，比如经济关系、社会关系、法律关系、政治关系等，在时间中通过生命而不断生成的内容。人生经验不断深化，才能不断理解复杂且深广的社会内容。这个世界不仅依赖学习，还依赖人的身心投入。杜威曾说：“在自然中并没有孤立无关的事情，但同时彼此交相作用和联系又不是笼统的和完全相同的。在交相作用的事情之间有比较紧密的接合，也有比较松弛的结合，而这些结合就规定了它们具有一定的开端和结尾。”[1]因此，生命个体因为这种身心投入而具有共识、同理和共情之心。虽然生命个体之间的交流也会出现偏差、误解甚至无法沟通，但是作为生活世界根底中的部分，生命个体还是会有某种超越性，进而可以实现某种不需要解释的理解。“理解甚至根本不能被认为是一种主体性的行为，而要被认为是一种置自身于传统过程中的行动，在这个过程中过去和现在经常地得以中介。”[2]显然，如果从哲学上来理解“理解”，那么这个“理解”在发生之前，实际上是已经被规定了，并不是主体的一个主观的看法，或者以主观看法表现出来的某种认识，而是个体已经以身心俱入在世间之中，以过程和行动构成了后来理解的前提，这就是“先见、先行或者先把握。”“前理解或前见是历史赋予理解者或解释者的生产性的积极因素，它为理解者和解释者提供了特殊的‘视域’。”因此，理解者的“前见”具有积极性的意义，在某种意义上是决定了理解能不能发生和实现，甚至决定了个体能够“看到什么”和“如何看见”的问题。虽然这在某种程度上决定了人的局限性，但这也是个体差异和总体丰富的可能与现实。

AI 能否实现对人的理解，一个需要跨越的“沟壑”就是能否实现 AI 在理解过

---

[1] 杜威：《经验与自然》，商务印书馆，2014 年版，第 269 页。
[2] 伽达默尔：《真理与方法》，洪汉鼎译，上海译文出版社，2005 年版，第 7 页。

程中的“效果历史”？虽然深度学习或者知识图谱可以让AI与人类之间进行某种沟通，但是AI无法实现在过程和时间中的情感、记忆、情绪、想象、反思等内容，并由此形成的对于问题理解的前见。AI从诞生那一刻起就注定在计算中实现优化和标准的判断，它给出的判断既不存在感性也不存在理性，只是按照规则进行计算之后给出答案而已，就像 $S=\pi R^2$ 是圆形面积公式，那么这个圆形的面积数值是感性的还是理性的？因此，AI的判断和决策是不依赖“效果历史”的，而是在高速的计算和深度学习中模仿人类在计算方面的能力，甚至在某些方面超越人类。AI因为不具备类似人的社会经验和生命经验，因此难以实现理解的“效果历史”。这一缺陷的后果是，对人类来说非常困难的事情，对机器来说十分简单，比如复杂算术题的求解；而对人类非常简单的事情，对机器而言却十分困难，比如表达情感；如果AI无法实现两个“心灵”的沟通，那么人-机之间的相互“理解”，仍旧走在技术想象的路径之上。

### （二）AI能否实现具身理解

在众多规则清晰的特定领域，比如：象棋、围棋、人脸识别、语音识别等，AI的能力已经远超人类，比如工业机器人、物流机器人、接待机器人、巡逻机器人等，其皮肤的触感、体温、表情都足以让人分不清真假的女友机器人，都在社会活动中广泛应用。然而，这并不意味着机器能够代替人的生命存在。这些机器人尚未具备人一样的心智能力，不能够像人一样思考，机器的行为只是对输入指令进行计算和加工并作出合乎标准的判断，无论这种程序是符号学习还是联结主义，本质上依然是计算。陈嘉明认为，“理解的最为典型的对象是与心灵活动有关的行为，包括言语和行动。这一理解过程表现为一个心理活动的过程，它是通过对意向性的把握来理解行动的意义的。理解者力求达到的是与被理解者在心灵上的会通。”他也认为，“知与不知的区别是信息性的，从而是表层的；而理解与不理解的区别则是根据性的，从而是深层的。”[1]陈嘉明讨论的前提是相互理解的是两个“心灵”，是人的心灵，而这里要讨论是一个是“人”的心灵，一个是“机器”的心灵。现在机器尚无“心灵”，如果机器也拥有“心灵”，它与人的心灵最大的差异是，一个没有肉身的寓所；另一个拥有肉身的寓所。肉身，在某种意义上就是人的心灵的家园，心灵栖息

[1] 陈嘉明：《“理解”的理解》，《哲学研究》2009年第7期，第41—50页。

于其中。杜威认为,"'感触'是以复杂地运动着的和有区别的反映为特征的'生命-形式'的一种性质一样,'心灵'也是一个有感触的动物所具有的一个附加的特性,这时候,它已经达到有了语言、有了互相沟通那样一种与其他有生命的动物交相作用的组织状态。于是,感触所具的各种性质就变成对外在事物的客观区别、对过去和未来的事故都有着重要的意义了。……感触不再只是被感触到。它们具有意义而且产生意义;它们记录过去和预测未来。"[1]杜威在这里肯定了"感触"的意义,认为其可生产意义,显然是赋予了身体和心灵一样的价值,而不仅是一种简单的生理基础,像听觉和视觉,既是理智上的感知,也是美感上的感知,这是一个不被否认的事实。"身心结构就是按照它存在其中的这个世界的结构发展出来的,所以身心就会很自然地发现它的某些结构部分和自然是吻合的、一致的,而且也发现自然的某些方面和它本身是吻合的、一致的。"[2]显然,人的身体结构作为自然的一部分,完美地与人的精神和理智构成吻合,共同参与了人类对外部世界的认知。"由于这个原因,有机的动作就是心灵的一个先行的动作;它们看起来似乎是深思熟虑的和具有意识智慧的,因为有智慧的动作在利用有机的动作所提供的机制时,必然也会具有有机动作的模样。"[3]

肉身和心灵之间,或者说身心之间,虽然存在不同的历史和逻辑理解,但是传统的二元论的"身心"关系,把身体当作"心"的寓所,并不能全然解释认知和理解的问题。梅洛-庞蒂的身体现象学将意识经验置换为身体体验,认为意识经验实际上由各式各样的身体体验构成,认识的主体是"我",而"我"就是我的身体,身体某些莫名的疼痛作为记忆留存在心中,哪怕身体已经忘记了当时在刺激之下的行为,但是心会长久地保存内容。身体与心灵不是传导信息和反映信息的关系,身体就是信息和意识本身。身体受到外界的刺激而产生的行为,并不会因为身体的感受消逝,因为身体的经验已经成为一种本体感受,通过位置、状态、动作、目的和需要等形成的。"大脑并非供我们解决问题的唯一认知资源。我们的身体和身体知觉指导下的动作在达到目标的过程中完成了大量工作,替代了复杂内部心表征的需

---

[1] 杜威:《经验与自然》,商务印书馆,2014年版,第256页。
[2] 杜威:《经验与自然》,商务印书馆,2014年版,第274页。
[3] 杜威:《经验与自然》,商务印书馆,2014年版,第280页。

要。”[1]尽管经典的认知心理学和温和的认知心理学都认为，身体仍旧是“生理性”的存在，心智主要进行认知表征的运算和操纵，或者强调了身体经验对心智的塑造作用，但是也保留了计算和表征（AI 研发者模仿人类大脑神经元，使 AI 具备类人的认知和思维与经典认知心理学认为“大脑有如计算机”，大脑就是一台复杂的计算机之间，是计算科学发展史和心理学发展史人-机互相模拟的过程）。但是，激进认知心理学认为，认知是具身的，是因为认知在本质上并非抽象符号的加工或运算，而是由身体经验构成。自然环境和社会环境与身体的关系，并不是身体的被动接受，或者类似于镜子一样的“映照”，身体与环境之间是相互作用的关系。环境作用于身体，身体同样反作用于环境，也就是说，“人们不是表征世界，而是‘生成’（enact）一个世界。身体作用于环境的活动决定了认知的性质和方式。”[2]在某种意义上来说，激进的认知心理学与生存论哲学构成呼应，人不是简单“镜式”反映世界，也不是被给定的，而是生成的，是人在不断的行动，并在行动中与自然、社会以及他人发生关系，并在这种关系中不断建构自身的生活方式和生存观念。人是以“身心”投入生活与环境，并在时间和历史中认识和理解世界。“我们不像计算机：机器总是耐心和愉快地等待着他人的开启和指令。我们则是由起伏不定、不断扩展的欲望和欲望激发出来的各种身体动作所构成……我们之所以有大脑，主要是因为大脑要为我此刻关心的问题找到解决的方法”。[3] 如果按照梅洛-庞蒂的所说，组成人的意识内容的自我体验、客体体验以及对他人作为意向主体的体验都是基于身体知觉，是一种身体经验，那么梅洛-庞蒂的“身心合一”与中国传统哲学对“身心”关系的理解具有某种相似性，不再是二元论的观点。如果“认知是一种具身的活动，这种活动根植于身体，扎根于环境，与有机体的生物、心理和文化因素紧密联系在一起。所以对于心智的理解既不能离开身体，也不能脱离环境。”那么，“解释有机体现时心理活动结构的奥秘完全在于以往互动的历史，与那种储存在内部的心理规则和表征没有任何关系”[4]。如果按照经典认知心理学和温和心理学的解释，认知可以被视为一种“运算”，认知是一种类似于“软件”性质的程序，那

[1] 叶浩生等：《身体与认知表征：见解与分歧》，《心理学报》2019 年第 4 期，第 462—472 页。
[2] 叶浩生等：《身体与认知表征：见解与分歧》，《心理学报》2019 年第 4 期，第 462—472 页。
[3] 叶浩生等：《身体与认知表征：见解与分歧》，《心理学报》2019 年第 4 期，第 462—472 页。
[4] 叶浩生等：《身体与认知表征：见解与分歧》，《心理学报》2019 年第 4 期，第 462—472 页。

么 AI 是可以实现与人之间的相互理解。但是，身体并非如经典认知心理学认为的那样可以与“心”划分清楚的边界。AI 与人之间的相互理解，其“肉身”的缺失都是理解难以充分实现的一个重要因素。或许有其他的途径能够使机器绕过“肉身”来实现“理解”，这需要 AI 技术解决一个根本的问题：AI 不再依赖计算而生，而是依靠其他技术模型。

## 三、AI 理解的“局限”与人-机交流“有限性”

正如人与人之间的沟通和理解是难以充分实现的一样，否则约翰·彼得斯就不会发出“对空言说”(Speak to air)的感慨，指望 AI 可以无障碍地与人交流并且实现充分的理解，至少目前仍旧是 AI 技术构想中最难以实现的部分。AI 无法具备“效果历史”，也不具备“具身认知”，所以 AI 的理解必定带有“先天”的缺陷，如果不从根本上解决 AI 的计算本体缺陷，AI 可解释性的技术构想实现，将会困难重重。伽达默尔认为，“理解的实现方式乃是事物本身得以语言表达，因此对事物的理解必然通过语言的形式而产生，或者说，语言就是理解得以完成的形式。”[1]伽达默尔强调了语言在理解中的根本性意义，如果这构成人与人之间交流和理解的可靠途径，那么仿佛又给 AI 与人之间的相互理解提供了照亮的光线。如果 AI 能够充分理解语言使用的语境和语态，是否就可以充分理解人的情感、情绪、心意和状态？“所谓理解就是在语言上取得相互一致，而不是说使自己置身于他人的思想之中并设身处地地领会他人的体验。我们曾经强调说，在理解中这样所产生的意义经验总是包含着应用。……这整个理解过程乃是一种语言过程。”[2]如果把理解的过程视为一种语言过程，这对于 AI 的研发者来说是一种问题的简化，因为 AI 的技术优势就在于对边界清晰的语言容易做出识别和判断。AI 对语言的理解的障碍是对零散的、模糊的、边界不清楚的、可意会却不可以言传的内容，难以识别和判断，以及在语境不清楚的情况也很难充分理解说话者的内容。“正是在相互了解受到阻碍或变得困难的情况中，我们才最清楚地意识到一切理解所依据的条件，因此，

[1] 伽达默尔：《真理与方法》，洪汉鼎译，上海译文出版社，2005 年版，第 8 页。
[2] 伽达默尔：《真理与方法》，洪汉鼎译，上海译文出版社，2005 年版，第 496 页。

在两个操不同语言的人之间只有通过翻译和转换才可能进行谈话的这样一种语言过程就特别具有启发性。在这种谈话中，翻译者必须把所要理解的意义置入领域给谈话者所生活的语境中。这当然不是说，翻译者可以任意曲解讲话人所指的意义。相反这种意义应当被保持下来，但由于这种意义应当在一种新的语言世界中被人理解，所以这种意义必须在新的语言世界中以一种新的方式发生作用。”[1]伽达默尔在这里也强调了“语境”的重要性。“语境”不只包括具体的情境，也包括历史所留存下来的独特性的“内容”。如果想让人-机沟通和交流变得顺畅，就像两个操持不同语言的人进行交流，主要是 AI 能够理解人的语言，以及语言中的意义和旨趣，就需要提供清晰之意。如果讲述者能够清晰地描述，较为准确地使用边界清晰概念明确的语言，AI 有可能较好地理解讲述者之意，但是，这种规范性的语言的给予在某种程度上是很难实现的，特别是日常交流中言语的碎片化和多义化。“只有当通过相互谈话而在语言上取得一致理解的时候，理解和相互了解的问题才能提出来。”[2]

与人机沟通和交流类比，当 AI 与人的交流在语言上取得一致理解的时候，理解和相互了解是否是可能的？显然，解释学的奠基人伽达默尔对人类的理解秉持着相对乐观的态度，并且提供了一条重要的语言通路，“……一切理解都是解释，而一切解释都是通过语言的媒介而进行的，这种语言媒介既要把对象表述出来，同时又是解释者自己的语言。”[3]这对人来说，可能存在着一定的障碍，因为人的学习能力是有限的。但是对于 AI 而言，这个障碍仿佛没有那么巨大。“一切理解都是解释”，如果能够解释清楚的，就是可以理解的；或者，可理解的内容就是能够被解释清楚。理解和解释的通路就是语言。如果解释者能够提供理解者可理解的语言，那么这种解释就是可靠的。伽达默尔忧心的“最困难的对话显然莫过于两个操着不同语言的人之间的对话，因为两个对话者虽说理解对方的语言，但却不会说对方的语言。于是，就好像是由于一个更高的力量所逼使，这两种语言中的一种就试图使自己而不是另一种语言成为理解的媒介”。但是在人-机沟通中，却没有那么困难，比如现在的各种翻译软件，如果人能够提供清晰的符合某种语言规范的文

[1] 伽达默尔：《真理与方法》，洪汉鼎译，上海译文出版社，2005 年版，第 497 页。
[2] 伽达默尔：《真理与方法》，洪汉鼎译，上海译文出版社，2005 年版，第 498 页。
[3] 伽达默尔：《真理与方法》，洪汉鼎译，上海译文出版社，2005 年版，第 502 页。

字，都会得到较好的翻译结果。但是如果某个语词有其特定的使用背景和特殊的语境含义，翻译软件则不能很好的翻译。2020 年 5 月，新华社推出的 AI 主持人播报，几乎可以替代人类主持人完成所有的新闻和信息播报任务，之所以 AI 可以代替主持人播报，一个根本原因在于 AI 主持人可以对边界清晰和内容准确的语言进行传递。但是 AI 主持人是无法代替人类主持人进行现场连线，并且在和嘉宾的对话中解读一些政策和内容。这就是 AI 智能传播的局限。AI 目前被广泛地应用于智能传播中，比如机器人写新闻稿、AI 主持人、AI 报道等，这里面有一个关键性的问题，即现在的智能传播仍旧是单向度的传播，没有互动。没有互动的一个主要的原因就是 AI 无法与人类进行多元可变的场景之下的沟通和交流。因为人的交流存在多种个性化的、语境化的、场景化的以及片段性的言语，目前的 AI 技术无法对边界模糊，言语零碎和散乱的信息进行结构化或标准化处理，AI 只能对结构化或者标准化的信息进行标准化的处理，因为 AI 是基于规则和统计设计的。而人类的思维是面对结构化、标准化的信息时，采取结构化和标准化的方式进行处理；当面对无法结构化和标准化的信息时，采取的是非标准化处理。如果人类要在传播中使用 AI 作为一种“噱头”，那么与之互动的人，必须要为 AI 提供其可理解的边界清晰的语言以及简化的问题。不过，按照经典认知心理学对“大脑心智”模式的分析以及温和认知心理学认为大脑的作用也是计算和表征，那么似乎也为 AI 实现对人的充分模拟并通过深度学习，拥有与人类交流能力。进一步讲，虽然 AI 无法实现“效果历史”下的理解，但是伽达默尔也认为“理解”的关键步骤和路径是语言，对于 AI 来讲，语言的可识别的能力越来越强，可以通过语言的结构、要素对现实语义实现深度的理解，并且通过意向性的感知、理解、记忆、整合，进而实现一般场景下的人-机互通和交流。

吴飞教授在《人工智能终可“识别人心”》一文中追问：人心是什么？人心可以计算吗？作为碳基的信息处理机制的人类大脑和作为硅基的计算机设备之间真的可以对话和相互理解吗？那么是否可以这样的思考：如果 AI 能够解决“效果历史”的问题，是不是理解的“沟壑”就会被填平？进一步追问：“效果历史”的问题如何被解决，这不仅是一个人文的困境，也是一个技术的困难。其实相比于“效果历史”的困难，“具身认知”的困难更是难以突破的，因为这本就是人-机最根本性的差异，是人体与科技体的差异。但是，人的日常沟通和交流并非总是以清晰的语言描述，这里面有各种方言、俚语、缩略、转义、双关的等复杂的应用，语言是有规则和规范的，但是言语是零散的、琐碎的、片面的、杂乱的，人们日常生活中使用的是言语，而不是规范的语言系统。因此，AI 要解决的问题也并不是一个语言的问题，而是言语的问题，以及日常生活中的常识沟通。AM（人工心智）的提出者，就是要为机器制造像人一样的“心灵”，其技术想象和技术路径要解决的就是 AI 在日常生活中的言语沟通和常识理解，边界模糊和不规则的话语内容，从而实现对人之所言的充分理解，并且根据所理解的内容提供可靠的执行和行动。[1] 这里的人工心智，是使机器具备类似人的认识、判断、思维的能力。但是，AI 的理解仍旧具有“片面性”，虽然 AI 已经具备充分的眼耳鼻舌身的感知能力，但是 AI 难以实现移情和通感，不具备将人的身体获得的感知信息综合成人的主观性内容，这是 AI 感知和认识能力的缺陷，或者说 AI 不能将身体经验变成认知和理解。从 AI 研发的角度而言，以计算为初始使命的 AI，让其拥有“心灵”，才是更加困难的事情。杜威认为，“‘身心’仅仅是指一个有机体跟语言、互相沟通和共通参与的情境有连带关系时实际发生的情况而言。在‘身心’这个复合词中，所谓‘身’系指跟自然其余部分，其中既包括生物，也包括有无机物，连接一气的各种因素所具有的这种被继承下来的，被保存下来的、被遗留下来的和积累起来的效果而言；而所谓‘心’系指当“身体”被涉及到一个比较广泛、比较复杂而又相互依赖的情境时所突创的一些独特的特征和后果而言”[2]。虽然杜威用经验将“身心”统一起来，但是在论及时仍有二元论的色彩。不过杜威讲的“身”指的是尚未有“心”涉入其中时那个自然的本来状态；这里的“心”，询问的却是“身”在特殊情境中产生了效果，这又将身心统一起来。因此，无论是杜威的实证经验主义还是梅洛·庞蒂的知觉现象学，或者如东方的“身心合一”，身体都构成了人的认知、意识的内容和方式。AI 不具备“肉身”，因此无难以具备身体对认知的独特意义。但是，随着 AI 研发技术的发展，特别是依赖“深度学习为核心的感知层、以深度语义学习为核心的认知层，以深度语义空间为框架的分布式记忆层”这种心智建模技术，有可能会解决伽达默尔所说的借助语言实现的理解问题，这也会在一定程度上削弱由于无法实现“具身认知”带来的局限。

[1] 王鑫、沙永锋：《从 AI 到 AM：人工心智的知识观》，《新闻与传播评论》2018 年第 6 期，第 41—50 页。
[2] 杜威：《经验与自然》，商务印书馆，2014 年版，第 282—283 页。

## 四、结　　语

可信和安全的AI系统需要模型具有可解释性。“推特”首席执行官杰克·多西曾说:“我们需要做更多的工作来解释我们的算法是如何运行的,最好是能把它们打开,这样人们就知道AI是如何工作的了。”2018年,美国国防预先研究计划局(DARPA)在“AI Next Campaign”项目中特别强调“下一代人工智能系统要具有可解释性,要能够利用知识进行推理”,并开展“可解释人工智能”计划(XAI)。可见,可解释性人工智能技术,是AI技术发展的重要研究方向以及产业发展趋势。但是作为AI可解释性技术构想中的重要一环:理解的实现,还存在除了技术之外的其他难题,正如上文所谈及的“效果历史”和“具身认知”,提出了历史和身体的双重问题。既然AI目前尚不具备理解能力,因此在复杂场景下的内容多样性智能传播,也是很难实现的。AI能否实现和人的双向理解,并且能够进入到更复杂多元的生活场景之中,与人共生,协同人完成智能传播,这需要高准确率与强解释性的AI。若实现,还需要时间。

**特别感谢:**

北京&波士顿AM实验室主任沙永锋先生对本文给予了技术解析和支持。

# 智能媒体大时代

## ——变革媒体世界的新机遇与新思维

刘庆振*

**摘要**:从20世纪传统媒体时代的大众传播范式向21世纪智能媒体时代的计算传播或智能传播范式转换,推动着媒体产业迈向了它的更高阶段——智能媒体时代。智能媒体时代的传播图景中,不同的客体被数字化和数据化,然后利用这些数据对整个世界中所有的人、事、物进行计算,提供了一种不同于大众传播范式的全新的传播观和方法论。尽管智能媒体形态已经与上世纪截然不同,但我们在研究和应用过程中仍需注重回到媒体的本体论问题。

**关键词**:数字媒体;智能媒体;算法逻辑;媒体认识论

智能传播是对媒介边界以及媒介产业边界的一种全新的拓展,智能的嵌入改变了媒介的生存方式。在智能媒体时代,媒介产业从业者当前所从事的百分之八十以上的工作内容都将被智能设备所取代,从最外围报刊书籍的印刷到最核心新闻内容的采编,从最枯燥的内容排版到最有趣的广告创意,传播的基础设施在智能化。媒介设备在智能化,媒介产业的作业流程、所有环节乃至所有细节都在变得越来越智能化。

物联网、大数据、智能算法、深度学习、区块链等相互关联的智能技术已经为智能媒介传播范式的开启做足了基础设施、生产要素、引擎驱动和发展动力等多方面的准备。它们与媒介产业中任何一个板块、一种要素、一个环节的创新组合都将引发一场化学反应,并催生出一种截然不同于以往的智能媒体新业态。这一切都在

* 刘庆振,北京体育大学新闻与传播学院副教授。

不断地发生着颠覆性的变革，智能媒体正在并将继续刷新媒介产业的传播景观。

## 一、智能媒体是数字媒体的高级阶段

今天，几乎所有的大众媒体类型和组织都已经拥有了它的数字化形式，而且我们可以肯定地下结论声称几乎绝大多数传统媒体都已经完成了它的数字化转型，“经过了二十年的数字化、网络化和产业化进程之后，无论是传统媒体还是新兴媒体，其基础设备、关键技术、内容格式、组织流程和互动方式都已经基本实现了数字化和网络化的管理与运营。”[1]然而，数字化却不是媒介进化的终点站，它只不过是个中转站而已。事实上，当所有大众媒体忙着数字化转型的时候，那些原生的数字媒体却早已经开始了迈向更高维度、更高阶段、更高能力的征程——智能化。

“人工智能技术在新闻传播领域的全面渗透是近年来的一个现象级的发展。未来传媒业的发展，很大程度上与人工智能技术的引入和应用关联在一起。人工智能技术不仅形塑了整个传媒业的业态面貌，也在微观上重塑了传媒产业的业务链。”[2]整体来看，智能媒体产业所涵盖的主要范围，可以参考弗朗斯曼(Fransman)对于ICT产业的分类方法，将其划分为内容、网络、硬件和平台四个层次[3]。在这四个方面的创新与变革，使得当前的智能媒体生态在本质上完全不同于过去的数字媒体生态乃至更传统的大众媒体生态，它们之间的融合发展正在重新定义媒体的基本价值、核心能力、商业模式和服务形态，更深层次地，智能媒体生态的加速进化还将重构更多的经济领域、文化领域和社会领域。

## 二、智能媒体的基本特征

作为基础设施的物联网。每一个被物联网所连接的物体都将具备智能媒体的属性，包括小到一块手表大到一台汽车，越来越多的物体都将被嵌入一定程度的媒

[1] 刘庆振:《媒介融合新业态:智能媒体时代的媒介产业重构》,《编辑之友》2017年第2期,第70—75页。

[2] 喻国明、兰美娜、李玮:《智能化:未来传播模式创新的核心逻辑》,《新闻与写作》2017年第3期,第41—45页。

[3] Martin Fransman: *The New ICT Ecosystem: Implications for policy and regulation*, Cambridge, UK: Cambridge University Press, 2010

体智能。一旦接入物联网,网络就会开始实时地自我监控并全面地记录、分析和洞察我们的生活,在需要引起注意的时候它还会主动与我们进行交流。例如,无论是电视机、洗衣机还是电冰箱、试衣镜,它们都会按照我们的媒介接触习惯和内容偏好程度进行初始的程序设置,并且在社交工具(如微信)中关注我们或成为我们的好友,一旦我们所追的美剧或韩剧有了更新,它们会根据我们所处的特定场景将这一内容推送到最合适的智能设备上。事实上,物联网中所有智能媒体节点生成的关于用户的数据将会成为网络中最主要的数据流,它们创造了内容生产者与用户之间新的价值链,而这将会比任何一个智能设备本身更有价值。这样,智能硬件设备将会逐渐趋于免费,人人都可以低成本地获得多样化智能设备而成为物联网世界的一个智能节点。这些设备之间的连接与互动将会切切实实地创造一种新的智能,它不仅仅能纠正某种错误,而且甚至能在根本上阻止错误的发生。如果没有物联网技术作为基础设施,我们就不能更加精准地确定某一位具体用户所处的时空、场景、状态和情绪,无法确定这些便无法进一步向他推荐更符合他彼时彼地的个性化信息,那也就意味着所谓智能媒体沦为了一句空谈。

构成生产要素的大数据。在整个世界被物联网化的过程中,网络连接和智能节点所产生的数据量也开始呈指数级增长。事实上,“数据已经存在于全球经济中的每一个部门,就如固定资产和人力资本等生产要素一样,如果没有它许多现代经济活动根本不会发生……土地、人力、技术、资本这些传统的生产要素,甚至需要追随数据资产重新进行优化配置,数据资产成为最重要的生产要素。”[1]数据大爆发中蕴含着媒介产业的新机遇以及我们对传播业务、媒体用户进行深入、全面、立体了解的能力,这种对先进数据技术的掌握和运用能力是智能媒体时代的产业竞争必须具备的技术基础与核心能力。对于传媒产业而言,大数据分析与应用的主要目标是通过分析用户习惯和兴趣偏好,来找到新的突破口,使媒介内容的生产过程更加智能化、更加符合用户需求。

优化资源匹配的计算能力。计算能力已经正在并将继续深入地改变整个媒介产业的竞争格局。在超级智能媒体的生态中,一切与一切相互连接,这不但极大地拓展了媒介和媒介产业的内涵和外延,甚至将揭示越来越多事物的内在本质。我

[1] 赵国栋等:《大数据时代的历史机遇》,清华大学出版社,2013年,第7页。

们正处在自从现代媒介产业诞生以来的长达一百多年的去中心化进程的风口浪尖，非常便宜而且无处不在的计算技术和计算能力则是这一进程的关键引擎。

加速智能进化的机器学习。智能媒体传播范式是媒介融合的高级阶段，但是我们现在所处的时代仅仅只是智能媒体传播范式的萌芽阶段，当前的智能媒体生态会在永不停歇的进化中被更新的智能生态所取代，而加速这种进化的除了技术本身的进化之外，最关键的就是处于智能网络中的智能媒体自身的学习能力。事实上，真正的智能媒体一定不会是某种完全独立的硬件设备（如未经联网的手机、平板或机器人），它泛在于整个由百万亿智能媒体节点组成的超级物联网之中，它是灵活的、嵌入式的、分布式的、没有固定形态而又无处不在的，任何与这一超级智能媒体的连接都是对其智能的分享与贡献，而脱离了这一网络的独立的智能媒体设备或节点则无法获得快速而聪明的协同学习和能力升级。智能媒体的生态系统会随着人们日益增多的使用而不断自我进化到更加智能的状态，它会将这次在媒介产品运营中学习到的经验运用到下一次的操作中，并随着数据的激增和算法的改进而持续进步。越多的人和物被接入并使用智能媒体生态系统，它就会变得越智能，这将会激励着更多的智能设备成为其中的网络节点，从而形成智能媒体生态进化的正向反馈和良性循环。

## 三、智能媒体的传播观与方法论

智能媒体的出发点是个性化媒介需求。今天，安装在智能手机、智能电视、智能平板、智能手表等设备上的五花八门的应用程序正在借助个性化推荐技术竞相成为尼葛洛庞帝所说的这种“界面代理人”角色，以期满足每位个性化的用户天差地别的信息互动和内容消费需求。本质上，用户的个性化需求存在已久，只不过在过去信息渠道稀缺和媒介资源稀缺的环境下被忽视了。这一方面是因为传统大众媒介的印刷技术和广播技术无法支持大规模的个性化内容生产和分发机制；另一方面则是由于用户对于信息、内容和娱乐的消费需求还处在较为初级的卖方市场阶段。但随着网络传播和计算传播技术的普遍安装和广泛应用、传播话语权从传者本位向用户本位的过渡以及信息产品供求关系的天平逐渐向买方市场倾斜，这时候无论在基础理论层面、现实供求层面还是在传播技术层面，差异化的供给和个性化的需求之间达成某种意义上的精准匹配就成了一种市场必然。对用户的异质性特征和个性化需求的关注成为智能媒体的逻辑出发点。从这个点出发去审视新闻资讯行业和视频娱乐行业，今日头条、抖音、一点资讯、快手、趣头条等智能媒体时代快速崛起的传媒新秀显然没有沿着大众传播的路径继续探索，而是在解决现实传播问题的十字路口，选择了“利用智能算法，对用户接触信息的习惯和喜好进行数据分析和定位跟踪，并直接向用户推荐他们感兴趣的信息”[1]，而这里的用户是立体的、动态的、异质性的个体用户。尽管算法推荐并不排斥群体用户的共性需求，但大众媒体在很大程度上已经解决了同质化受众的传播问题，因此，智能媒体更倾向于将其核心焦点放在解决当前更为迫切的个性化传播问题上面。

智能媒体的本质是实现供需精准匹配。尽管谈到智能媒体必然会使人联想到错综复杂的个性化的资讯推荐系统、程序化的广告投放平台、专业化的新闻写作分发软件、智能化的舆情监测管理工具等具体应用，其中涉及的信息采集、数据建模、算法开发、工具优化等技术操作更是让除了数据科学家和算法工程师之外的大多数普通研究者、从业者和用户望而生畏，但抛开这些具体层面的信息技术，其实智能媒体的本质并不复杂：利用数据主义和计算主义的方法及工具，实现信息产品供给和媒介消费需求双方的精准匹配。例如，当前各大移动应用软件盛行的个性化内容推荐系统的虽然离不开大量高深的算法和架构，“但其基础原理是朴素的：更好地了解待推荐的内容，更好地了解要推荐给的人，从而更高效地完成内容与人之间的对接，”[2]也就是我们这里所强调的内容供给与用户需求之间的精准匹配，“利用算法推荐，可以实现对用户画像的动态描述，进而达到千人千面，让每个生产者的新闻智能化精准匹配用户……让‘适合我的新闻资讯’成为新媒体传播的常态。”[3]再如，计算广告应用中非常重要的程序化投放环节，也高度依赖复杂的广告投放引擎、高效的迭代计算框架等关键技术，但所有这些技术应用都同时服务于一个最核心的问题，那就是“为一系列用户与环境的组合找到最合适的广告投放策

[1] 范以锦：《人工智能在媒体中的应用分析》，《新闻与写作》2018 年第 2 期，第 60—63 页。
[2] 闫泽华：《内容算法：把内容变成价值的效率系统》，中信出版社，2018 年，第 25 页。
[3] 张潇潇：《算法新闻个性化推荐的理念、意义及伦理风险》，《传媒》2017 年第 11 期，第 82—84 页。

略以优化整体广告活动的利润"[1],也就是"计算广告"理念的早期倡导者和实践者 Andrei Broder 所主张的计算广告的本质在于"在特定语境下完成特定用户和相应的广告之间的最佳匹配"[2]。在智能媒体时代我们重点要做的是想尽一切办法提升算法推荐系统的匹配度或精准度,借助快速发展的深度学习技术和人工神经网络手段,我们完全可以做到这一点,匹配算法能够"从极大的数据量中学习,对未来做出预测,让机器变得更加聪明"[3],从而更加准确地预测用户在特定场景下的具体需求,循序渐进地提升匹配度。换句话说,趋于完美的智能传播模式应该是这样的,"你只会遇到那些此时此刻与你完全匹配的事物……唯一在前方等着你的就是那成堆的令你疯狂的事物。"[4]

数据思维是智能媒体认识论的基础。大数据已经成为当代世界的一个最基本特征,任何传播行为和传播活动都已经无法离开比特时代的海量数据而退回到原子时代那种简单的大众传播模式。当我们通过互联网浏览新闻的时候、当我们通过车载媒体收听广播的时候、当我们通过智能电视观看球赛的时候、当我们利用移动终端应用进行社交的时候,这些不同场景下的不同设备都在实时采集着与我们的信息传播和媒介消费行为密切相关的多维数据,并且直接将这些数据发送给远程服务器进行计算,以便能够在下一秒向我们提供更加便捷的路线导航服务或者更加有趣的内容推荐服务。也恰恰正是这些通过高密度存储设备和低成本云计算服务处理的海量数据,为传播领域的学术研究和应用开发提供了他们看待传播世界的新视角、探索传播模式的新观点、解释传播行为的新工具。尽管对于用户而言,传播行为或传播活动是实在而具体的,但在研究者和开发者的眼中,无论是单一信息的传播路径还是整个世界的传播结构,都表现为相互关联相互作用的抽象数据,正是这些规模大、变化快、维度多的整体数据而非过去传统统计学意义上的抽样数据,为今天的智能媒体提供了彻底不同于以往的看待传播世界的方式。因此,在这个意义上,我们不能将大数据仅仅停留在方法论层面的技术、工具和手段

---

[1] 刘鹏,王超:《计算广告:互联网商业变现的市场与技术》,人民邮电出版社,2015 年,第 23 页。

[2] Andrei Broder. *Proceedings of the 2008 ACM conference on Recommender systems — RecSys*. Computational advertising and recommender systems. 2008: pp. 1 - 2. [ACM Press the 2008 ACM conference — Lausanne, Switzerland(2008.10.23—2008.10.25)]

[3] 麻省理工科技评论:《科技之巅:50 大全球突破性技术深度剖析》,人民邮电出版社,2016 年,第 186 页。

[4] 凯文·凯利:《必然》,周峰、董理、金阳译,电子工业出版社,2016 年,第 192—193 页。

上，其更重要的价值在于，它是一种思维方式，是一种世界观。当传播学的世界观发生了本质上的变化之后，曾经看上去坚不可摧牢不可破的经典传播学生态体系中的枝枝叶叶和角角落落便都会随之发生相应的变化，有的部分黯然退场了，有的部分轰然倒塌了，有的部分悄然代谢了，有的部分骤然成长了。的确，正是因为对于用户、对于传播、对于世界的认知角度和认知层次在大数据时代发生了本质的变化，学术领域对传播活动的研究焦点才发生了转移，产业领域为用户提供的传播服务才得以不断地推陈出新，我们才有机会使用那些更个性化更智能化的媒体应用。

算法逻辑是智能媒体方法论的关键。在算法的逻辑中，我们每个人的地理位置、目光焦点、呼吸节奏、心跳速率、口味偏好、消费记录、情绪状态等都是一种可以通过量化手段呈现并能用来进行统计推理的基础数据，无论出于什么样的目的、选取其中的哪些维度、形成了何种相关的结论，其本质都是一种通过算法得出的对于某个个体、群体、事件、行为的可理解的或可视化的定量描述。比如，算法可以得知用户感兴趣的商品、明星和内容，算法也能够总结出昨天的舆情事件从发酵到扩散再到高潮直至热度消失的整个过程，算法还能够预测哪些产品会成为爆款、什么样的短视频具有刷屏的潜力等。更复杂的算法还能够通过运用情感分析和语义分析技术综合考察用户在社交网站上发布的微博状态、图片内容、日志文章、视频类型以及评论回复等因素来推测用户的性格、职业、经济状况、可信赖程度等信息，以色列一位名叫盖伊·哈夫特克的创业者则利用网络游戏技术和深度学习技术开发了一套算法用来评价用户的理解力、洞察力、创造力和同理心等更加具体的性格指标，美国的一家创业公司则开发了能够浏览用户推特博文并以此为基础为用户定制个性化简历的算法。今天，我们正在把这些算法应用到更多更具体的领域中去，比如图像识别、影像剪辑、场景分析、新闻核查、噪音过滤等，尽管它们的功能和用途各不相同，但在智能传播领域中，所有算法的不同价值在根本上都服务于一个清晰的核心目标：在最合适的场景下，把最合适的信息产品，传播给最合适的用户。无论我们用算法选择用户喜欢的明星，还是用算法加工用户评论最多的桥段，亦或者是用算法针对不同用户调整排版风格或者字体大小，都是为了服务于精准匹配这一核心目标，使得我们向用户推荐的内容能够获得最优的传播效果、发挥最大的传播价值。

## 四、结　语

我们正在从20世纪传统媒体时代的大众传播范式向21世纪智能媒体时代的计算传播或智能传播范式转换，而数字媒体则是这个转换过程中至关重要的一个历史阶段和中间形态，它的快速发展推动着媒体产业迈向了它的更高阶段——智能媒体时代。尽管智能媒体形态已经与上世纪截然不同，但我们在研究和应用过程中却“仍需注重科学研究的传统，回到媒体的本体论问题，即什么是媒体，媒体的未来在哪里，以及人工智能为媒体的发展和进化带来了什么改变”[1]。我们对于媒介即服务、个性化需求、供需双方精准匹配、数据和算法驱动传播革命的讨论在一定程度上也是对这些问题的回应。20世纪最为人津津乐道的媒介思想家、电子时代的先知麦克卢汉曾经预见性地说道：“在当今这个时代，人的生存问题不是单纯的生存问题，而是给人的整个生存过程编程的问题。”[2]尽管他不曾亲眼目睹这个时代的到来，但这种睿智的判断却与尼葛洛庞帝关于“数字化生存”的预言相映成趣，揭示了智能媒体时代的传播图景：我们正在把物理、生理、心理等不同的客体数字化和数据化，然后利用这些数据对整个世界中所有的人、事、物进行计算、画像、编程和匹配，以最大限度地保证每位用户获得的那些信息正是他在特定的场景下最需要的。这是一种不同于大众传播范式的全新的传播观和方法论。

---

[1] 吴舫，崔迪：《智能媒体时代的传播学研究：元问题与方法论》，《出版发行研究》，2018年第2期，第68—71页。

[2] 马歇尔·麦克卢汉：《媒介与文明》，昆廷·菲奥里编，何道宽译，机械工业出版社，2016年，159页。

# 智能媒体的城市空间尺度链接与场景构建*

李凌燕**

**摘要**:智能媒体以全新的技术逻辑与特质,深刻改变了原有传统媒体链接世界的方式和框架,掀开数字孪生与场景时代,将"空间"重新拉回传播学研究的视域,并深刻改变了媒体与城市的适配尺度与感知路径。文章从城市空间系统生态重构、智能媒体场景构建和个体化空间强感知体验等三个层次,对智能媒体的城市尺度链接与场景构建模式进行了初步探讨。

**关键词**:智能媒体;城市空间;尺度链接;场景构建

## 一、智媒时代的内涵重塑

西班牙裔的著名社会学家曼纽尔·卡斯特(Manuel Castells)在其《21世纪的都市社会学》一文中认为,"'空间转化'(spatial transformation)必须放在更广阔的社会转化的背景下来理解:空间不是反映(reflect)社会,空间是表达(express)社会,它是社会的基本维度之一,无法从社会组织及社会变迁的整体过程中被分离出来"[1],即要从社会的结构性变化逻辑理解空间体系的制约与重构。当下,智能媒体以全新的技术逻辑与特质,深刻改变了原有传统媒体链接世界的方式和框架,掀开数字孪生与场景时代,将"空间"重新拉回传播学研究的视域,并深刻改变了媒体与城市的适配尺度与感知路径,使媒体和城市空间均获得了新的内涵。

---

* 基金项目:国家社科基金青年项目"新媒体环境下以'标志性建筑'为对象的中国国家形象传播研究"(项目批准号:16CXW020)阶段性成果。国家自然科学基金青年项目:"社交网络互动中用户'信息窄化'机理分析"(项目批准号:71804126,2018—2021)阶段性成果。

** 李凌燕,同济大学艺术与传媒学院副教授。

[1] 曼纽尔·卡斯特:《21世纪的都市社会学》,《国外城市规划》,刘益诚译,2006年第5期,第93—100页。

智能媒体[1]，是以人工智能技术与物联网、云计算、大数据、传感器等“智能基础设施系统”[2]为基础，以智能手机、VR 眼镜、智能汽车、智能屏幕与智能穿戴设备等具身属性的终端设备和应用程序为载体，以移动计算与深度学习为内在机制的，万物互联的泛媒介化的崭新形态。正如学者刘庆振认为的，要想理解这种全新媒体形态，就“必须深刻理解智能媒体传播所赖以建立的技术基础”[3]。以及由此引发的特质，而不是在传统大众传播的框架中对其进行观察，新瓶装旧酒。无论是目前智能媒体领域所关注的机器算法、人工智能对于信息分发机制的改变，记忆内容与用户的个性化匹配等领域，或是中长期将实现人工智能、大数据、物联网、VR/AR 技术等全链条渗透，从模式创新走向生态重构，以及最终将展现的“万物皆媒、人机合一、自我进化”[4]的三大全新特性。智媒时代区别于以往的很重要特征，即媒体真正意义上形成信息与载体的分离，信息交互与媒介传播与空间实时融合成为常态。媒介与空间以智能新兴技术为中介，通过人的具身性关联，形成紧密而崭新的重构性共融，由此获得了空前广泛的链接广度与传播方式。使得媒介与空间两个核心概念都面临全新阐释：媒介，万物皆媒；空间，以人为核心的实时流动场景化的强感知系统。智能媒体通过其自身崭新的作用机制，得以在城市空间实现尺度链接与场景重构，重新塑造人与媒体、人与信息、人与空间等多维度关系，实现对城市宏观空间系统生态，空间智能化与媒体交互性深度相容、传播空间与场景化转向，和以人、媒、空间交互为核心的强感知等诸多体系与特征的转变，表现出强烈的跨学科特征。

## 二、智媒与城市空间的宏观生态重构：从分层系统到虚实交互、深度感知的实时系统

“每次重大的范式转换都是核心技术集群和基础设施网络的变革。”[5]就城市

---

[1] 郭全中：《传统媒体转型的思路研究》，《西部学刊》2016 年第 8 期，第 6—9 页。

[2] 2018 年 1 月 31 日，中国互联网络信息中心（CNNIC）发布第 41 次《中国互联网络发展状况统计报告》称，我国手机网民规模达 7.53 亿，网民中使用手机上网人群的占比提升至 97.5%，标志着在中国基本每人一部智能手机，智能手机已经成为中国民众最主要的接收终端。

[3] 刘庆振：《人工智能如何重构媒介产业》，《中国报业》2017 年第 19 期，第 46—47 页。

[4] 彭兰：《智媒化时代：以人为本》，《社会科学报》，2017 年 3 月 30 日。

[5] 刘庆振：《计算传播学：智能媒体视阈下传播学研究的新范式》，《教育传媒研究》2018 年第 6 期，第 21—25 页。

空间体系而言，“从柏拉图、亚里士多德到芒福德、雅各布斯这样的城市理论家们所熟悉的城市已经不能再像以前那样维系在一起并发生作用了。这一切都是由于比特(bits)，他们已将城市摧垮”[1]。智能媒体时代，由于城市正在逐渐具有万物皆媒、皆可运营的“统一数据逻辑”，使得城市里所有的东西实时协同运作成为可能。由此彻底重构了城市空间体系内部原有层级间的对立与张力，形成智能媒体与城市空间崭新的适配尺度与接口。

按照以往对于城市的定义，较为明晰地分为实体物质空间、人的交往形态、虚拟意象空间等三级网络，以实体空间为界面，基本呈现出彼此割裂、较为稳定的体系特征。智媒时代，智能终端设备系统、交通传输系统、数字信息技术、物联网与智能媒体形成的新型城市基本设施网络，共同构建起与城市物理世界、网络虚拟空间的一一对应、相互映射、协同交互的“数字孪生城市”的新层级。首先，智能媒体以触媒与收集器的基础智能设施方式对城市现象和行为的瞬时数据捕捉和显示，实现城市综合空间信息集成化、实时化、精细化，形成在信息维度上对实体城市的精准信息表达、映射实现和城市信息整体式感知和抓取，最终在数字空间里呈现一个全息的数字孪生城市，甚至把主要的生活场景从实体空间迁至其中，形成精准映射、虚实交互、软件定义、智能干预为特征的新的空间层级形态与社会交往形式，嵌入城市原有割裂稳定的城市空间体系，实现“人机将存、物理世界与虚拟信息世界将更加交互平行”的新空间生态与特质[2]，可以说这是智能媒体与城市系统宏观尺度适配的接口。当下城市空间智能化与媒体交互性深度相容、传播空间与场景化转向等诸多新特征，正在被人们所深刻体验。如何与以城市为体量的新媒体智能系统进行协作和工作，以及其获取、储存、搜索、分析、共享乃至可视化地呈现，都成为了当前智能传播中重要的研究课题。

其次，以城市中人的交往与日常生活形态为基点，智媒通过构建数字孪生城市新层级，实现了人的尺度在城市宏观体系中的实时干预与空间场景的横向拓展。数字孪生城市层级的信息与日常空间与生活的多个场景与各个层面相融通，对人的社会生产、社会互动与社会交往如政务、民生、环境、公共安全、城市服务、工商活

---

[1] 威廉·J. 米切尔:《伊托邦——数字时代的城市生活》，上海科技教育出版社，2005 年。

[2] 中国工程院院士、中国自动化学会会士中国自动化学会副理事长、同济大学校长陈杰院士关于人工智能时代空间属性的论述。

动等做出智能化响应，构成了一个基于数据流的大数据智能系统，并生发出如电子商务、物流配送系统、健康医疗大数据平台、智慧政府、智能交通系统等诸多横向关联的城市中观系统和领域。另一方面，以位置媒体和智能感应技术为载体，城市宏观空间状态与中观空间场景在个人的智能媒体终端得以集成，实现个人小空间场景与宏大空间体系在纵、横双维度之间的链接与抓取与实时互动，进而关联了空间的个人主体性体验。这其中，人成为真正的核心，通过以个人需求为中心的场景营造，人的主观意象、社会交往与实体空间真正获得链接和互动，改变着个人的空间体验路径。城市空间体系因此在整体、各子系统与个体等多层级空间上实现智慧再造与连接，成为生命体般的构造。虚实融合与交互、深度感知、实时协同成为城市未来空间体系运行新模式。如 2016 年新加坡政府与美国麻省理工学院合作的 City Scope 为新加坡城市规划量身定制城市运行模拟系统；欧盟的“智慧桑坦德”、电斑马(大于出行)的共享电动自行车和充电桩运营平台，番茄出行的共享汽车运营平台等“智慧城市”战略，都是通过智能城市基本设施网路，实现对物理城市的全面感知，利用云计算等技术对感知信息进行智能处理和分析，实现虚拟城市与实体城市的交互与协同运作。虽然目前其更多地停留在“智慧大脑”层面，尚未形成体系性勾连，但如在 2018 年的第十二届中国国际高新技术成果交易会上，华为提出“城市智能体”的新理念，就是希望在建造城市“智慧大脑”的基础上，进一步构建城市各个智能系统相协调的“城市智能体”，以实现城市全要素数字化、城市状态实时可视化、城市各体系管理决策协同化和智能化，使城市成为像人体一样精密、智慧与密切配合的有机体。可以说，智能媒体在未来不再仅仅扮演传统媒体的反映论角色，而第一次真正参与到城市体系的构建与运作中，显示出强大的交互与场景生产的意义。

## 三、场景建构：以混合型空间为特征的智能媒体城市中观尺度链接

随着互联网和以智能手机为代表的智能媒体设备的普及与快速升级，特别“位置媒体”技术的发展与算法机制与应用场景的日益深入，场景时代”来临[1]。

---

[1] 罗伯特·斯考伯、谢尔·伊斯雷尔：《即将到来的场景时代》，赵乾坤、周宝曜译，北京联合出版公司，2014 年。

以移动终端、传感器、社交媒体、大数据、定位系统五大动力的“场景”，成为人的行为与城市系统搭接的基础单元与尺度。以城市中人的交往与日常生活形态为基点，实现城市应用场景的横向拓展，也是智能媒体环境下建构现实的基本方式之一。智能媒体的空间属性及场景化构建成为传播学与城市学科共同的核心内容。正如城市规划学家吴志强院士所说的“城市，智能时代最大的集群场景”。分析城市基本场景的运作与构筑方式，我们可以窥见智能媒体介入城市尺度的中观尺度。

一方面智能媒体以“一切能够实现信息互联的载体或平台的方式”[1]，日益广泛地渗透、融入新型智能城市系统，智能媒体基于位置服务功能支撑开始与社交相融合，走向移动化与社区化，如快递收发柜、爱回收、智能配送、楼宇控制等社区与城市公共系统中即插即用智能设备被广泛使用，在城市运行、社区激活与空间体验等不同层级形成广泛的意义激发器。人通过主动或被动的方式，以生活情境与和空间体验为渠道，被城市系统所“理解”“感知”，个人与城市的互动程度、卷入度也将达到前所未有的高度。媒体因此获得城市物理空间能见度，传统实体空间也获得流动与混合特征，形成固定空间的在场与脱离并置，在不同层级被全新激活。

另一方面，位置媒体将空间性与具身性相关联，以位置数据为基础的数据融合，兼顾了用户当前所处时间、空间特征和情绪、心理、兴趣、意愿等多重个体需求，打破了以往平面化的、单线的、静态的传播模式，走向多维度、动态的传播模式，形成以“SoLoMo”[2]一词描述的的新型混合空间形态。乔丹·弗里斯(Jordan Frith)认为，这一“混合空间不仅仅是一个受基于地理位置的移动网络影响的空间，其同时也是一种展示了物理空间如何形塑移动网络意义的空间”[3]。城市空间的定义不再仅仅依靠物理性标签，而是一个以人为中心，以智能手机的器官

[1] 喻国明、景琦:《传播游戏理论:智能化媒体时代的主导性实践范式》,《社会科学战线》2018 年第 1 期,第 141—148+2 页。

[2] “SoLoMo”是由 Social、Local 和 Mobile 组合而成:“So”代表社会性,指社交网络服务、社会计算法特征和社会感知计算;“Lo”代表本地化,包含基于位置的服务、发现网络信息中的位置知识和位置服务本地化;“Mo”代表移动性,其核心技术是“移动定位技术”,服务的载体是“移动互联网”。描述的是由位置媒体、智能交互系统与实体空间和人的社会交往相互联合,形成的“实时性”“移动性”“交互性”“场景化”。

[3] 许同文:《“位置即讯息”:位置媒体与城市空间的融合》,《新闻记者》2018 年第 6 期,第 12—18 页。

化、社交网络的生活化所形成的体验与场景碎片的深度重组。因为实现了个人微观尺度与城市宏观系统的互动，物理空间、数字空间、社会交往在实时移动中叠加，而成为人们个人或群体信息、行为数据、交往方式的覆盖与空间物理性质的混合叠加物。

英国 Direct Line 保险公司与 Umbrellium 技术公司合作，创建了一个名为“Starling Crossing”的新型“智能交叉”项目。项目实践了通过智能位置媒体、神经网络框架与交互技术的相互搭接，进行虚拟与实体空间的融合，实现城市空间节点的优化，提升城市空间可沟通性的有益尝试。项目空间设定在一个正常的城市十字路口，智能十字道路由完全防水可以感知压力的 LED 面板组成的 22 米长的区域，这个区域交叉路口使用发光面板照亮道路，来作出相应的提示，就像夜晚看到的广告屏幕一样。在十字路口使用摄像机跟踪正在路面上移动的物体，因为是完全适应性的，这套系统还可以根据行人人数的多少，自动调节斑马线的宽度。同时可以区分行人、骑自行车者和车辆，计算它们的精确位置、轨迹和速度，并预测它们在下一刻可能移动到哪里，对人们使用此十字路口的状况、天气、状态等进行实时跟踪与反馈，并触发路面上铺设的 LED 面板，为行人交叉提供安全的场所，并且向其他道路使用者发出警告。此外项目通过多媒体技术改变路口人行道路与车行道路的宽度或者构成方式。如果一个人分心了，低头看自己的手机，当车在附近的时候，他就会转向离路面太近的地方，这时周围就会出现警告灯，以填满他的视野。如果一个孩子出人意料地跑进了公路，他周围就会形成一个大的缓冲区，让附近的司机或骑自行车的人都能清楚地看到他的轨迹。当天晚些时候，当酒吧关门或电影结束，许多人需要同时过马路时，星星形的斑马线会自动扩大宽度，以适应增加的行人流量等。“Starling Crossing”项目把人放在第一位，使他们能够以他们想要的方式安全穿越，而不是告诉他们只能在一个地方或固定的方式穿越。关键的设计原则包括：在不分散人们注意力的情况下提高人们的感知能力；强调人与车之间的安全关系，使他们能够自己做决定，而不是告诉他们该做什么。由此，原来固定不变的十字路口在“实时性”“移动性”“交互性”“场景化”的新型混合空间形态中得以灵活转换（图 1—图 6）[1]。

---

[1] 图片来源：http://umbrellium.co.uk/initiatives/starling-crossing/。

图 1　此系统使用易于理解的道路标记和颜色，并适时动态反应不同的情况，来更改行人过马路的模式，优先考虑行人的安全，改变交通号志的布局

图 2　路口可以实时追踪地面移动物体

图 3　系统根据人车的活动情况自动调节斑马线宽度与类型

图 4　系统根据人车的活动情况自动调节斑马线宽度与类型

图 5　系统对突然闯入者发出警告

图 6　系统对低头一族发出警告

"Starling Crossing"项目是在位置媒体与社会交往、城市空间系统、智能技术与城市控制系统之间形成交互与反馈，实现城市空间的实时场景再造、用户分析与空间匹配的智能化与精准化，由此改变空间实体属性，对实体空间产生影响。这样的智能十字路口，德国大陆集团在美国俄亥俄州的哥伦布市、本田汽车公司与美国俄亥俄州马里斯维尔市、大众汽车与供应商西门子和德国沃尔夫斯堡市均做过类似的尝试。通过这些项目我们也得以窥智能媒体与城市空间系统及个人化空间体验之间的相互作用正在发生。

## 四、微观尺度：人、媒、空间交互式的强感知模式

加拿大社会学教授巴里·威尔曼(Barry Wellman)在其"网络化个人主义"(Networked Individualism)概念中指出，技术变革下人们的社会交往方式被改变，并形成"新型社会操作系统"(New Social Operating System)[1]，其中个人拥有更大的自主权和选择权，个人主义更加彰显。这种改变深刻反映在智能媒体时代的人与空间的互动关系中。经由"数字孪生城市"层级发挥效用，智能城市这一"新型社会操作系统"在整体、各子系统与个体等多层级空间上实现智慧再造与连接，成为生命体般的构造，人成为系统中真正的核心与动力源。一方面人与空间的链接从人与特定场所的联系转变为人与任何场所的联系。由此开启人与城市空间共生系统的强感知模式——"感知城市"(Sentient City)[2]：即以人与智能媒体、环境交互感知、交互理解为核心，将城市空间及场景与人体和主观需求的主动感与自主适配，拓展到感知、模拟(预测)、干预(控制)、智能推理的整个闭环，形成一个能力矩阵，真正实现将城市环境感知(关联场景)和个人状态感知(记忆场景)一体化。

另一方面，在智能媒体时代，由于新型"混合空间"的形成，每个用户在"互联网+"的语境下都变成了一种具有透明性的数据化存在，基于"互联网+"通用技

[1] 逯义峰、杨伯溆：《新媒介即新社区：网络化个人主义理论探析》，《新闻界》2016年第3期，第38—41+60页。

[2] 孟濡、许文媛、赵夕朦：《基于新概念的"感知城市"探索》，《浙江大学学报(工学版)》2017年第8期，第1662—1668页。

术体系的软硬件将会借助大数据、云计算、机器学习和程序化处理等手段。大规模、低成本、全方位地海量用户分析成为日常。基于位置签到、位置的社交应用和基于位置服务的用户环境上下文感知及信息服务等,精准的个人信息与实时空间网络得以相关联。同时沉浸式媒介如全息投影、虚拟现实(VR)、增强现实(AR)、可穿戴设备等新兴技术提供体验终端,媒介工具成为了“自然化”的存在,且通过与人的紧密融合,消除媒介本身的存在感,切断了自身与现实情景的信息体验关系。真实与虚拟的界面被模糊,逐渐走向一体,形成空间语境、媒介信息与个性化用户体验三者的完美匹配与实时交互的、包含更多信息的新空间模式:一个动态的、沉浸式、交互式、多感处理的位置空间感知可视化系统,以适应其背后是信息高度智能化、网络化和泛媒介化的新型社会操作系统。在实体空间提供的容器中,空间体验始终以个人为中心处于不断的生成与消解的动态中。而同时,个人的空间体验路径又不可避免地被包含在整体的智能网络中,成为其中的节点,与智能网络系统运行机制形成互动。这种节点与系统的关系不是僵化的,而是动态的、互洽式的。以个人需求为中心的场景营造使人的主观意象、社会交往与实体空间真正获得链接和互动,改变着个人的空间体验路径。由此,空间个人化体验形成路径也逐渐由实体性、标准化、预设性体验向综合性、个性化与即时性转变。

2018年,英国《金融时报》与谷歌联合推出一项名为“Hidden Cities”的旅游导航服务。“Hidden Cities”基于谷歌地图API,将城市旅游地图导引、实体空间地点与旅游信息相关联,满足用户旅游中的定制化空间信息需求。布鲁塞尔是此项目服务的第一座城市。用户可通过《金融时报》提供的报纸地图连入谷歌智能音箱,在获得旅游导引的同时,通过定位系统实时获得景点信息与语音介绍,并进行实时互动。用户在看到感兴趣的景点或餐厅信息时,“Hidden Cities”功能可为用户提供前往地点的导航路线,并可将活动安排添加至谷歌日历上。同时,此项目之后,《金融时报》提供的再度与谷歌合作,连续推出“Hidden London”和“Hidden Rio”两个360度全景城市VR项目,希望提供进一步沉浸式的城市空间体验。尽管仍有差距,但也向我们传达了当下智能媒体技术的支撑下,个人定制化、沉浸式与实时交互式的崭新空间体验路径。

## 五、结　　语

智能媒体时代的空间图景尚在徐徐展开，因此，一切关于智能媒体与城市空间场景的适配才刚刚开始，而由于视域与专业限制，我们窥见的特征与变化也可能失于片面，甚至是冰山一角。而让我们警觉的是，对于智能媒体的尺度与场景讨论，必须正视其自身技术逻辑影响下的崭新的工作机制与内涵变化，更不能忽视实体空间的属性变化与维度影响，智能媒体与城市空间的交集变得日益重要。正如埃德·索亚(Ed Soja)所说，人文社会科学的空间转向可能是上个世纪最后 25 年最重要的知识发展之一。学者们把空间和空间性的重要性前所未有地提升到与时间和历史一样高[1]。与媒介空间的高度融合相匹配，跨学科的研究视角与基本概念的彼此扩充成为一种必然，势必会使得对于智能媒体的讨论在更为全面而广泛的视角和框架下进行。

[1] 文军，黄锐：《"空间"的思想谱系与理想图景：一种开放性实践空间的建构》，《社会学研究》，2012 年第 2 期，第 35—59 页，第 243 页。

# 数字人文与世界大学教育的结合
## ——基于剑桥大学数字人文中心的观察与启示

卞 清 尹梓琼*

**摘要**:数字人文在当下的西方特别是欧洲已经成为越来越成熟和流行的词汇。剑桥大学于2011年创办了数字人文中心,其综合而开放的科学研究、数字人文实验室、面向全校的数字工具培训教学与全球研究网络建构等服务,共同致力于释放和增强剑桥大学各个学科在数字人文研究方面的变革能力。面对此次疫情,剑桥大学数字人文中心推出多种在线课程与研究计划并提供丰富的学术资源,鼓励所有有志于从事新冠肺炎研究的学者们开展研究。在我国,关于数字人文的研究始于台湾、武汉等地,经过近十年的发展得到了越来越多的关注与应用。东西方关于数字人文学科的建设上存在什么差异?剑桥大学在数字人文学科上的发展经验对我国有什么启示?本文试图探讨以上问题并给出建议。

**关键词**:数字人文;数字人文中心;剑桥大学;大学教育

## 一、数字人文:一个新兴研究领域的历史与现状

数字人文(Digital Humanities)在当下的西方特别是欧洲已经成为一个越来越成熟和流行的词汇。简单来说,数字人文的概念中包含了广泛的和数字有关的研究和学术活动,它天然具有某种跨学科的意味,涵盖了艺术、人文、社会科学、自然科学、工程学科研究人员们对数字方法的使用,它鼓励数字人文与社会科学的专家

* 卞清,同济大学艺术与传媒学院副教授,剑桥大学人文艺术与社会科学研究中心访问研究员;尹梓琼,同济大学艺术与传媒学院硕士研究生。

们与计算机科学的研究人员进行合作,通过数字化转换和计算重新发现和生产具有历史性意义的数字人文知识与社会现实,同时还包含着艺术人文社会科学界对数字技术发展带来的主要社会和文化问题的数字批判。

从历史上来看,使用计算机分析文学和历史等艺术人文学科的研究数据可以追溯到20世纪40年代。作为世界上最顶尖的大学之一,英国剑桥大学是人文计算早期发展的先驱。早在1964年,剑桥大学在罗伊·维斯贝(Roy Wisbey)的领导下建立了文学和语言计算中心。当时中心里的学者们关心的重点主要是利用计算机来促进历史文本的大一致性和叙词表的创建和分类。维斯贝等先驱者的工作在20世纪70—80年代促进了一个由跨学科人文计算专家组成的国际组织的发展,他们致力于研究计算方法,以适应人文学者使用的原始材料中的复杂多样的结构。与之带来的成就有文本编码计划(用于准备大型机器可读文本语料库)和创新数据库结构(如德国的曼弗雷德·塔勒开发的历史工作站 κλειω)等。20世纪80年代,如计算机与人文学科协会(ACH)一类的与数字人文有关的国际学科协会逐渐成立,并开展了许多国际会议。其中最具代表性的是 ALLC/ACH 会议,该会议现发展为数字人文学科的主要年度会议。2016年,该会议吸引了全世界约900名研究人员参加。

到了20世纪90年代初,随着万维网等新兴网络技术开始发展,同时图像与声音等非文本文件越来越容易创建和共享,艺术、人文与数字技术的结合发生了巨大的变化。来自不同时期和文明的艺术文本和文化艺术品开始被制作成大规模的数字版本和档案,数字档案的概念逐渐显现。图书馆、档案馆和博物馆随即开发了大规模的数字化程序,以方便人们远程访问艺术藏品。谷歌等商业组织也开始将大部分的西方文化遗产进行数字化保存。用杰罗姆·麦甘(Jerome McGann)的话来说,“很显然,我们的整个文化遗产都将必须以数字的形式和结构进行再生。”此外,随着政府、作家和艺术家的作品越来越只以数字形式存在,人文与艺术学者们也开始关注如何对原生数据进行整理和研究。他们不仅使用数字化的方法更新原始资料,还开始运用地理信息系统、三维可视化等其他技术来用作辅助。

在应对这些挑战和机遇的过程中,人文学者们开发了新的合作和跨学科工作方法,而“人文计算”(Humanities Computing)一词逐渐显得过于狭隘,无法描述这一领域的综合性工作。随着2004年《布莱克威尔数字人文科学伴侣》一书的出版,

“数字人文”这个术语逐渐成为描述该领域日益多样化和广泛性的首选术语。2005 年，数字人文组织联盟（ADHO）成立，2006 年将 ALLC/ACH 会议重新指定为“DH”（即 Digital Humanities），证实和确认了“数字人文”成为了该领域最为广泛接受的名称。随着“数字人文”一词的采用，目前来说从事这一领域研究的学者们已经远远超越了使用数字方法分析材料的人们，讨论数字景观以及数字景观如何改变人文艺术与社会科学学科的讨论逐渐成为数字人文领域中一个越来越重要的部分。同样重要的还有人文学科在数字时代的核心问题中发挥的作用，如真实性、记忆、身份和权威等问题。

可以说，数字人文身处于需要“跨界合作”的具有某种未来感的“十字路口”，它鼓励博物馆、图书馆和美术馆的学者与专门从事计算或数字技术的专家共同展开创造性的互动。在过去的二十年中，数字人文学科由于具有改变人们人文艺术与社会科学实践和理解的潜力，因此在高等教育、公共艺术、国家遗产数字化等领域中起着越来越重要的作用。

## 二、剑桥数字人文中心与 800 年世界大学

自 20 世纪 80 年代，国际上特别是欧洲依托大学建立了许多成功的数字人文中心。比如在英国，无论是否有传播学院系，很多著名大学都创建了各自的数字人文研究机构，比如伦敦国王学院、贝尔法斯特女王大学、谢菲尔德大学、格拉斯哥大学以及剑桥大学等。在美国，近些年来由于美国国家人文基金会（National Endowment for the Humanities）创建了数字人文办公室以及实施了其他的相关举措，也使得北美的数字人文中心数量迅速增长。目前数字人文中心联盟网（CenterNet）有 220 多个成员。这些研究中心往往依赖于不确定的软性研究资金，但他们为数字人文学科建设过程中发现的信息和建议汇总提供了明确的重点机构方向。

尽管没有新媒体与传播学方向的专业与院系，但是作为人文艺术与社会科学研究的重镇，拥有 800 年历史的剑桥大学早在 2011 年就已建立了数字人文研究网络，并在 2017 年将之扩展为剑桥数字人文中心（CDH），目前已经成为剑桥大学非常重要的新兴战略发展机构之一，致力于释放和增强剑桥大学各个学科在数字人

图 1　剑桥大学数字人文中心网站

文研究方面的变革能力。剑桥数字人文中心附属于剑桥大学非常著名的跨学科研究中心——剑桥艺术人文与社会科学社会研究中心(CRASSH),归于人文与艺术学院分管。中心的主体行政办公室位于已有 600 年历史的剑桥大学图书馆内,剑桥图书馆同时也是数字人文中心的主要合作伙伴之一。此外,中心还与剑桥大学出版社、剑桥大学博物馆以及一些校外机构和个人建立了合作伙伴关系。

剑桥数字人文中心主要服务功能由四个相互关联的部分组成,分别是科学研究,数字人文实验室,面向全校的数字工具培训教学和全球研究网络建构。

**(一) 综合与开放的数字人文研究**

剑桥的数字人文研究具有非常强的跨学科色彩与开放性,它的研究项目与合作网络广泛分布在剑桥大学的各个学科与院系,是剑桥数字人文中心的基础和重点,并且不受学科限制。在剑桥大学,全校六所学院中的四所、剑桥大学图书馆、菲茨威廉博物馆和考古学与人类学博物馆都与 CDH 开展了数字人文的相关研究。除了人文和社会科学的研究人员外,还有很多理工类的研究人员也开展了数字人文项目。如剑桥计算机实验室的自然语言和信息处理研究小组(NLIP),他们与 CDH 一起主要从事计算语言学及相关课题的研究。除此之外,一些计算机学的研究人员还对社会学、社交媒体和政策、视觉表现、审美图像处理、用户开发和跨学科设计的大数据方法感兴趣,并且在 CDH 开展研究。从 2018 年到 2019 年,光是与新媒体、人工智能与社会发展有关的研究论坛就多次在 CDH 召开。此外,还有一部分物理学研究人员应用物理成像技术从事艺术保护领域的数字人文研究。这些五花八门的研究呈现出超强的开放性和综合性，它们对数字技术所传达的知识与蕴藏的内涵进行了有力的审问和反思。

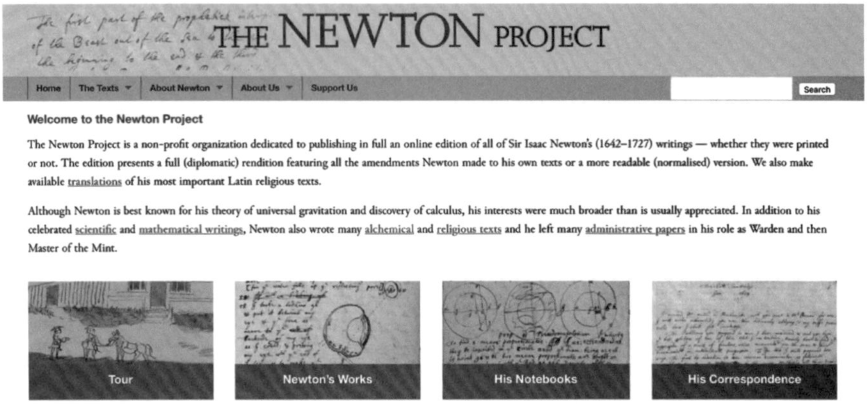


图 2　剑桥大学数字人文中心的“数字牛顿”项目网页

根据最新的一项统计显示，剑桥大学数字人文中心的研究人员目前一共开展了 100 多个大型的数字人文研究项目。这些研究活动中大致有五个主要的研究主题，分别是数字编辑、数据与社会、大规模人文学科的理论和实践、数字时代的视觉文化和影像学研究。其中，大多数的项目都已获得校外大量的财政支持，因此创立了新的博士后研究奖学金和数字人文科学教授职位，以吸引更多优秀人才并支持项目的开展。

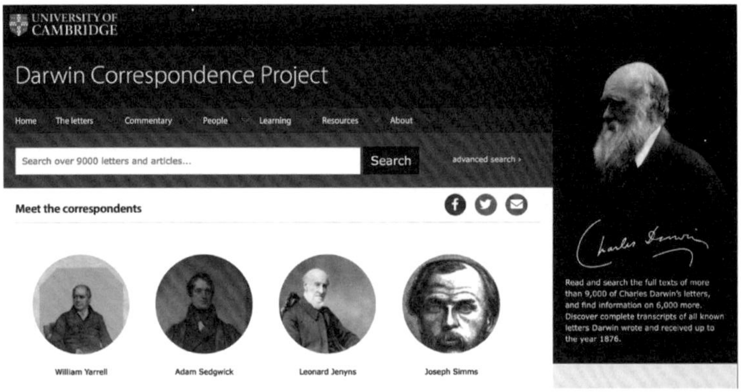


图 3　剑桥大学数字人文中心的“达尔文书信与数字网络”项目网页

除了数字人文中心，剑桥大学还拥有剑桥数字知识中心(CCDK)、未来情报中心(CFI)、剑桥英国建筑数字化中心与国际图像互操作性框架(IIIF)等，它们的研究既与数字人文中心的工作息息相关，又各有侧重的研究方向和任务，共同促进数字人文研究的创新与发展。

**(二) 数字人文实验室(Digital Humanities Lab)**

剑桥大学数字人文中心的第二个职能是服务于全校的数字人文实验室。在实验室中，CDH 利用剑桥大学图书馆、大学信息服务等附属机构提供的专业知识与剑桥大学富有的计算机学科优势，为全校各个与数字人文有关的研究项目提供支持与建议。包括从概念与新研究项目的孵化和启动，再到后续的实施和可持续发展，研究人员都可以找到 CDH 寻求专业帮助。CDH 实验室依靠剑桥内外的各种资源，帮助来自不同学科背景的研究人员制定最佳研究方案，以完成重大基金项目的申请或帮助学生完成论文、获得奖学金以及参加专业比赛。实验室还为一些数字人文项目提供长期的开发人员支持，这些人员从剑桥数字人文中心、大学标识系统和大学图书馆的技术团队中选取。对于一些需要更高要求的项目，实验室还可与大学标识系统合作，以提供更高性能的计算服务。

具体来说，剑桥数字人文中心实验室偶尔会在一些合适的小项目上做一些实施工作，但它并不直接交付大多数的数字人文项目。在确定了项目概念和启动阶段的方案后，实验室将继续与研究人员合作，以确保项目的成功交付。其工作的主要内容是继续充当研究人员和校内外项目交付者之间的“桥梁”。实验室将继续为合作的研究人员提供建议和支持，以帮助推进项目。如果项目实施过程中出现问题，例如项目期间情况发生变化或无法按期完成，实验室会在适当的情况下提出不同的解决方案。当项目结束时，实验室还可以帮助保持项目数据的可持续性，并在项目结束后的一段时间内帮助维护网站。

**(三) 全向全校的数字人文素养培训与教学支持**

在剑桥，数字人文中心还有一个非常核心的功能，就是开设各类数字人文培训课程与工作坊，以帮助剑桥的各类在校学生、博士后研究人员和教师接触、学习和掌握数字人文工具与数字计算技术，适应各个学科的数字化转向从而支持剑桥大学的学术研究保持世界一流水平。CDH 全年滚动开设各类数字技术课程，包括数据挖掘与数字呈现的入门到高级课程，同时也开展很多以研究为重点的高级研讨会与深度学习工作坊。这些课程往往与全校院系合作，常常以正在研究中的课题为课程案例，力图将数字人文方法训练与学术实践进行直接对接。在过去的一个学年里，在剑桥大学至少有数百人报名参加了CDH中心开设的各类学习课程与工作坊，包括博士生、博士后研究人员、访问学者，主要项目的专职研究人员，甚至图书管理员、档案管理员和通信专业人员等。

图4　剑桥大学数字人文中心的数据挖掘方法培训课

剑桥数字人文中心学习计划主要围绕四个主题：机器阅读数字档案、数字媒体实践、大数据伦理探索和机器视觉。具体来看，“机器阅读档案”主要借助人文学、计算机学和档案学的专业理论知识与实践方法，帮助学员了解在数字时代下如何更好地收集与使用数字档案数据；“数字媒体实践”则教授生产与传播数字内容所需的各类实践技能，包括制作视频和音频的入门与强化课程，甚至游戏制作，使学员可以使用如博客一类的社交平台进行成果发表与公众推广；“大数据伦理探索”旨在探讨在当今各行各业都充斥着大量数据的世界中，大数据研究在现实应用与道德伦理方面的各类问题；“机器视觉”课程则通过借鉴艺术史、电影研究、人工智能、人机交互和机器视觉等方面的专业知识，来检验艺术、文化和技术之间的相互作用。除了以上四个主题，学习计划还分为三种不同等级：入门课程—数字时代的研究、高级课程—高级数字方法训练、跨学科课程—关键编码。三个类课程环节由浅入深，以满足全校不同技术基础与需求的人群。

**（四）全球研究网络建构**

如前文介绍，剑桥数字人文中心的前身是“数字人文网络”，中心的成立使散落在全校各学科中对数字人文研究感兴趣的研究者拥有了一个统一的机构支持。通过一系列校内外活动，CDH 帮助这些分布在大学内的各学科数字人文研究人员建立起了团体意识和认同感，如 2019 年推出的“杰出讲师”系列活动和自 2018 年开始举行的“网络搜索问题”座谈会等活动，都对培育剑桥大学的数字人文研究团队起到了十分重要的作用。

在剑桥数字人文中心寻求校内外合作的工作中，灵活搭建研究网络的机制起到了催化剂和联络点的作用。在这一机制的帮助下，CDH 中心可以很快与其他研究机构比如巴黎理工大学建立合作伙伴关系，从而举办联合研讨会等合作项目。此外，CDH 中心还与英国其他几所主要大学的数字人文中心保持着密切合作。除了与高校的合作，CDH 还邀请英国国家档案馆、剑桥议会档案馆等校外机构参与设计“机器阅读档案”课程，并将持续与它们保持合作，以制定今后的教学计划。除了以上与机构的合作，CDH 中心还参与了诸如伦敦国王学院、马尔默大学、中国国家科学图书馆等机构实施的具体项目。

最后，剑桥数字人文中心还在积极推行知识交流计划，以发展与各个行业的商业联系，鼓励数字人文研究扩展到学术界之外。2019 年，剑桥数字人文中心设立知识交流奖学金，并为工商界代表举办了培训课程，课程以道德、社交媒体和数据挖掘为主要内容。

**（五）服务大学：COVID-19 疫情期间的剑桥数字人文中心**

新冠疫情蔓延到欧洲以后，剑桥大学也被迫取消了夏季学期的线下授课，这所拥有 800 年历史的古老大学也必须尽快适应和寻找合适的线上教学方法。CDH 数字人文中心在新冠封校期间迅速推出了一系列面向全校研究人员和教师的在线教学培训课程，并且推出了在线数字研究计划，鼓励研究者运用数字人文方法，研究新冠肺炎全球爆发期间的个人生活变化、社会网络生活图景和其他与新冠肺炎数据计算有关的项目。

此外，数字人文中心为所有有志于从事新冠肺炎研究的学者们提供了丰富的学术资源。它迅速建立了 COVID-19 学术信息与文献小组的专题网站，为全校来自各个学科的研究者们搭建寻找新冠肺炎科学信息以及开展社会科学研究的资源库。

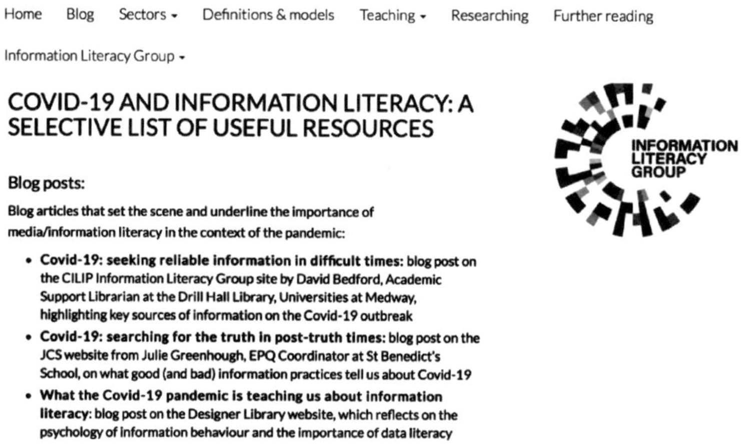


图 5　CDH 数字人文中心 COVID-19 学术信息与文献小组专题网站

同时值得注意的是，除了列出全球主要 COVID-19 疾控信息的数据库资源供研究者进行数据获取外，CDH 还特别列出了一系列的数据素养相关信息，比如事实核查、真假新闻的辨别、谣言与去魅等等，这为研究人员和在校学生们在做有关数字人文教育和研究时提供了数据伦理与客观性科学研究的方向。

表 1　CDH 新冠研究专题网页的部分资源列表

| |
|---|
| 事实核实： |
| 1. 冠状病毒事实核查联盟：由波因特研究所发起的一项倡议，其中包括一个全球事实核查数据库，可按国家、虚假信息的性质和组织进行全面检索；该联盟还资助了一个为事实核查人员提供小额赠款的项目。 |
| 2. 世界卫生组织：COVID-19 戳穿谎言页面：世卫组织还提供了一系列有用的、经过详细说明的实用建议。 |
| 3. 完整事实——关于冠状病毒的事实：专门的 COVID-19 页面，来自英国著名事实核查组织。 |
| 4. Snopes——冠状病毒收集：事实核查 COVID-19，来自美国领先的事实核查组织，按类别组织的索赔结构化汇编；类似于由 Full Fact 编译的内容。 |
| 5. 信息通报：从世卫组织和其他官方来源提供的专门针对 COVID-19 的事实核查服务。 |
| …… |

## 三、东西方大学数字人文研究的差异与启示

在我国，数字人文最早在台湾开展，即“数位人文”。2008 年，台湾启动“数位

典藏科技计划”[1],并先后召开了4届“数位典藏与数位人文国际学术研讨会”,台湾大学及多所学术研究机构与博物馆共同参与了会议。同年,台湾大学成立了“数位人文研究中心”,中心对植物标本、历史档案等重要历史文化资产与典藏品进行数字化编辑与整理,并建立网站以方便学术研究、教育推广与产业应用。同时,中心还定期举办数字人文研讨会、读书会、工作坊等,加强数字人文研究人员的交流与合作[2]。

在大陆地区,武汉大学是建立数字人文研究中心的先行者。2011年,武汉大学成立“数字人文研究中心”,作为跨学科研究平台,中心成员来自校内多个学术机构,在数字资产管理、文献信息组织、文化遗产本体设计、文物3D建模、图像深度学习、学术用户行为大数据分析等方面拥有丰富的科研经验,承担了多个重要科研项目。除了提供与本中心研究内容相关的资料,中心还为数字人文研究人员提供数字人文领域有研究参考价值的其他相关工具、项目、出版物等信息[3]。

经过近十年的发展,随着数字人文学科得到了越来越多的关注与应用,数字人文中心的数量也在逐渐增长。我国目前建有上海图书馆数字人文研究中心、北京大学“数字人文工作坊”及“量化历史研究所”、南京大学数字人文研究中心、复旦大学“社会科学数据研究中心”以及中山大学、华中师范大学、厦门大学和哈尔滨工业大学联合成立的“文化遗产传承与数字化保护协同创新中心”,还有香港地区的香港公开大学“数码文化与人文学科研究所”等[4]。

相对来说,数字人文中心在我国大陆地区的发展尚不满十年,高校与博物馆在如何建立与管理数字人文中心的工作上仍在努力地进行探索性尝试。对比剑桥大学数字人文中心的主要情况后,我们认为目前国内数字人文中心发展仍处在摸索阶段,尚不能完全照搬剑桥大学数字人文中心的服务模式,建议已经成功实验且具有权威性的高校可以展开合作,交流建设经验并共同制定评价标准,以鼓励越来越多的大学能够构建自身的特色数字人文中心。

比如说,我们建议大学的人文社会科学研究基金资助体系当中新增“数字人文

[1] 台湾地区数位典藏科技计划官方网站:《数位典藏科技计划介绍》,http://www.ndap.org.tw.。

[2] 台湾大学数字人文研究中心网站:中心介绍,http://www.digital.ntu.edu.tw/introduction.html。

[3] 武汉大学人文社会科学研究院网站:《武汉大学成立数字人文研究中心——推动数字技术深层融入人文社会科学研究》,http://ssroff.whu.edu.cn/info/1009/1407.htm,2011-05-10。

[4] 程静:《国内外数字人文服务平台建设现状及思考》,《图书馆学研究》2020年第2期,第37—42页。

专项研究资助项目”,鼓励各高校以数字人文中心为依托,申报具有特色的创新数字人文项目。除此之外,社会企业也可以投资具有开发潜力的数字人文项目,从而构建起国家社会科学基金、省区社会科学基金、高校科研基金和社会资助相结合的数字人文项目资助体系[1]。此外,加强国内与国外两个渠道的交流合作。在国内,大学可效仿国际数字中心联盟网即 centerNet 组建中国数字人文中心联盟网,定期交流学术经验与最新成果。高校数字人文中心还应积极拓展与各类社会机构、企业、个人的合作,宣传数字人文学科,以获得更多的项目与资金支持。在国际交流中,高校应定期安排数字人文研究人员前往世界一流数字人文中心交流,学习前沿知识的同时努力促成合作伙伴关系。部分已经发展较完善的国内数字人文中心还应积极申报加入国际数字人文中心联盟网等专业组织,以获得国际影响力与认同感,提高我国数字人文学科的整体水平。

最后,我们认为数字人文与现代大学的结合还在于要从基本架构上进行规范性的引入,比如明确:①组织架构。组织架构是数字人文中心运转的基础。数字人文学科是一门需要多学科共同协作的学术领域。面对多元化的中心成员与多个项目所在地,清晰的组织架构可以明确责任,保障研究人员的工作效率。②职能体系。发挥职能是数字人文中心的意义所在。目前,项目研究与组织学科交流是我国多数数字人文中心共同具备的职能。除此之外,还可参考剑桥大学数字人文中心开展项目实验室与教学计划,进一步完善职能体系。③评价标准。评价标准是数字人文中心的发展动力。当前,我国数字人文中心建设还处在起步阶段。一个合格的中心需要具备哪些素质?普通中心与模范中心之间存在哪些差距?一个完备的评价标准可以使起步中的中心快速成长。

---

[1] 赵生辉、朱学芳:《我国高校数字人文中心建设初探》,《图书情报工作》2014 年第 58 卷第 6 期,第 64—69 页,第 100 页。

# 后　记

同济大学艺术与传媒学院推出的《计算、智能与传播》，在当前新的媒介技术环境与学术发展背景下，从计算和智能等角度，深入探讨新闻传播学问题。同济大学艺术与传媒学院密切追踪学科发展与前沿，将“智能传播”列为学院发展中与城市传播、政治传播并重的三大战略方向之一，并先后成立了“新媒体传播与大数据”重点研究团队、全媒体研究院大数据与计算传播研究中心，凸显对本领域的重视。学院的高度重视和决策支持，是本书得以面世的重要动力。

本书重点讨论以下方面：(1)从新闻传播学的理论与视野，切入与新媒体、大数据、智能传播、数据新闻、虚拟现实、算法社会等新型媒介技术有关的社会文化现象与问题；(2)从实证研究与量化分析、计算传播学、智能技术等方法和手段，展开新闻传播学研究与实践分析；(3)对于计算社会科学、智能传播、媒介技术哲学等理论、方法论的探讨与创新；(4)其他与本书主题相关的研究。

计算传播学当前在国内迅猛发展，成为国内的新闻传播学科的重点前沿领域之一。在大数据和人工智能的技术新背景下，计算社会科学也是我国人文社会科学领域值得瞩目的新动态和新焦点。而计算传播学跨越这些技术背景和社会科学的学科背景，同时也基于新闻传播学科面对的新实践，应运而生、应势而生，学科发展令人瞩目，但又迫切需要改变学科现状和地位。本书立足于理论、技术和实践的相结合，同济大学艺术与传媒学院、同济大学电子与信息工程学院、同济大学软件学院、上海外国语大学、北京科技大学、微热点大数据研究院等科研团队，都为本书的研究和出版提供了可靠的支持，在此表示诚挚的谢意。此外，感谢刘悦、周诗凡所做的编辑工作。最后，感谢同济大学出版社对本书出版的大力支持。

本书注重理论观点的创新、问题意识的鲜明和研究过程的严谨。收到稿件的两周之内会尽快给出录用回复。诚邀学界、业界同仁赐稿，稿件篇幅在 1 万字～2 万字。一经采用，略有薄酬。欢迎学界、业界同仁支持。投稿邮箱：comintcom@163.com。

《计算、智能与传播》编委会